西方日本研究丛书　刘东　主编

日本早期的人口、疾病与土地
645—900

[美] 威廉·韦恩·法里斯　著

刘俊池　译

江苏人民出版社

图书在版编目（CIP）数据

日本早期的人口、疾病与土地，645—900／（美）威廉·韦恩·法里斯著；刘俊池译. —南京：江苏人民出版社，2018.10

书名原文：Population，Disease，and Land in Early Japan，645-900

ISBN 978-7-214-21502-4

Ⅰ.①日… Ⅱ.①威…②刘… Ⅲ.①日本－历史－645－990 Ⅳ.①K313.2

中国版本图书馆CIP数据核字（2017）第278667号

Population, Diseases and Land in early Japan, 645-990 by William Wayne Farris, was first published by the Council on East Asian Studies, Harvard University, Cambridge, Massachusetts, USA, in 1985. Copyright © 1985 by the President and Fellows of Harvard College. Translated and distributed by permission of the Harvard University Asia Center.

Chinese simplified translation rights © 2018 by Jiangsu People's Publishing House All right reserved.

江苏省版权局著作权合同登记：图字10-2010-369

书　　　名	日本早期的人口、疾病与土地，645—900
作　　　者	（美）威廉·韦恩·法里斯
译　　　者	刘俊池
责 任 编 辑	曾　偲
责 任 校 对	鲁从阳
责 任 监 制	王列丹
装 帧 设 计	刘葶葶
出 版 发 行	江苏人民出版社
出版社地址	南京市湖南路1号A楼，邮编：210009
出版社网址	http://www.jspph.com
照　　　排	江苏凤凰制版有限公司
印　　　刷	江苏凤凰新华印务有限公司
开　　　本	880毫米×1230毫米　1/32
印　　　张	8.375　插页5
字　　　数	200千字
版　　　次	2018年12月第1版　2018年12月第1次印刷
标 准 书 号	ISBN 978-7-214-21502-4
定　　　价	38.00元（精装）

（江苏人民出版社图书凡印装错误可向承印厂调换）

目 录

总序 / 001

表格 / 001

地图 / 001

图表 / 001

诏书年表 / 001

致谢 / 001

编辑要目 / 001

绪论 / 001

  公元 645 年之前的人口与农业 / 003

  律令制国家的建立 / 010

第1章 8世纪初的出生率、死亡率以及平均寿命 / 022

  东亚史记载过的人口登记 / 023

  律令下的人口普查 / 025

  人口数据选例 / 033

  数据质量评估 / 040

  数据调整 / 049

  稳定人口分析法的应用 / 051

  日本早期的出生率、死亡率以及平均寿命 / 057

第2章　人口趋势与传染病　/061

　　证据性质　/063

　　疾病暴发与初期破坏　/066

　　传染病高峰期　/069

　　官方医疗对策与疾病识别　/074

　　大瘟疫期间的死亡率　/079

　　律令时代的其他传染病　/087

第3章　土地开垦　/093

　　律令下的土地开垦　/094

　　后续法规　/096

　　土地开垦的早期实例　/104

　　早期庄园　/107

　　平安时代中早期的土地开垦　/117

第4章　土地利用和农业技术　/122

　　人工灌溉的水稻农业　/123

　　自然灌溉的水稻农业　/132

　　旱地　/137

　　刀耕火种的农业　/142

　　早期景观　/147

　　土地利用与土地所有制　/150

第5章　农村居民区　/154

　　律令下的迁移　/154

　　官方执行律令的举措　/158

　　迁移者与迁移动机　/164

　　农村居民区布局　/172

　　居民区布局与地方行政机构　/181

结语　/ 184

附录　/ 194

注释中的缩略词　/ 216

参考文献　/ 217

术语表　/ 236

总序:西方日本研究丛书

这又会是一个卷帙浩繁的移译工程!而且,从知识生产的脉络上讲,它也正是上一个浩大工程——"海外中国研究丛书"的姊妹篇,也就是说,它们都集中反映了海外学府(特别是美国大学)研究东亚某一国别的成果。

然而,虽说两套书"本是同根生",却又完全可以预料,若就汉语世界的阅读心理而言,这后一套丛书的内容,会让读者更感生疏和隔膜。如果对于前者,人们还因为禀有自家的经验和传统,以及相对雄厚的学术积累,经常有可能去挑挑刺、较较劲,那么对于后者,恐怕大多数情况下都会难以置喙。

或许有人要争辩说,这样的阅读经验也没有多少不正常。毕竟,以往那套中国研究丛书所讲述的,乃是自己耳濡目染的家常事,缘此大家在开卷的过程中,自会调动原有的知识储备,去进行挑剔、补正、辩难与对话。而相形之下,眼下这套日本研究丛书所涉及的,却是一个外在文明的异样情节,人们对此当然只会浮光掠影和一知半解。

不过,设若考虑到这个文明距离我们如此之近,考虑到它在当今国际的权重如此之大,考虑到它跟传统中华的瓜葛如此之深,考虑到它对中国的现代化历程产生过如此严重的路径干扰与路径互动,那我们至少应当醒悟到,无论如何都不该对它如此陌生——尤其不该的是,又仅仅基于一种基本无知的状态,就对这个邻近的文明抱定了先入为主的态度。

还是从知识生产的脉络来分析,我们在这方面的盲点与被动,至少在相当大的程度上,是由长期政治挂帅的部颁教育内容所引起的。正如上世纪50年代的外语教学,曾经一边倒地拥抱"老大哥"一样,自从60年代中苏分裂以来,它又不假思索地倒向了据说代表着全球化的英语,认定了这才是"走遍天下都不怕"的"国际普通话"。由此,国内从事日本研究的学者,以及从事所有其他非英语国家研究的学者,就基本上只能来自被称作"小语种"的相对冷门的专业,从而只属于某些学外语出身的小圈子,其经费来源不是来自国内政府,就是来自被研究国度的官方或财团。

正因此才能想象,何以同远在天边的美国相比,我们反而对一个近在眼前的强邻,了解得如此不成正比。甚至,就连不少在其他方面很有素养的学者和文化人,一旦谈起东邻日本来,也往往只在跟从通俗的异国形象——不是去蔑视小日本,就是在惧怕大日本。而更加荒唐的是,他们如此不假思索地厌恶日本人,似乎完全无意了解他们的文化,却又如此无条件地喜欢日本的产品,忽略了这些器物玩好的产生过程……凡此种种,若就文化教养的原意而言,都还不能算是完整齐备的教养。

与此同时,又正因此才能想象,如此复杂而微妙的中日关系,如此需要强大平衡感的困难课题,一旦到了媒体的专家访谈那里,往往竟如此令人失望,要么一味宣扬一衣带水,要么一味指斥靖国神社。很少见到这样的专门家,能够基于自己的专门知识和专业立场,并非先意承旨地去演绎某些话语,而是去启迪和引导一种正确的阅读。

那么,除了那两种漫画式的前景,更广阔的正态分布究竟是怎样的?总不至于这两个重要邻邦,除了百年好合的这一极端,就只有你死我活的另一极端吧?——由此真让人担心,这种对于外来文明的无知,特别是当它还是极其重要的近邻时,说不定到了哪一天,就会引发代价惨重的、原本并非不可避免的灾祸。确实,要是在人们的心理中,并不存在一个广阔的理解空间,还只像个无知娃娃那样奉行简单的善恶二元论,那就很容易从一个极端走向另一个极端。

作为一介书生,所能想出的期望有所改善的手段,也就只有号召进行针对性的阅读了,并且,还必须为此做出艰苦的努力,预先提供足够的相关读物;此外,鉴于我们国家的大政方针,终将越来越走向民主化,所以这种阅读的范围,也就不应仅限于少数精英。正是诸如此类的焦虑,构成了这套丛书的立项理由——正如在上一套丛书中,我们曾集中引进了西方自费正清以降的、有关中国研究的主要学术成果,眼下我们在新的丛书中,也将集中引进西方自赖肖尔以降的、有关日本研究的主要研究成果。

我们当然并不指望,甫一入手就获得广泛的反响和认同。回想起来,对于大体上类似的疑问——为什么满足理解中国的精神冲动,反要借助于西方学界的最新成果?我们几乎花去了二十年的不倦译介,才较为充分地向公众解释清楚。因而,我们现在也同样意识到,恐怕还要再费至少十年的心血,才能让读者不再存疑:为什么加强理解日本的途径,也要取道大洋彼岸的学术界。不过我却相信,大家终将从这些作者笔下,再次体会到怎样才算作一个文化大国——那是在广谱的意义上,喻指学术的精细、博大与原创,而并非只是照猫画虎地去统计专著和论文数量,而完全不计较它们的内在质量。

我还相信,由于这套丛书的基本作者队伍,来自我们二战时期的盟国,所以这些著作对国内读者而言,无形中还会有一定的免疫力,即使不见得全信其客观公正性,至少也不会激起或唤醒惯性的反感。此外,由于这些著作的写作初衷,原是针对西方读者——也即针对日本文化的外乡人——所以它们一旦被转译成中文,无意中也就有一种顺带的便利:每当涉及日本特有的细节和掌故时,作者往往会为了读者的方便,而不厌其烦地做出解释和给出注释;而相形之下,如果换由日本本土学者来处理,他们就不大会意识到这些障碍,差不多肯定要一带而过。

不待言,这面来自其他他者的学术镜子,尽管可以帮助我们清洗视野和拓宽视角,却不能用来覆盖我们自身的日本经验,不能用来取代我们基于日文材料的第一手研究——尤其重要的是,不能用来置换中日双边的亲历对话,以及在此对话中升华出来的独自思考。而最理想的情况应当是,一旦经由这种阅读而引起了兴趣和建立了通识,大家就会追根究底地上溯到原初语境去,到那里以更亲切的经验,来验证、磨勘与增益它们。

无论如何,最令人欣慰的是,随着国力的上升和自信的增强,中华民族终于成长到了这样一个时刻,它在整个国际格局中所享有的内外条件,使之已经不仅可以向其国民提供更为多元和广角的图书内容,还更可以向他们提供足以沉着阅读和平心思考这些图书的语境。而这样一来,这个曾在激烈生存竞争中为我国造成了极大祸害的强邻,究竟在其充满曲折与陷阱的发展道路上,经历了哪些契机与选择、成功与失败、苦痛与狂喜、收益与教训,也已足以被平心静气地纳入我们自己的知识储备。而借助于这样的知识,我们当然也就有可能既升入更开阔的历史长时段,又潜回充满变幻偶因的具体历史关口,去逐渐建立起全面、平衡、合理与弹性的日本观,从而在今后同样充满类似机遇的发展道路上,既不惮于提示和防范它曾有的失足,也不耻于承认和效仿它已有的成功。

我经常这样来发出畅想:一方面,由于西方生活方式和意识形态的剧烈冲击,也许在当今的世界上,再没有哪一个区域,能比我们东亚更像个巨大的火药桶了;然而另一方面,又因为长期同被儒家文化所化育熏陶,在当今的世界上,你也找不出另一块土地,能如这方热土那样高速地崛起,就像改变着整个地貌的喜马拉雅造山运动一样——能和中日韩三国比试权重的另一个角落,究竟在地球的什么地方呢?只怕就连曾经长期引领世界潮流的英法德,都要让我们一马了!由此可知,我们脚下原是一个极有前途的人类文化圈,只要圈中的所有灵长类动物,都能有足够的智慧和雅量,来处理和弥合在后发现代化进程中曾经难免出现的应力与裂痕。

此外还要提请注意,随着这套丛书的逐步面世,大家才能更真切地体会到,早先那套连续出版了一百多种,而且越来越有读者缘的"海外中国研究丛书",在其知识创化的原生态中,实则是跟这套"西方日本研究丛书"相伴而生的。作为同一个区域研究的对象,它们往往享有共通的框架与范式,也往往相互构成了对话基础和学术背景。而由此也就不难联想到,尽管西方的区域研究也在面临种种自身的问题,但它至少会在同一个地区谱系中,或在同一个参考框架下,把中日当作两个密不可分的文明,来进行更为宏观的对比研究——这就注定要启发我们:即使只打算把中国当作研究对象,也必须蔚成一种比对日本来观察中国的宽广学风,因为确有不少曾经百思不得其解的难题,只要拿到中日对比的大框架下,就会昭然若揭,迎刃而解。

最后,由于翻译此套丛书的任务特别艰巨,既要求译者通晓英文,又要求他们了解日本,也由于现行的学术验收体制,不太看重哪怕是最严肃的翻译工作,给这类唯此为大的学术工作平添了障碍,所以,对于所有热心参赞此项工程的同侪,我既要预先恳请他们随时睁大眼睛,也要预先向他们表达崇高的敬意;并且——请原谅我斗胆这样说——也为他们万一有什么"老虎打盹"的地方,预先从读者那里祈求谅解。当然,这绝不是一个"预先免责"的声明,好像从此就可以放开手脚去犯任何错误了。可无论如何,我们想要透过这套书提供的，绝不是又有哪位译者在哪个细节上犯下了哪类错误的新闻，而是许多译者经由十分艰苦的还原，总算呈现在图书中的有关日本文明的基本事实——无论知我罪我，我还是把这句老实话讲出来，以使大家的目力得以穿透细枝末节，而抵达更加宏大、久远和深层的问题！

刘　东

2009 年 8 月 16 日于静之湖·沐暄堂

表 格

1. 美浓国记录 /035
2. 九州地区记录 /036
3. 下总国记录 /039
4. 山城国记录 /039
5. 五组文书的特征 /040
6. 五组人口数据的性别比 /042
7. 15岁及15岁以下儿童人口登记 /042
8. 美浓国与半布里人口的玛叶指数 /044
9. 九州地区人口的玛叶指数 /045
10. 下总国和山城国人口的玛叶指数 /047
11. 早期人口数据的信度排名 /048
12. 8世纪人口动态统计数据研究的有效性与无效性 /053
13. 日本早期人口的四组动态统计数据 /054
14. 三组户籍中无子女的女性 /055
15. 诸国稻米出借的免缴情况 /082
16. 远江国浜名郡的农业状况,740年 /106
17. 山城国的水稻农业,743年 /106
18. 因幡国的农业,842年 /114
19. 农村居民区出土的铁器残片,350—900年 /134
20. 赞岐国的农业状况,735年 /140

21. 四份税籍中的男性与女性游民 /166
22. 千叶县的山田水吞村居民区 /178
23. 中国唐朝和日本早期的地方行政机构 /182

附表

A. 奈良时代和平安时代的现存人口资料(第1章) /194

B. 日本的传染病,698—898年(第2章) /198

C. 越中国的农业发展,759和767年(第3章) /208

地 图

1. 日本早期的诸国与诸道 /001
2. 弥生时代的日本(前 200—300 年) /005
3. 737 年天花大瘟疫 /072
4. 赞岐国农业状况,735 年 /141
5. 10 世纪初日本的人口密度 /148
6. 坂井郡的班田和住宅,761 年 /175
7. 八世纪的平出村 /177

图 表

1. 天武天皇官制 /017
2. 大宝时代官制 /020
3. 一份大宝时代(701—704年)的户籍 /028
4. 一份天平时代(729—749年)的税籍 /030
5. 一份美浓国户籍 /037
6. 土地区划制度("条里制") /127
7. 律令时代的经济过程 /188
8. 中世纪的农业革命 /192

附图

A. 美浓国人口金字塔图(第1章) /210
B. 半布里人口金字塔图(第1章) /210
C. 九州地区人口金字塔图(第1章) /211
D. 下总国人口金字塔图(第1章) /211
E. 山城国人口金字塔图(第1章) /212
F. 山田水吞的居民区规划,700年(第5章) /213
G. 山田水吞的居民区规划,750年(第5章) /214
H. 山田水吞的居民区规划,850—900年(第5章) /215

诏书年表 *

天武 5/5[676]

持统 3/闰 8/10[689]

庆云 3/3/4[706]

和铜 2/10/14[709]

和铜 4/12/6[711]

养老 4/3/17[720]

养老 5/4/27[721]

养老 6/闰 4/25[722]

养老 7/4/17[723]

养老 7/8/28[723]

天平 1/3/23[729]

天平 1/6/26[729]

天平 4/7/5[732]

天平 7/5/23[735]

天平 7/8/23[735]

天平 9/6[737]

天平 9/"是年"条[737]

天平 15/5/27[743]

天平 15/5/27[743]

天平宝字 1/11/12[757]

天平宝字 6/3/13[762]

天平宝字 6/3/21[762]

延历 9/4/16[790]

延历 19/2/3[800]

延历 19/9/6[800]

弘仁 2/8/11[811]

弘仁 12/4/21[821]

天长 1/5/5[824]

天长 1/8/20[824]

---

* 说明:在本书中,涉及年代的格式统一为"朝代年号、年份/月份/日期",并辅以西元纪年,比如"持统 3/闰 8/10[689]",即为"持统三年闰八月十日(689 年)",正文注释中亦有相关表达,特此说明。——编者注

天平 7/"是岁"条 [735]

天平 8/2/25[736]

天长 6/5/27[829]

承和 8/5/5[841]

贞观 9/3/25[867]

致　谢

大学时代,我阅读巴兹尔·张伯伦的《古事记》译本后,便开始对日本早期产生兴趣。自那时起,有许多人为我提供帮助,使我深化了对日本历史的了解。其中,最重要的当属阿尔伯特·克雷格教授,他使我意识到社会史与经济史的重要性,此后,事实证明,他还是一位思想活跃、治学严谨的论文导师。他给出的修改及进一步研究的建议,对本书及本论题的形成做出了不可估量的贡献。唐纳德·夏夫利教授鼓励我将早期的兴趣放在古代日本上。他审读了我翻译的日本诸律令的初稿,从编辑者的视角详阅了我的整篇论文。埃德温·奥·赖肖尔教授用自身的研究经验,修正了我对日本早期的错误看法。大卫·赫利希教授在比较史学方面给我提供了帮助。普林斯顿大学的阿什利·科尔教授欣然阅读了人口一章的内容,并提出了宝贵的意见,同时,剑桥大学的丹尼斯·杜希德教授也对东亚的疾病模式给出了极具见地的看法。

日本国际交流基金会的论文资助基金和日本研究学会的资助基金,为我在日本的研究提供了支持。在日本从事研究期间,所有的日本同事都给予我厚待,我对此表示衷心的感谢。需要特别提及的是以下几位学者:现已从京都大学退休的岸俊男教授,曾经热心支持我对日本人口和疾病的研究工作;弥永贞三教授,曾经欣然答复了我的诸多疑问,并邀我加入他在奈良北部区域的徒步考察活动;还有小林和正教授以及原岛鲜博士,没有他们的帮助,我无法写成日本人口这一章;速水融教授也为此章不吝赐教,提出了意见;西山良平、栃木谦周以及井上满郎等教授,将我引入了律令时代记录的迷人国度;镰田元一、原秀三郎、荣原永远男、金田章裕等教授以及许多其他教授也为我提供了帮助。当然,本书作者应对书中出现的任何错误负责。

最后,我想感谢我的夫人简·帕克女士,她帮助我反复校订和打印本书书稿,并且自始至终给予我鼓励和支持。

编辑要目

1. 行政术语。对于律令时代的许多官职或文书,没有标准译法。对于许多官职的译法,我参照了乔治·桑松的译文,参见《日本早期的法律与行政》,载于《日本亚洲学会丛刊》(第2辑),9:67—109(1932年);11:117—149(1934年)。找不到合适译法时,我尽量使用直译法并使译文尽可能做到合理。

2. 引文主要来源。我注意到日本人记录所有原始文献的传统方法。在使用《六国史》时,我标出了条目的日期(朝代、年月日)及页码。对于《类聚三代格》,我将法规的出台日期以及形式也列入进去。引用律令与其他法令渊源时,列出其所在的章节、条款、页码以及相关阐释者等信息。

3. 音译。早期日语比现代日语多了两个元音。出于方便,我并未试图重建原始音位学,而是根据现代日本历史学家建立起来的传统,翻译了人名、地名以及事物名称。找不到传统读法时,一致性便是我唯一考虑的问题;至始至终,我使用的是赫伯恩拼写法。

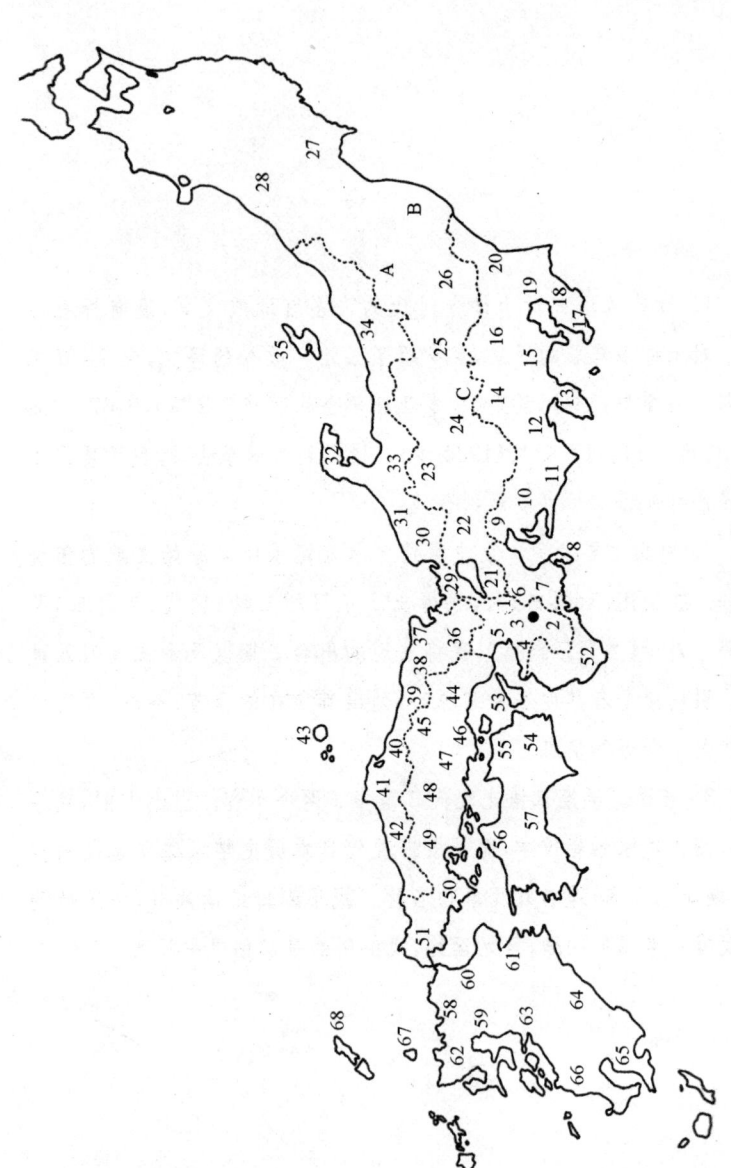

地图一　日本早期的诸国与诸道

日本早期的诸国与诸道

畿内
1. 山城国
2. 大和国
3. 河内国
4. 和泉国
5. 摄津国

东海道
6. 伊贺国
7. 伊势国
8. 志摩国
9. 尾张国
10. 三河国
11. 远江国
12. 骏河国
13. 伊豆国
14. 甲斐国
15. 相模国
16. 武藏国
17. 安房国
18. 上总国
19. 下总国
20. 常陆国

东山道
21. 近江国
22. 美浓国
23. 飞驒国
24. 信浓国
25. 上野国
26. 下野国
27. 陆奥国
28. 出羽国

北陆道
29. 若狭国
30. 越前国
31. 加贺国
32. 能登国
33. 越中国
34. 越后国
35. 佐渡国

山阴道
36. 丹波国
37. 丹后国
38. 但马国
39. 因幡国
40. 伯耆国
41. 出云国
42. 石见国
43. 隐岐国

山阴道
44. 播磨国
45. 美作国
46. 备前国
47. 备中国
48. 备后国
49. 安芸国
50. 周防国
51. 长门国

南海道
52. 纪伊国
53. 淡路国
54. 阿波国
55. 赞岐国
56. 伊豫国
57. 土佐国

西海道
58. 筑前国
59. 筑后国
60. 丰前国
61. 丰后国
62. 肥前国
63. 肥后国
64. 日向国
65. 大隅国
66. 萨摩国

岛
67. 壹岐岛
68. 对马岛

A. 岩代国
B. 石城国
C. 諏方国

来源：青木和夫，《日本历史 3 · 奈良都》，附加地图。

诸国行政区域大多创建于 7 世纪末或 8 世纪初，此后一直延续。然而，直至大约 750 年之时，诸国边界仍旧无法确定，区域的临时统一和分裂现象经常发生。岩代国、石城国和諏方国（A, B 与 C）的存续时间很短，到 8 世纪 30 年代时便已不复存在。加贺国（31）建于 823 年，是日本传统 66 国中的最后一国。

绪 论

本书探讨的是645年至900年间日本的人口、疾病、土地开垦、农业技术以及农村居民区等问题。上述这些可变因素决定了社会和经济的形态;它们之间的相互作用,为大多数近代文化中的制度化生活和政治权力奠定了基础。与此同时,这些因素还影响着个体生活;有史以来,家庭、食物和居住区几乎对任何人而言都是头等重要之事。

此前,致力于日本早期研究的历史学家已经对人口、疾病和土地问题做了探讨,这些研究大多内容翔实,成果卓著。[①] 然而,对于这些因素,大多数著作只进行了孤立探讨,至多也不过论及其中几个因素,而从未将这些因素联系起来进行综合性研究。结果,它们逐渐发展起立来一种关于早期人口和农业的假说体系;随着时间推移,这种假说体系成为了权威性说法,然而这些说法却从未得到严格检验。通过应用西方社会学家和历史学家提出的关于日本研究的新观点,本书重新阐述了这些基本假说,并试图阐明所有这些因素最重要的相互关系。

[①] 本研究的开展离不开下列基础著作,其中包括:富士川游,《日本疾病史》(松田道雄修订);古岛敏雄,《古岛敏雄著作全集6·日本农业技术史》;约翰·霍尔,《500—1700的日本政府和地方权力》;弥永贞三,《奈良时代的贵族与农民》;沢田吾一,《奈良朝时代经济与人口的统计研究》;泷川政次郎,《律令时代的农民生活》;虎尾俊哉,《班田收授法的研究》;吉田孝,《律令制与村落》,载于《岩波讲座:日本历史3·朝代3》,第141—200页。

对于日本早期人口的分析，现代人口统计学方法是可行的。当时平均寿命有多长？哪些年龄段死亡风险最高？女性最有可能在多大年纪生儿育女？对于一千年前西方社会中存在的这些问题，历史学家虽然还无法回答，然而就日本而言，相对丰富的人口普查资料却可以为这些问题的解决提供一些线索。

关于疾病在历史发展中所起的作用，如今人们有了全新而深刻的理解。学者们已经证实，诸多致命性传染病对前工业时代的西方文明造成了毁灭性影响。① 然而，通过对日本早期疾病证据的研究，人们却发现了许多问题。日本与亚欧疾病策源地之间究竟存在着怎样的关系？作为岛国，日本的地理位置是否对其自身起到了保护作用？在中国和朝鲜半岛，疾病的顽固程度如何？在将瘟疫传播到日本的过程中，中国和朝鲜半岛起到了怎样的作用（如果有的话）？一旦病毒传来，它的致死率有多高？在社会、经济和习俗方面，疾病造成了怎样的破坏后果？

在人口和疾病的研究中，对农业的考察自然必不可少。对此方面的研究，西方学者大多将8世纪和9世纪描述为大规模的土地开垦时期，认为开垦新田与人口增长同步进行。近来，日本学者对这种同步关系的说法提出了批评。究竟有多少荒地被改造为稻田？开垦新田就一定意味着人口增长吗？

如果不探究土地耕作方式，就无法完全理解土地开垦。稻农最初使用何种农具和农业技术？其他的农业生产方式有何重要性？土地利用对土地所有制产生了怎样的影响？许多研究者常常重新翻阅历史文献，以便了解日本后来时代的农业状况。近来，日本历史学家的研究结果表明，645至900年间的农业状况比人们迄今为止所了解到的更多样、更原始。

---

① 威廉·麦克尼尔，《瘟疫与人》；埃马纽埃尔·勒华拉杜里，《一个概念：统一世界的微生物（14—18世纪）》，载于《瑞士历史杂志》23：627—696（1973年）。

对于人口和农业的研究，促使人们对日本早期居民区进行重新评估。西方研究者常常将村落描绘成紧凑的聚居区，而且耕作者很少从居民区搬离。通过将欧洲地理学家的方法应用于研究庄园地图和考古遗迹，日本学者对传统的假说提出了质疑。由于提出了更多的证据，采用了更合理的方法，关于地方行政管理的新观点也已经得到承认。

对于人口和农业的研究，离不开对制度发展的探讨。7世纪末和8世纪初，日本人口和农业状况与采取中国式中央集权制政体之间的关系是怎样的？对当时的日本而言，中国唐朝(618—907)人口密度更大，农业也更发达；日本的状况与唐朝截然不同，为了适应这种状况，日本是否对中国制度进行了改造？若是如此，又进行了哪些改造？同时，这些改造又是如何助益日本社会和经济状况的？对中国制度的改造又揭示出日本朝廷怎样的动机？

本书横跨了日本效法中国文明的两个半世纪，史称律令时代。对这一时期的研究，也有助于对此后日本各个历史时期的了解。律令时代这种人口和农业状况延续了多长时间？这些状况是如何变化的，其变化原因又是什么？正确理解早期经济状况，对于建立一个近代时期的发展模式至关重要。

公元645年之前的人口与农业

律令时代的农民生活是从弥生时代(前200—300)所建立起来的生存方式基础上演变而来。在弥生时代，有两项革新成果对日本人的生活产生了影响。首先，从亚洲引进青铜器和铁器；岛国居民们迅速学会锻造金属工具和武器，取代了此前的石制和木制工具。其次，定居农业，特别是水稻栽培农业，成为许多地区农民普遍采用的生活方式，取代和补充了之前世世代代所形成的狩猎、捕鱼和采集的生活习惯。生存方式的改变促使人口激增，推动了社会阶级形成，加速了原始政治组织形式的出现。

通过比较弥生时代与此前石器时代[史称绳文时期（前10 000年—前200）]人口数字，表明更先进的技术及收益更多的谋生手段对人口增长所产生的影响。考古学家山内清男对弥生时代文明到来前日本的总人口做了估算，认为当时人口总数为120 000左右。① 芹泽长介则提出，当时人口总数约为150 000至350 000。② 到了弥生时代末期，日本人口总数介于1 500 000至4 500 000之间，相当于绳文时期日本人口总数的10倍。③ 公元1世纪，人口增速最快；此后两个世纪，人口增速逐步放缓。弥生时代形成了一个显著的人口分水岭，直到明治工业革命时期才出现另一次人口增长高峰。

虽然对于许多日本人而言，采用新技术意味着巨大的进步，然而对于从亚洲大陆传入的新技术，不同地区的人们对此反应却有着明显的不同。佐原诚和金关恕将弥生时代文明划分为五个地区（见地图二）④，其中，在二区（九州北部和本州西南部地区）和三区（畿内和濑户内海地区），人们的反应最为积极。在这两个地区，稻作农业历史悠久，是最先锻造金属工具和武器的地区，而且这两个地区的人口增长迅速。发掘出的人类遗骸表明，二区和三区的居民相似度很高，尽管其头颅标本显示出他们的身体构造存在着一定差异。在这些地区，出现了最早的社会等级分化和政治组织的迹象。

其他分区对变革的接受较慢。四区（从名古屋到盛冈在内的本

---

① 山内清男，《绳文文化的社会》，载于《日本与世界历史·卷一》，第94页。
② 芹泽长介，《石器时代的日本》，第152页。
③ 金关恕、佐原诚，《古代史发掘·4 稻作农业的起源》，第30页。该书早于《日本考古学3·弥生时代》（和岛诚一编）。
④ 金关恕、佐原诚，《古代史发掘4·稻作农业的起源》，第87—89页。

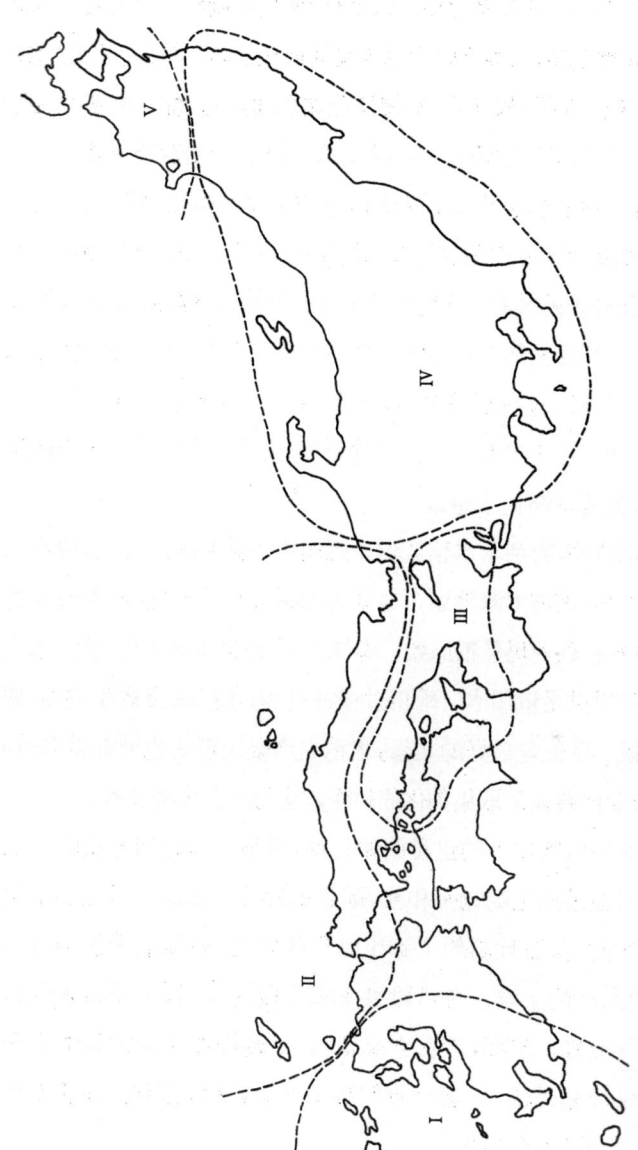

地图二　弥生时代的日本（前200—300年）

来源：金关恕与佐源诚，《稻作的起源》，第88页。经讲谈社许可。

州地区)的居民抵制水稻农业的入侵。许多当地人仍然主要以捕鲑为生。甚至在水稻农业普及之后,人们仍然使用石制和木制工具。本区发掘出的人类遗骸,与绳文时代的人类遗骸相比,几乎没有什么区别。一区(九州南部地区)和五区(本州最北端和北海道地区)的居民几乎未受到弥生时代变革的任何影响,依旧发展着自身的独特文化。

　　静冈市登吕村,位于三区和四区交界,向人们呈现出日本铁器时代的一幅最为详尽的图景。登吕村遗址,发现于20世纪40年代,是3世纪农村居民区的一个绝佳范例,代表着向水稻农业的过渡阶段。该村有12处民居,2座仓库,还有约8公顷(17.4英亩)的稻田。据考古学家估计,该村居民有60人左右。住宅区是筑顶的坚穴住居,挖至地面以下1米左右。由于地势低,故常在外墙四周建有防洪堤,以最大限度地防止水患。

　　地下水位高,有利于水稻栽培。稻田由沼泽地改造而成,建有简易水闸和堤坝,无需灌溉池塘。与早先的谋生方式相比,虽有很大进步,但这种水稻农业仍然很原始。春播后,农民便等着下雨,靠雨水为稻苗的生长提供足量用水。雨量过多或过少,水稻就会歉收,农民便会忍饥受饿。即便是最好的年景,水稻的产量比现在也要低得多;如今,水稻农业已普遍采取集约化的耕作方法与人工灌溉技术。

　　对于弥生时代农业的这种原始特性,其他考古资料也提供了佐证。登吕村遗址出土的锄头和锹,都是木制的。木制工具比不上金属工具结实耐用,而且制约了弥生时代的农民,使他们无法培育出更肥沃、更高产的土壤。登吕村并未出土收割农具,收割技术的状况仍然不得而知。然而,考古学家认为,修建两座仓库的目的是用来储存稻穗而非稻粒。① 逐个收割稻穗非常耗时,通常只在收割低产的洼地水稻时才会如此。

---

① 金关恕、佐原诚,《古代史发掘4·稻作农业的起源》,第59、69页。

弥生时代农民所种植的水稻成为现代水稻(粳稻)的直接起源。然而,与现在水稻品种不同,弥生时代的水稻多芒刺。① 如今,菲律宾群岛居民,仍然种植多芒刺的水稻,其稻作技术与弥生时代所使用的技术非常相似。② 菲律宾所产的水稻广有美誉,具有抗病、耐旱、耐贫瘠的特点;该品种水稻的这类特性可能曾使登吕村的农民受益颇多。

到了弥生时代末期,出现了两方面的进步:铁制农具和更先进的灌溉技术。③ 与早先技术相比,铁制农具的使用或许是一次巨大

---

① 金关恕、佐原诚:《弥生时代》,载于《亚洲观察》19:22(1976年)。
② 亨利·路易斯:《伊洛卡诺人的稻农》,第49—65页。
③ 弥生时代和古坟时代的水稻农业发展状况仍然无法确定。譬如,金关恕与佐原诚在《古代史发掘4·稻作农业的起源》(第42页)中界定了弥生时代的三个阶段。第一阶段,农民仅在海岸与河岸附近耕种水涝地;他们使用木制与石制农具,并没有建造水道与堤坝。第二阶段,农民们利用水坝和水渠,甚至可能使用了一些金属包尖农具,在内陆的地势较高地方开垦田地。第三阶段,农民实施了大规模的垦田工程,各类木锄和木锹的使用量减少,这便意味着他们使用了铁制农具。然而,需要注意的是,金关恕与佐原诚从未将这三个阶段附上具体的日期,他们把位于沼泽区且无法制造金属农具的登吕村作为第三阶段水稻农业例证。此后,在同一卷中(第104—116页),川越哲志认为,除九州北部外,弥生时代的农民使用的只是木制和石制农具。

对古坟时代的农业状况阐释中,问题也是比比皆是。都出比吕志[《农具铁器化的两个时期》,载于《考古学研究》51:36—51(1967年)]与八贺晋[《古代水田开发》,载于《日本史研究》96:1—24(1968年)]提出了一种标准观点,他们根据土壤和铁制农具使用的状况,创造出一种三阶段模式。他们把一个类似的第一阶段延伸到整个公元2世纪。他们的第二阶段持续到公元500年,这个阶段特征是使用生铁农具挖掘"半湿半干"土壤。在都出比吕志和八贺晋的第三阶段,该阶段持续到7世纪,人们采用铁制农具来挖掘远高于天然地下水位的厚粘土。该模式一直受到某些方法论难题的困扰,尤其受到八贺晋设想的"目前和史前土壤成分一致"观念的困扰。

对于日本水稻农业的发展模式,若想获得更满意解释,有待于更多证据的出现,以及更系统、更科学的分析。即便到那时,所持观点也会不同。总之,我赞同都出比吕志与八贺晋的观点。

对农业技术更为详尽的探讨,参见第4章。

的技术进步。铁锄头和铁锹可以挖土更深,农民不必在沼泽洼地种植作物,而且对于加厚耕层、增加土壤肥力十分必要。早在公元前1世纪末,九州北部地区的农民可能就已经锻造出收割用的铁刃镰刀。① 九州北部以外地区的农民,很久以后才开始习惯使用铁制农具。直到5世纪末,畿内地区和关东地区的农民才学会制造金属制的收割工具或者带铁刃的锄和锹。

此外,农民也开始建造更为先进的灌溉设施。对于这项新技术,日本最早的宫廷史书《日本书纪》是这样描述的:

> 天皇诏告诸臣:"但见此片土地,荒原沼泽,绵延广远,田少而稀缺。更兼河水漫流,而致下游水流缓慢。若逢淫雨,海潮倒涌,惟乘舟船方可穿越村庄;官道亦为泥覆。故此,诸位臣公,应通盘审视,觅水流四溢之根源,凿渠通海,止浪之倒涌,护田舍。"
>
> ……开凿宫北平原,以令南来之水改道,汇入西海。故此,该河得名"堀江"。
>
> ……为止北河漫溢,兴建茨田坝。②

在《日本书纪》里,在关于4世纪和5世纪的其他章节中,不乏与此类似的描述。③

到目前为止,人们对这些灌溉技术的了解很有限。那些工程技术人员多为朝鲜后裔,他们为畿内地区和其他地方权贵们工作。在爱媛县松山市的古照村附近,在一次考古发掘中,发现了4世纪时建

---

① 金关恕、佐原诚,《古代史发掘4·稻作农业的起源》,第116页。
② 《新订增补国史大系·日本书纪》仁德11/4/6—11/10,第298页;《日本纪·日本编年史:远古至公元697年·卷一》,威廉·阿斯顿译,第280—281页。
③ 西冈虎之介,《池沟时代至堤防时代之展开》,载于《史苑》3:25—30(1929年10月)。

造的一条堤坝,长度超过10米,由树枝和原木加固而成。① 在奈良县樱井市附近的缠向村,发现了一个由水渠、堤坝和水闸构成的复杂网状结构,修建时间可以追溯到4世纪或5世纪。② 历史学家永远也不会知道,当时究竟是哪些人在耕种古照村或缠向村的田地,但有一点可以肯定,当地农民从这项新技术中尝到了甜头。

在4世纪和5世纪时,日本人开始驯养牛马。起初,对农业生产而言,牲畜所起的作用并不大。此前,对于日本人而言,野猪、野鹿和鱼类已经为他们提供了丰富而持久的蛋白质来源。当时,农民们既不会用犁,也不懂施肥。畜牧业尚处于原始阶段。③ 人们对去势技术一无所知,无法大量饲养牲畜。最初,马和牛仅仅作为个别使用的役畜,来往于日本山区,用于驮运和骑乘。与铁制农具和新式灌溉技术的应用一样,经历了几个世纪之后,牲畜对于农业的贡献也慢慢显现出来。

对于300年到645年间的人口发展趋势,目前尚不得而知。考古学家森浩一指出,在5世纪和6世纪,殡葬风俗发生了变化,这证明了当时人口激增的状况。④ 5世纪时,墓葬数量虽少,可是形状巨大,譬如大阪地区的大墓。到500年,这类殡葬习俗终止了,取而代之的是数量众多的小墓出现。森浩一认为,这些分布广泛的小型墓葬既表明了当时人口的大量增加,又说明了人们的生活水平有所提

---

① 小野山节编,《日本古代史发掘6·古坟与国家建立》,第16页,第56—57页。
② 同上,第57页。
③ 《京都大学人文科学研究所前川和也访谈录》。《厩牧令》中并未描述牲畜的饲养方法。细察这些法令[尤其是《新订增补国史大系·厩牧令义解·每乘驹条》(第272页)]就会发现,不仅牲畜的数量远不及中国多,而且当时控制牲畜交配的方式也只是将雌雄牛马分圈饲养(而非采用去势技术)。
④ 森浩一,《群集坟与古坟时代的终末》,载于《岩波讲座日本史2·古代2》,第97—99页。对于6世纪坟冢的各种阐释,参见和岛诚一,《古坟文化的变迁》,载于《岩波讲座日本史2·古代史2》(1962年),第137—138页。

高。在这两个世纪中,尽管人口数量或许略有增长,但仅有的考古学证据似乎无法证明森浩一所谓的人口急剧增长的断言。疾病和饥荒对于这一时期所产生的影响尚不明了。

时至 7 世纪中叶,在日本,人们的生存方式可谓五花八门。农民们在沿用更原始的弥生时代的稻作农业方式的同时,也使用灌溉池塘和沟渠。此外,人们还采用其他农业生产方式,譬如,旱作农业或者刀耕火种的农业。尤其在北方和遥远的南方,很多人依然以捕鱼、狩猎和采集为生。当 645 年律令时代开始之时,日本群岛的居民数量为 3 000 000 至 5 500 000 左右;与同期欧洲相比,这个数量相当巨大。①

律令制国家的建立

7 世纪中叶,日本统治阶级面临的危机与日俱增。618 年,李渊称帝,大唐帝国建立,其野心勃勃,势力不断扩张,这令日本朝廷忧心忡忡。平定国内叛乱后,新登基的天皇旋即将注意力转向确保中日边界的安宁。对他而言,尤为迫切的是制服好战的高句丽王国;

---

① 关于日本古代的人口估数,参见石井了一,《日本人口压力与经济生活》,第 4 页。近来,考古学家发掘出一份漆纸文书,该文书加深了人们对日本早期人口状况的了解(参见《鹿子 C·遗迹漆纸文书:本文编》,第 105—110 页)。文书表明,800 年左右,常陆国(位于关东东部)的人口总数约为 190 000,这与沢田吾一对该国人口的估数大抵相当。由于沢田吾一使用了相同方法估算出诸国与全国的人口,人们可以认为这项新发现证实了他的日本人口总估数(9 世纪初与 10 世纪中叶,约为 600 万)的正确性。因此,645 年,日本人口总数为 550 万,这个较高数值似乎可能更准确些;然而,考虑到奈良时代与平安时代确实曾发生过短期剧烈的人口波动,对于日本早期人口的估算,列出一个可能的范围似乎更为合理。关于欧洲中世纪初的人口数量,参见乔治·杜比:《欧洲经济的早期增长》,霍华德·克拉克译,第 12—13 页。

此前,高句丽王朝击败了隋王朝(589—617)对高句丽的数次远征,间接造成了隋王朝的覆灭。日本统治者担心,倘若大唐军队征服了高句丽,日本的盟国——百济国——将会成为下一只待宰的羔羊。倘若百济国战败,日本的死敌、大唐的盟友——新罗国——将会接管朝鲜半岛;到那时,敌国大军压境,会致使日本险象环生。

631年,大唐新继位的皇帝唐太宗,便开始发动战争,进攻高句丽。他派军远征辽东,收埋先前战殁将士的尸骨,命令唐军洗劫高句丽村镇。唐军的出现,致使朝鲜国内政治陷入空前的混乱。641年,朝鲜三国中最不稳定的百济国爆发宫廷政变,好战的义慈王独揽大权。642年,在唐军入侵高句丽前夕,军阀泉盖苏文屠杀了180多位贵族,攫取了义慈王的王位。百济国和高句丽国建立起来的新政权结成同盟,共同抗击新罗和大唐,积极备战。

从百济和高句丽流亡到日本的贵族,讲述了唐军入侵以及血腥政变的惨况。① 这些来自大陆地区的消息,加剧了日本人的恐惧感。645年6月,中大兄皇子(后来的天智天皇,661—671在位)、轻皇子(后来的孝德天皇,645—654在位)和中臣镰足(后来的藤原朝臣镰足,614—669),在惊慌失措的皇极天皇(642—645在位)面前,刺杀了朝廷大臣苏我入鹿。

与百济国和高句丽国的状况一样,日本新上台的统治者首先考虑的也是备战。在宫廷政变之后不到两个月,朝廷的使臣便抵达关东;6世纪时,关东地区始终是日本天皇的军事基地。使臣们登记当地人口,将耕地备案;建立兵工厂,没收当地不可靠贵族的武器。据《日本书纪》记载,在朝廷,新的当权派建立起一套官阶体系,并且在646年颁布的著名《大化改新诏书》中宣布,准备实行中国式课税制

---

① 井上光贞,《大化改新与东亚》,载于《岩波讲座:日本历史2·古代2》(1975年),第134—139页。

度、土地所有制以及地方行政制度。①

　　660年,唐朝和新罗联军击败了百济军队。百济将军鬼室福信侥幸逃脱,率军继续抵抗唐军入侵,他坚信日本盟友会出兵援助。661年,中大兄皇子和齐明天皇(655—661在位,亦称皇极天皇)远赴九州,统领入朝援军。同年,日本朝廷释放了已被日本扣为人质长达30年之久的百济王室成员余丰璋,使其归国,加入百济军队,与鬼室福信联手。662年,日本朝廷派遣一支远征军援助鬼室福信;一年后,援军数量增至27 000人。

　　与此同时,唐朝统治者也拟定了战争计划。由于担心当时朝见唐朝皇帝的日本使臣会向日本朝廷泄露唐朝的军事战略,唐朝统治者便将日本使臣们软禁在唐都长安。对于大唐皇帝和日本使臣间发生的这一事件,《日本书纪》中有如下记载:

> ……皇帝诏令如下:"本朝定于来年对海东诸地实施行政措施,尔等倭[日本]使不得东归。"最终,日本使臣们被扣于长安。他们分置独居,门户紧闭,严禁会客,毫无行动自由。如是,使臣们挨过了凄苦的一年。②

　　663年,白村江之战打响,双方军队展开厮杀。《日本书纪》记载了这场灾难性战争所造成的全面影响:

---

① 只有坂本赏三《大化改新的研究》依然相信,改革法令全部编制于646年。大多数学者认同井上光贞《大化改新与东亚》的观点,拒绝接受公告的大部分内容,并将它们视为《日本书纪》编纂者们的伪作。一些日本历史学家,譬如,原秀三郎[《大化改新论批判序说》,载于《日本史研究》86:25—45(1966年9月);88:23—48(1967年1月)]以及门胁祯二《大化改新论》认为,整个法令乃是8世纪朝臣们的伪造产物。

② 《新订增补国史大系·日本书纪》济明5/7/3,第271页;《日本纪·卷二》,第262页。

敌军将士,兵临州柔(前百济首都)城下,围困皇城。唐将统帅170艘战船,列阵于白村江。最初抵达的日本战舰与唐军激战,日舰不利而退,大唐坚阵而守。

……日本诸将与百济王[余丰璋]不观天象,而相谓之曰:"我等争之,彼应自退。"更率日本乱伍中军之卒,进打大唐坚阵之军。然,唐军左右夹船绕战,须臾之际,官军败绩,赴水溺死者众,舻舳不得回旋。朴市田来津[日将]仰天而誓;切齿而嗔杀数十人;旋即战死沙场。此时,百济王余丰璋及诸将士乘船逃至高句丽。①

668年,高句丽被灭,朝鲜半岛统一,其统治权处于与日本朝廷敌对势力的掌控之下。

东亚出现新的力量均势,使得日本全国陷入紧急状态。白村江之战失利后,天智天皇下诏,在对马岛、壹岐国及九州北部海岸线设立岗哨,修建烽火台,上述要地都是中国唐朝及朝鲜半岛军队入侵的必经之地。天智天皇迁都至琵琶湖畔的大津宫(现大津),这里距离濑户内海较远,不易遭受入侵之敌的攻击。在大和国(奈良县)和赞岐国(香川县)境内,修筑了城堡和瞭望塔。天智天皇常来巡视这些要塞,在这些地方,军事训练司空见惯。而具有讽刺意味的是,许多工匠和教官都是朝鲜半岛难民。②

---

① 《新订增补国史大系·日本书纪》天智2/8/17,第286页;《日本纪·卷二》,第279—280页。
② 《新订增补国史大系·日本书纪》天智4/8/17,第289页;《日本纪·卷二》,第283—284页。

在朝鲜半岛的兵败,为日本朝廷提供了新的改革驱力,朝廷迫切需要扩充权力并对权力进行合理配置。据《日本书纪》记载,在白村江惨败后的6个月内,天智天皇就出台了一套崭新的、更加系统化的国家行政体制。他颁布法令,限制势力强大的宗族首领的特权,限制其所豢养的家臣和奴隶数量。① 670年,天智天皇下令进行人口普查,以"镇压强盗和流匪"②。井上光贞认为,670年的人口普查(甲午年籍),登记了当时天智天皇统治下所有阶层和地区的国民,并被用于确立民众姓氏。③ 人口登记,为课税和征兵的开展创造了必要条件。

不幸的是,其政策还没有来得及全面实施,天智天皇便驾崩了。在其逝世的671年,权力真空期出现,两位人物对王位展开争夺。大友皇子,不仅是天智天皇之子,而且是皇位的指定继承人;然而,天智天皇弟弟——大海人皇子——也具有继承王位的合法资格,而且相比之下,他更具权术,更具智谋。大海人皇子假装出家为僧,隐居于今奈良县的吉野;暗地里招募支持者,以图再起。672年春,内战爆发;由于此前的精心谋划,大海人皇子迅速取得了几次大捷。不到6个月时间,大友皇子自缢身亡,大海人皇子旋即登基,史称天武

---

① 《新订增补国史大系·日本书纪》天智3/2/9,第287—288页;《日本纪·卷二》,第280—282页。争论围绕着664年天智天皇的改革展开。对于最新观点的综述,参见井上光贞,《大化改新与东亚》,第41—43页。

② 《新订增补国史大系·日本书纪》天智9/2,第297页;《日本纪·卷二》,第292页。

③ 井上光贞,《日本古代史之诸问题》,第239—320页。另一种不同的阐释,参见早川庄八,《律令制之形成》,载于《岩波讲座日本历史2·古代2》(1975年),第236—240页。

天皇。①

　　天智天皇不得人心,这反而使天武天皇从中受益。天智天皇由于施行中央集权政策,特别是限制贵族特权和施行人口普查制度,因而招致许多地方领主的怨愤。天智天皇的外交政策也带来灾难性后果,日本西部地区的许多贵族拒绝再次派兵参战。而天武天皇本身并不依靠地方或朝廷权贵赢得王位。其本人也并非具体作战行动的指挥者,具体战事由一帮忠心耿耿的下级军官实施,而且,在他们之中,很多人都是近亲属关系。所以,对于那些可能反对进一步加强中央集权的人,天武天皇几乎不存在什么政治上的亏欠,此外,他还拥有军权,对于不服管教的朝臣,可以用军队迫使他们屈服。

　　天武天皇擅于汲取其所处时代的经验教训。天武天皇生于631年,当中大兄皇子及其追随者们刺杀苏我入鹿并且攫取政权时,他还年纪尚轻。当天智天皇远征九州指挥援军入朝作战时,年少的天武天皇留在朝廷监管国事。天智天皇归国后便狂热地忙于备战,准备抵御大唐和新罗军队的入侵,天武天皇密切观察着兄长的行动。通过对暂居于宫中朝鲜流亡贵族的了解,天武天皇认识到,大唐和新罗的军事力量占优只是造成日本战败、高句丽国和百济国最终覆灭的部分原因。他坚信,强军的关键乃是建立一个稳固的中央集权制度,这种制度必须由一整套律令来明确界定。676年,新罗国利用

---

① 对于在672年壬申之乱中大海人皇子的动机,已经全面论述过了。历史学家大多认为,该内战的本质乃为皇位继承之争。川崎庸之在《天武天皇》(第46—52页)中阐述了大海人皇子采取行动的个人动机:对其兄长天智天皇残暴行为的极度厌恶,以及他与天智天皇对额田王的情爱之争。该书(第112—117页)亦称:自白村江战役以来,天智天皇在中央集权方面进展缓慢,大海人皇子对此忧虑万分。关晃与直木孝次郎认为,大海人皇子做出发动战争的决定与其政治支持的性质有关。在《壬申之乱》(第268—288页)中,星野良作对关晃和直木孝次郎的观点以及其他人对672年壬申之乱的分析,做过颇有说服力的总结。

从唐朝学到的知识,将唐军逐出了朝鲜半岛,这个事件进一步证实了中国制度的优越性。天武天皇知道,必须像新罗那样,日本才不至于亡国。①

672年,取得王位之后,天武天皇立即着手实施大规模的改革,效法中国模式。② 登基仅三年后,他便发布一道诏书,废除了贵族经济私有制的基础,包括他们对农民及"高山、沼泽、岛屿、海湾、森林、平原和人工池塘"的控制权。③ 许多日本历史学家认为,在削弱贵族私有权力方面,天武天皇所采取的措施比以往的统治者们要有效得多。④ 消除贵族对农民和土地的控制权,是确保对经济进行集权化管理和建立全国性官僚政治的至关重要一环。

天武天皇确立了前所未有的皇族专权,对地方行政机构产生了影响。据《隋史》记载,7世纪初,日本被划分为大约120个地区(国)。这些地区由地方贵族(国族)管理,在辖区内,他们拥有军事、政治和宗教上的绝对权力。大化政变之后,孝德天皇和中大兄皇子也曾试图向地方派驻朝廷特使以监督地方事务,借此来削弱地方豪

---

① 天武天皇亦致力于国内的中央集权问题,这亦是整个6世纪末与7世纪时所有统治者力图解决的问题。天武天皇担心即将指定的继承人(草壁皇子,662—689)不会屈从于降临在大友皇子在672年壬申之乱中的厄运。日本早期,皇位的继承并非固定;天皇的兄弟也可像皇子一样轻易获得皇位。在天智天皇的子女中,有好几位依然健在。当国外的压力以及控制地方豪族的需要驱使天武天皇建立一种更加专制的制度时,对家族内部和政治上的考虑也同样起着作用。此观点见于北山茂夫,《天武朝》,第3—13页。

② 下述内容仅是天武天皇改革的综述。更多细节参见川崎庸之,《天武天皇》(第132—175页),以及北山茂夫,《天武朝》(第123—188页)一书。两位作者将天武天皇的活动分成两个时期:675—677、681—686。

③《新订增补国史大系·日本书纪》天武 4/2/15,第336页;《日本纪·卷二》,第327页。

④ 早川庄八,《律令制之形成》,第240—242页。

族的势力。《常陆地名辞典》及其他文献资料记载表明,皇权已渗透进了地方管理,然而,那些朝廷派驻的特使往往最终形成一个新阶层——地方领主阶层。①

通过分而治之的政策,天武天皇制服了地方豪族。首先,他剥夺了朝廷特使们先前所拥有的经济和军事权力。② 然后,他引入了更加激烈的竞争机制,刺激地方贵族为获取地方官职而相互争夺,并使得为朝廷尽忠成为为官的一个重要前提。通过提拔新人为官,天武天皇分化了传统的职权范围,瓦解了旧势力的影响。同时,他还剥夺了地方豪族的军事和宗教权力,创设新官职来履行这些职责。7世纪80年代到90年代,在其妻子——持统天皇(686—697在位)——统治期间,天武天皇的政策得以延续。到700年,整个日本地方行政区已达到555个,约为1个世纪前的5倍。③

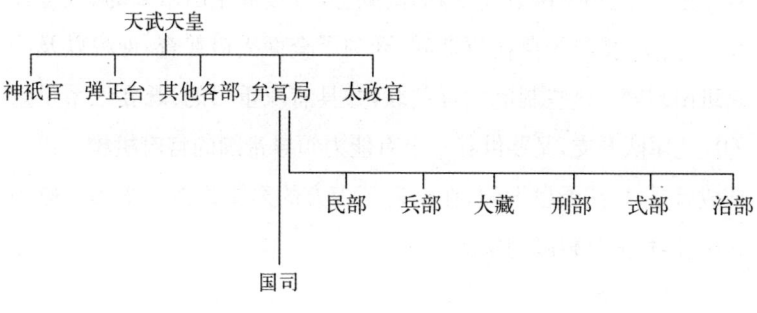

图一　天武天皇官制

来源:早川庄八,《日本史4·律令国家》,第37页。经小学馆出版社许可。

---

① 早川庄八,《律令制之形成》,第222—232页。
② 《新订增补国史大系·日本书纪》天武1/7/22,第325页;《日本纪·卷二》,第319页。黛弘道,《国司制的成立》,载于《律令国家的基础构造》,第124—125页。
③ 《律书残篇》,载于《新订增补史籍集览·卷四》,角田文衞编,第178页。

依照更为专权的原则,天武天皇重组了朝廷的官僚机构(见图一)。① 与前辈天皇不同的是,在他那里,贵族几乎没有任何发言权。天皇可以绕过朝廷,向他认为合适的任何一位官吏直接发布诏书,而且天皇的侍从也不受任何监管机构的管辖。仿效中国制度模式,天武天皇制定了一整套新的官僚官阶、任命和晋升制度。人们评价说,天武天皇的官制建立在客观理性的基础上,并为后来诸省模式的形成奠定了基础。作为其统治的基础,天武天皇构想出了一部政治神话,声称:皇室一脉万古不易,而他自诩为神。

天武天皇驾崩后,摆在其妻子持统天皇面前的国事可谓千头万绪。持统天皇在位期间,有三项成就引人瞩目。首先,在其监督下,日本首部系统性律令——《飞鸟净御原律令》——得以实施。② 这些律令体现了日本效法中国制度并使其本土化所做出的最初努力,而且正是在《飞鸟净御原律令》的基础上,直接催生出后来的《大宝律令》。其次,持统天皇在位期间,开创了全面人口普查、课税以及国家班田制度。这些制度相互关联,并具有双重目的:既要维系足量的戍边军队开支,又要供养一个有能力领导帝国的官府机构。第三项成就是,持统天皇下诏,在奈良正南方的藤原建造日本第一座中式国都,作为其权威的象征。

701年,天武天皇之孙文武天皇颁布了《大宝律令》,这是日本努力效法中国模式的登峰造极之作。《大宝律令》中依法确立官制,包含了天武天皇创制的大多数官职,并对《飞鸟净御原律令》实施中出现的管辖权和地位方面的不妥之处做了一些修改(见图二)。最重

---

① 早川庄八,《律令太政官制的建立》,载于《续日本古代史论集·卷一》,第513—584页。
② 一些日本历史学家主张,是天智天皇编撰并实施了《近江令》,然而,我却认同青木和夫的观点:《近江令》是一套诏书汇编,而非一部体系完备的法典。青木和夫,《净御原令与古代官僚制》,载于《古代学》3:115—133(1954年6月)。

要的修改之处便是,将皇室纳于由朝廷贵族组建的咨询机构——太政官——的管辖之下。此外,《大宝律令》还修改了天武天皇时期的官阶制度,改善并系统化了官吏选拔和晋升程序。① 《大宝律令》明确规定了官吏的津贴事宜,并规定,依照官阶和职位高低,每半年发一次俸禄。8世纪初期,京官总数为10 000人左右。

地方的行政机构,按照等级体系设立。最高一级是朝廷贵族,他们担任国司,任期6年。《大宝律令》恢复了国司所拥具的广泛权力,这些权力在7世纪70年代时曾被天武天皇所剥夺。② 对于国司,其新授权包括:课税、仓储、交通运输、每6年土地所有权的变更、定期人口普查以及管理诸国军务。通常,一国官吏的数量为600名左右,其中很多都是当地人。③

地方行政机构的第二级是郡司。这些被选拔出的官吏,均出自诸国地方豪族之家。《大宝律令》明确规定,郡司听命于国司,然而郡司也拥有一些其他官吏所不具备的特权。他们不但享有官位终身制,而且还拥有土地所有权和军权,并且世袭罔替。由于居于自己的辖区,他们对当地农民拥有强大的控制权,而且在人口普查、班田和课税等政府活动方面,他们之间的合作具有得天独厚的优势。

最底层的地方行政机构是行政村(里)。《大宝律令》规定,每里50户,由里长负责。每里,以5户为一保,维护治安。《大宝律令》里规定的户,不应与核心家庭混淆,它乃是一个行政单位,其建立的宗旨是推动征兵和课税等事宜。8世纪初,每里的平均人口数为1 000人左右。

---

① 对于飞鸟净御原律令制度与大宝律令制度的官方评价与促进,最佳的阐释可参见野村忠夫的《古代官僚的世界》。
② 黛弘道,《国司制的成立》,第139—142页。
③ 《新订增补国史大系·类聚三代格》弘仁13/闰9/20太政官令,第279—280页。

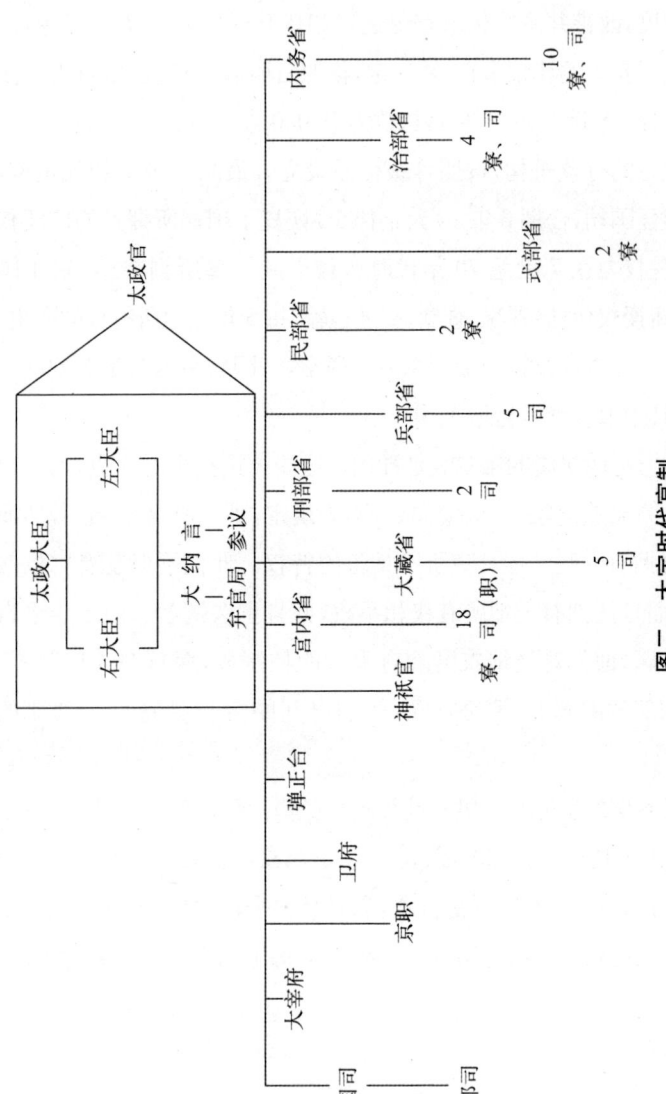

图二 大宝时代官制

来源：早川庄八，《日本历史4·律令国家》，第36页。经小学馆出版社许可。

《大宝律令》构建起了复杂的行政机构,其目的在于控制农民;700年,农民占日本总人口的比例达99%以上。大多数成年男性每年缴纳各种赋税,譬如,为地方官府和朝廷服徭役,缴纳产品税和服兵役等。土地的拥有者也须缴纳3%的谷物税,所征租税通常贮存于附近的仓库之中,用于供给诸国财政。《大宝律令》规定,对于6岁及6岁以上国民,由国家班田,终身耕种。政府采取这种土地所有制,并非出于仁慈,而是要确保每位缴税者能够负担其相应的份额。定期人口普查和编制详尽的税收文书,对于保障朝廷在财政和军事方面的稳定起到了至关重要的作用。

第1章
8世纪初的出生率、死亡率以及平均寿命

本章采用现代人口统计方法分析律令时代的人口普查资料,目的在于尽可能准确地描述日本早期的人口状况。本章所用方法为稳定人口分析法,该方法首先由阿尔弗雷德·洛特卡提出,后经保罗·德门尼和阿什利·科尔在《区域性模型生命表和稳定人口》一书中做出了详尽阐述。人口统计学家之所以采用稳定人口分析法,目的是从人口的年龄和性别结构中获取动态的人口统计数字,譬如,出生率、死亡率以及平均寿命等。这种稳定人口分析法,已应用于中世纪与近代欧洲以及非西方现代社会的人口调查之中;在对德川幕府时期(1600—1868)村落记录的分析中,苏珊·汉利也使用了科尔和德门尼的模型生命表。①

日本早期的人口普查资料,在为人口统计研究提出了问题的同时,也为问题的解决提供了可能性。② 其中,主要问题在于这些

---

① 参见苏珊·汉利、山村耕造,《前工业化时期日本经济与人口变迁,1600—1868》,第199—225页。关于稳定人口分析的概述,参见亨利·施洛克与雅各布·西格尔的《人口统计学的方法和材料》(第三版),第526—531,810—836页。

② 在奈良时代人口研究中,最著名的人物是沢田吾一,他撰写了《奈良朝时代经济与人口的统计研究》一书。他的性别比计算方法、年龄结构的修匀以及日本早期年龄金字塔与现代结构的比较,成为本项研究的前身(重点参看第49—73,687—692页)。然而,沢田吾一并未察觉,他使用的文书印本残片是极不准确的,而且他也没有使用成熟的人口统计方法。

　　沢田吾一著作的出版,进一步推动了律令时代人口普查记录的研究(转下页)

人口普查资料,在性质和质量上,既零碎又模糊。虽然此类材料难以收集和评估,然而,对于那个已经结束了一千多年的时代来讲,它们已经足够丰富了。在人口记录方面,那些欧洲封建公国根本无法与奈良时代(710—784)的日本相媲美。这些人口普查资料如此丰富,几乎可以完全归功于日本对中国人口登记方法的高效引入。

东亚史记载过的人口登记

人口普查起源于中国战国时期(前403—前221),当时,秦献公下诏登记全国臣民,其目的在于保障课税和征兵的顺利进

(接上页)工作。在泽田吾一之后,大多数研究不只关注出现在人口普查记录里的"居民区"性质,也关注文书本身的质量。作为泽田吾一的头号反对者,泷川政次郎撰写了多篇文章,反对泽田吾一持有的奈良时代居民状况的观点。详见泷川政次郎,《律令时代的农民生活》,第32—41页。在20世纪40与50年代初期,关于居民与村落性质的论争进一步加剧。至20世纪50年代中叶,双方形成了两大阵营。持第一种观点(实态说)的石母田正和藤间生大认为,籍册上记录的户数反映了当时的社会现实。另一种观点(拟制说)的持有者岸俊男与冈本坚次提出,律令时代的居民与村落状况都没有详尽反映出当时的生活状况,相反,基于行政管理目的,中央政府杜撰出了这些记录。关于律令时代的居民与村落的研究工作一直持续着,贯穿整个20世纪60年代。其中,高群逸枝做出了重要贡献,其著作《日本婚姻史》(第67—74页)分析了见于户籍上的婚姻制度。

参见浦田明子的《编户制的意义》[载于《史学杂志》81:29—39(1972年2月)]以及吉田孝的《律令制与村落》(第141—200页),他们对这些论题的最重要研究做了简明总结。本书第5章也列举出许多关于村落问题的其他参考著作。

对律令时代的人口普查文书能在多大程度上反映出当时的社会组织状况,岸俊男和其他学者表示出极大的怀疑,虽然我同意他们的观点,然而,这些怀疑不应当排除年龄与性别资料在人口统计分析中的充分运用;本章也尝试使用这种人口统计分析方法。

行。① 公元前221年,在统一中国后,秦始皇沿用了这种登记全国臣民的做法;此后的王朝统治者们,也纷纷效仿秦朝的登记制度。公元2年实施的一项人口普查表明,登记在册的中国人口总数为6 000万左右。② 现存最早的人口记录要追溯到中国的黑暗时代(220—589),在那个内乱频发的时代,定期人口普查对国家存亡起着至关重要的作用。③

为了迅速扩张势力,其他东亚王朝的统治者们急于引入中国王朝的人口登记模式并为己所用。虽然朝鲜半岛人口登记制度所遗存的史料不多,但朝鲜半岛很可能在7世纪末或8世纪初便已实施了首次全国性的人口普查。④ 在东大寺的正仓院,发现了一份按惯例标注为755年的新罗王朝记录残片。仅凭此份记录,日本历史学家便可以做出推断,新罗王朝的官吏每三年编制一次户籍,在中国律令中,也有相同周期的规定。⑤

日本最早的人口普查文献与朝鲜半岛移民有关。据日本首部中国式史书《日本书纪》记载,在6世纪,天皇们便下诏规定:必须将某些朝鲜工匠的姓名纳入人口登记之中。⑥ 后来,一份类似的诏书也宣布登记那些皇家土地(屯仓或官家)的耕种者。在《日本书纪》

---

① 《史记会注考证·卷二》,泷川龟太郎编,第109页。该文的西语译本,参见《史记会注考证》,爱德华·沙瓦内译,第240页。关于先秦时期人口登记状况的讨论,参见罗宾·耶茨,《被围攻的城:〈墨子〉城守诸篇的重建》。

② 《汉书》,28B,第1640页。

③ 池田温,《中国古代籍帐研究》,第146—148页。

④ 《三国史记》,载于《朝鲜史·卷四·神文王编年史9/1》,第77页;《圣德王编年史21/8/1》,第129页。第一条引证标志着新罗采取了俸禄制;对于俸禄制的施行,全国性的征税与人口普查变得很重要。第二条引证标志着新罗施行了国家班田制度,对此,人口普查是必要的。亦可参见井上秀雄,《古代的朝鲜》,第222—227页。

⑤ 野村忠夫,《新史料介绍:正仓院发现的新罗民政文书》,载于《史学杂志》62:58—68(1953年4月)。

⑥ 《新订增补国史大系·日本书纪》,钦明1/8,第51页。

里,在修订后的《大化》和《孝德》两章中,均要求于646年和652年实施全国性的人口普查;然而,这两项记录的可信度并不是很高。①

对于农民施行定期登记,其真正动因是在663年白村江之战惨败后,日本为加强国防的迫切需要。670年,在天智天皇的监管下,日本实施了首次全国性人口普查;天武天皇和持统天皇在各自统治时期内使人口普查进一步制度化。在持统天皇统治时期,每六年进行一次的定期人口登记制度于690年开始施行,在此后的一百余年里,这种普查制度得以在日本全境内实施。②

律令下的人口普查

户籍乃是出于人口普查目的而制定的最重要文书。《大宝律令》以及在此基础上修成于717年的《养老律令》,均规定了编制户籍的下列准则:

> 凡户籍,每六年一造。起于十一月上旬,并依法定格式勘造。里别单独成册。共须誊写三份。每册缝上,注明国别、郡别、里别及登记日期。截至次年五月三十日,造册完毕。交副本两份备于太政官,一份留存于诸国。(对于杂户和陵户,须追加副本一份,并将每份籍册交由国司保管。)

---

① 646年和652年人口登记法令的真实性,与对《大化改新法令》的论争密切相关。参见绪论部分第13页注释①。宫本救在《律令时代的土地制度》[载于竹内理三编:《大系日本史丛书6 土地制度1》,第85页]中指出,虽然他认为652年人口普查是可信的,然而日本史学家大多认为是伪造的。

② 林陆郎,《上代政治社会的研究》,第345—404页;虎尾俊哉,《班田收授法的研究》,第291—340页。

相关住户须提供登记用纸笔。国司须核查该类物品数量，且须顾及特殊情况。国司不准加重民众之负担。①

一旦国司史生编制完户籍，官府信使便将户籍送交至京城。

律令规定，太政官须仔细复核诸国之户籍：

> 户籍送达后，太政官须负责整理与审查。若被登记者年龄与上一年记录不符，或被登记者此前被漏记，或生者被误记为亡者，依具体情况，太政官须向国司官吏问询。若国司官吏承认误记，须在民部省和内务省之户籍中确切注明其误记缘由；国司亦须在其文书副本中标明。②

太政官核实完国司官吏的调查结果后，将户籍册存档，为期30年。

编制户籍有三个目的。其一，登记一切有资格获得国家班田

---

① 《新订增补国史大系·令义解·户令·造计帐条》，第96—97页。该条款与此后条款的实施程度很难确定。法令的出台，总是体现了一种或许从来没有完全实现过的社会理想。然而，日本历史学家所能收集到的零星证据表明，这些条款都极其严格地恪守着《大宝律令》的规定。在本章全部正文与注释中，引用了许多例证，譬如，即将发生的关于税籍演变的讨论，或者关于税籍与户籍送达京城日期的讨论。关于实施状况的其他例子，包括须在筑前国的每册户籍接缝处记录下国别、郡别和里别，第5章中将论述编制户籍审查（勘籍）的情况，以及支付给负责收集税籍册手实的官吏薪酬的诸国财政总账细目。还有一个令人欣喜的发现，即，上野国关东地区的一项纪录（《平安遗文·卷四》，第3511—3541页）。该文书记载到，1208年，在人口普查制度实施停止很长时间后，550卷户籍仍旧保留于国司，包括670年人口普查的90卷户籍。补充的阅读材料，包括吉田孝对《养老律令》条款中户籍与税籍的详解，载于井上光贞等编的《日本史书大系4·律令》，第555—559页。亦可参见本书第26页注释②中林陆郎的《上代政治社会的研究》以及虎尾俊哉的《班田收授法的研究》。

② 《新订增补国史大系·令义解·户令·造户籍条》，第97页。

(口分田)者的明细。依照法律阐释,编制新户籍须比班授稻田早一年进行。① 其二,户籍上记载了国民的姓氏信息。因为姓氏能表明一个人的社会地位,因而户籍便能区分奴婢和自由民。借助户籍上记录的信息,一个奴婢得以获得人身自由,18世纪编年史《续日本纪》记录了许多这样的官司。② 其三,户籍也充当税籍作用。7世纪末与8世纪初,户籍也被用于九州地区卫戍士兵的征募工作。

除户籍外,国司官吏还编制了另一种文书,即税籍(计帐)。关于计帐事宜,律令中含有下列条款,规定:

> 凡造计帐,在每年六月三十日以前;京国官司,须责所部手实(由户主手写)。于手实中,详注其家口年纪。若全户不在乡者,即依旧籍转写,并显不在所由。收讫;依式造帐。连署;八月三十日前,申送太政官。③

税籍由专使(计帐使或大帐使)于夏季或初秋送交至京城。到达京城后,专使立即将税籍上缴至民部省的主计寮,以待评估来年预算。

然而,税籍从未像户籍一样得到重视。④ 可能的原因是,7世纪末与8世纪初,国司官吏从未将税籍存档,恰恰相反,他们只是将人口的总估数以及应缴税额上交给朝廷。717年,通过指导诸国官吏按法定格式正确填写税籍,朝廷力图大力推行《大宝律令》。⑤ 再现于《延喜式》中的717年税籍格式,显得冗长而复杂;从存于正仓院8世纪20年代的税籍可以看出国司史生为达到标准格式所付出的

---

① 《新订增补国史大系·令义解·田令·班田条》,第365页。
② 《新订增补国史大系·续日本纪》道—6/5/12,第52—53页。
③ 《新订增补国史大系·令义解·户令·造计帐条》,第96页。
④ 该讨论建基于镰田元一的《计帐制度试论》,载于《史林》55:1—43(1972年9月)。
⑤ 《新订增补国史大系·续日本纪》养老1/5/22,第69页。

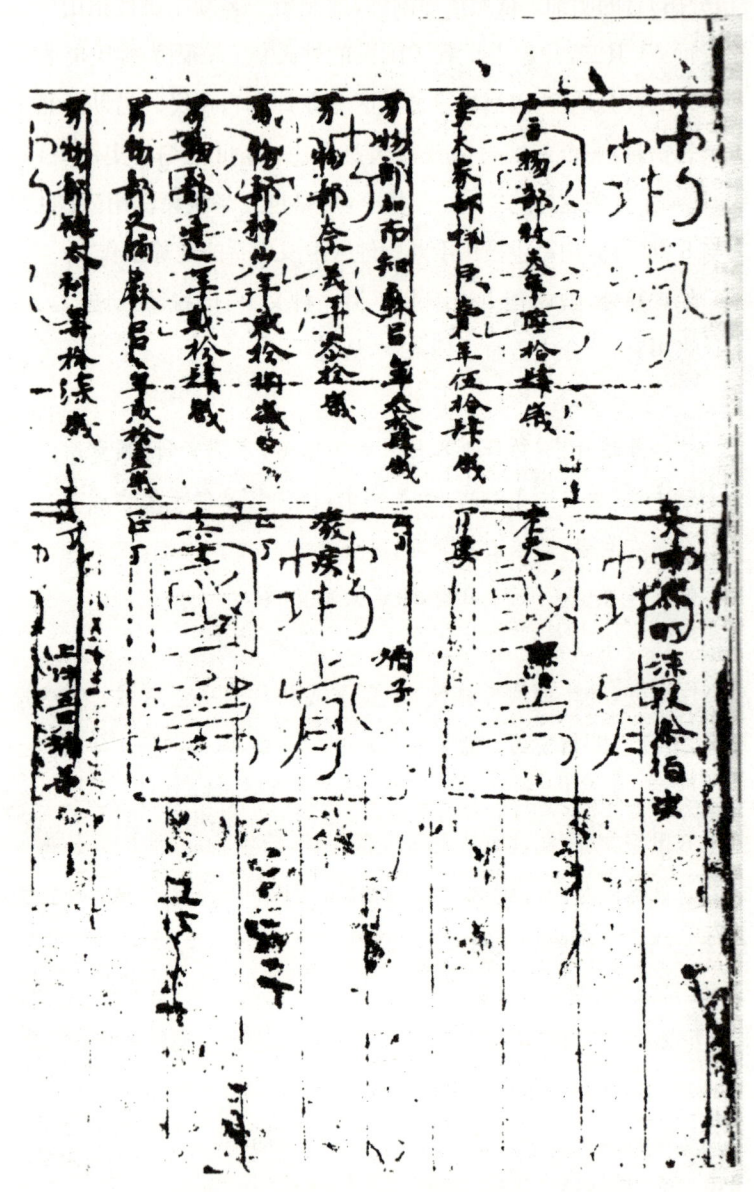

图三 一份大宝时代（701—704 年）的户籍

来源：《飞鸟历史博物馆要览》，第 17 页。

一份大宝时代（701—704年）的户籍

受田[先前住户]:3町,7段,300步(11.35英亩或4.54公顷)
户主:物部牧夫,64岁
  课税状况:老丁
  纳税户。
妻子:大家部虾君卖,54岁
  课税状况:丁妻
儿子:物部加布知麻吕,34岁
  课税状况:正丁
  嫡子。
儿子:物部奈美,30岁
  课税状况:跛瘸
儿子:物部神仙,28岁
  课税状况:正丁
儿子:物部建,24岁
  课税状况:军人
儿子:物部久须麻吕,21岁
  课税状况:正丁
儿子:物部穗太和,17岁
  课税状况:少丁
前面提及的五人是户主嫡子物部加布知麻吕的弟弟。
(四个方印上书:筑前国玺)

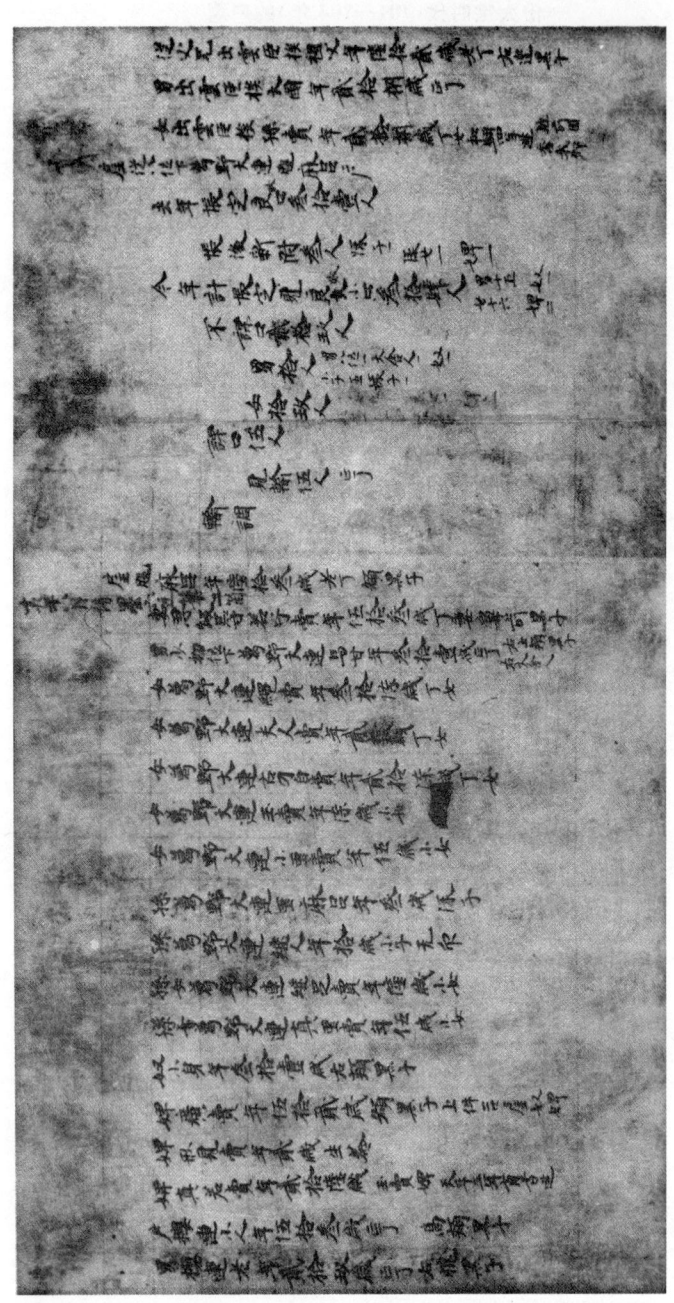

图四 一份天平时代（729—749 年）的税籍
来源：由正仓院事务所提供

一份天平时代(729—749年)的税籍

户主:从八位下,葛野大连飓麻吕
去年帐完[已录:以及为奴的]良口:31人
帐后新附:3人
　　　　缘子:1人
　　　　缘女:1人
　　　　女婢:1人
今年计帐完[已录:以及为奴的]良人和小口:34人
　　　　男性:15人　　女性:16人
　　　　男奴:1人　　　女婢:2人
不课口:29人　[记录清除]
　　男性:10人
　　　　持八位者男性:1人
　　　　大舍人[官吏]:1人
　　　　小子:5人
　　　　缘子:1人
　　　　男奴:1人
　　女性:19人
　　　　丁女:9人
　　　　耆女:1人
　　　　少女:1人
　　　　小女:4人
　　　　缘女:2人
　　　　女婢:2人
纳税成员:5人
现应缴税者:5人
　　　　　正丁
有义务缴纳当地产品税(调)。
户主:葛野大连飓麻吕,63岁
　　　课税状况:老丁,额上有痣

[反面已录:十九年八月收到墨6块,笔2支]

一份天平时代(729—749年)的税籍(接上页)

妻子:忍坂忌寸若守卖,53岁
　　课税状况:丁妻　鼻尖有痣
儿子:少初位下,葛野大连马甘
　　年龄:31岁　课税状况:正丁　右上颊有痣
　　右大舍人[官吏]
女儿:葛野大连绳卖,37岁
　　课税状况:丁女
女儿:葛野大连夫人卖,29岁
　　[记录清除]课税状况:丁女
女儿:葛野大连古刀自卖,27岁
　　课税状况:丁女
女儿:葛野大连玉卖,7岁
　　课税状况:小女
女儿:葛野大连小风卖,5岁
　　课税状况:小女
孙子:葛野大连风麻吕,3岁
　　课税状况:缘子
孙子:葛野大连继人,10岁
　　课税状况:小子　无明显特征
孙女:葛野大连继足卖,6岁
　　课税状况:小女
孙女:葛野大连真风卖,5岁
　　课税状况:小女
男奴:小身,31岁
　　右颊有痣
女婢:广卖;52岁
　　前额有痣
　　上述二人均为户主的奴婢。
女婢:形见卖,2岁
　　新生儿
女婢:真若卖,26岁
　　葛野大连玉卖的女婢。逃亡;载于天平3/10/10[731]。

艰辛。① 然而，到了8世纪30年代，为了缩减文书工作，诸国和朝廷的官吏们将由户主编写的手实直接上交朝廷，这些手实并未按照法定的税籍格式正确填写。

户籍和税籍，不但格式相近，其内容也大体相同（见图三和图四）。两类文书，都是按户编制，上面标有户主姓名，下面标有家庭成员姓名以及与户主的关系。这些记录标明了每个被登记者的全名以及依照律令规定的课税状况；同时也注明了由于残疾或高龄而免税的状况。户籍和税籍能够提供每户成员的姓名及性别信息，这些信息对于人口统计学家们来说都非常有用。

人口数据选例

702年至1004年间，有48册税籍和户籍保留下来（见附表A）。这些籍册，记载着至少27座不同行政村的人口状况，这些行政村分布于从九州直至日本东北部的广大地区。这些记录，在质量和内容方面，可谓千差万别。最完整的一份籍册，列出了50余户信息，登记了1100余人姓名，而其他记录则残缺不全，只登记了一两户信息以及不到12人的姓名。

由于大多数记录中的数据不够可靠，因此无法为稳定人口分析法所采用。譬如，近江国（琵琶湖正南方）古市村的税籍，虽以精妙的细节记载着大友但波史族吉备麻吕在18年间的生活状况，然而对其他20余位家庭成员的记载信息太少，而无法为这项研究所采用。出自奈良都的税籍（文书32—34）仅记载着5户及50人的信息，也是过于残缺不全。在8世纪下半叶，大多数记录均存在此类局限。

---

① 《新订增补国史大系·延喜式·主计·大帐书条》，第627—642页。

平安时代(784—1185)的文书则显示出来另一个问题。出自阿波国、周防国和赞岐国等三国的户籍,虽然记载着众多人口信息,然而,其中所记录的女性人口比例太高。譬如,居于周防国玖珂行政村(现广岛市西南约30英里处)的秦人玄本一家,共有47位家庭成员,其中,男性只有8位。① 平安时代户籍资料的可信度太低,无法用于人口分析,因为当时为了逃税,成年男性经常向人口普查官吏谎报其年龄与性别。②

在排除了记载人数过少的记录或出自人口普查衰败期——平安时代——的户籍之后,总共剩下了五组文书:美浓国、半布里、九州地区、下总国和山城国的户籍资料。即便如此,就连这些户籍资料也差强人意;由于这些户籍资料残缺不全,许多人口的性别和年龄含糊不清。为了避免出现偏差,只使用了每位家庭成员年龄和性别记录清晰的那些户籍资料。③

第一组文书,由美浓国户籍构成,这些户籍编制于701年(见表一)。这些行政村坐落于现今的岐阜县,只需一天步程,或者只需乘坐岐阜市的短途火车便可到达。在8世纪,水稻农业很可能是该地区的主要谋生方式,尽管丘陵地区也适合旱作农业和刀耕火种的耕种方式。狩猎、采集和捕鱼同样占有重要的地位,尤其春部里所在的偏远山区。美浓国的村落位置相当偏远;只有肩肩里坐落在东山道的官道上。

---

① 《平安遗文·卷一》,第301—302页。
② 在《平安时代的户籍》(载于《日本古代与中世纪历史的地方发展》,第59—96页)中,平田秋二分析了平安时代的户籍状况。
③ 这些记录的印本并不准确。在竹内理三领导的学者团队指导下,这些户籍已被重建。参见竹内理三,《正仓院户籍调查概报》[载于《史学杂志》68:34—65(1959年3月);69:77—98(1960年2月);69:85—93(1960年3月)]。依据岸俊男的观点,山城国税籍也得到了恢复;作为竹内理三团队的成员,岸俊男审查了这些原始记录。在本项目的整个研究过程中,岸俊男教授提供了慷慨的协助,对此,我表示感谢。

表一　美浓国记录

郡,行政村	户数	男性人数	女性人数
味蜂间,春部	26	274	319
本巢,栗栖太	16	126	142
肩县,肩肩	2	19	21
不详	1	9	11
山方,山井田	6	47	62
加毛,半布	52	537	543
不详	2	10	7
	105	1 022	1 105

美浓国户籍的格式是非常独特的(见图五)。所有男性平民名字都列在前面,接下来的是女性平民和奴婢。这些记录上都没有加盖国衙的官印。按照财产等级,所有住户分为九等,且按军队所用征兵数量排列。美浓国户籍并未按《大宝律令》的规定格式编制,而是采用了天武天皇及其配偶持统天皇的《飞鸟净御原令》格式。①

第二组文书出自加毛郡的半布里(见表一)。半布里户籍包含在第一组之中,然而,由于它登记了1 000余人的姓名,而且信息详尽,几近完美,所以具有单独分析的价值。通过单独考察半布里文书,一座村庄的人口统计全貌得以重建,从而避免了因采用其他更加残缺不全记录所造成的数据偏差。

第三组文书,由九州北部地区的户籍构成,这些户籍编制于702年(见表二)。川边里、塔里、加自久也里和丁里等四个行政村,散布于现今福冈县全境。毫无疑问,在谋生方式方面,四个行政村之间存在着巨大差异。川边里,位于对马海峡沿岸的福冈市西部不到15公里处,该村是一座滨海村,以出产食盐、鱼类和海带为主。此外,该村还从事一些农业生产。相反,在丁里,土地相对肥沃,适合从事稻作农

---

① 岸俊男,《古代后期的社会结构》,载于《新日本史讲座:古代后期》,第9页。

业。川边里和丁里均位于交通枢纽附近：川边里位于通往对马海峡和亚洲的通路上，而丁里则位于距离丰前国国府不到两公里的地方。

表二　九州地区记录

国，郡，行政村	户数	男性人数	女性人数
筑前，志摩，川边里	13	137	175
丰前，上毛，塔里	3	48	53
丰前，上毛，加自久也里	2	19	24
丰前，仲津，丁里	12	111	100
丰后，不详	1	6	9
	31	321	361

九州地区的户籍，恪守着《大宝律令》及《养老律令》的规定格式（见图三）。① 家庭成员按照与户主的亲属关系远近排列，男性和女性交错排布。在九州地区户籍中，每列只记录一位成员，而不是像美浓国户籍那样的每列记录三人。

九州地区的文书记录，具有一些与众不同的地方特色。所用纸张一律是专用的白纸，而且官印加盖的位置也不规则。② 在九州地区户籍中，也登记着每户的受田数量，这也许意味着，在九州地区，首次施行律令制班田制的时间为702年。

第四组文书是由721年下总国的两份户籍构成（见表三）。大岛行政村位于现今东京市境内，横跨发源于江户市的江户川，而大府行政村位于现今的我孙子市附近。虽然东海道连接着两村，而且毗邻下总国国府，然而两村距离奈良都仍有两星期的路程。据猜想，在此地区，尤其是在位于东京湾沿岸的大岛村，绳文时代的谋生方式——譬如，狩猎、捕鱼和采集等——一定很盛行；而大府村的居民或许更依赖于稻作农业。

---

① 岸俊男，《古代后期的社会结构》，载于《新日本史讲座：古代后期》，第11—12页。
② 平野邦雄，《大化前代社会组织的研究》，第364—376页。

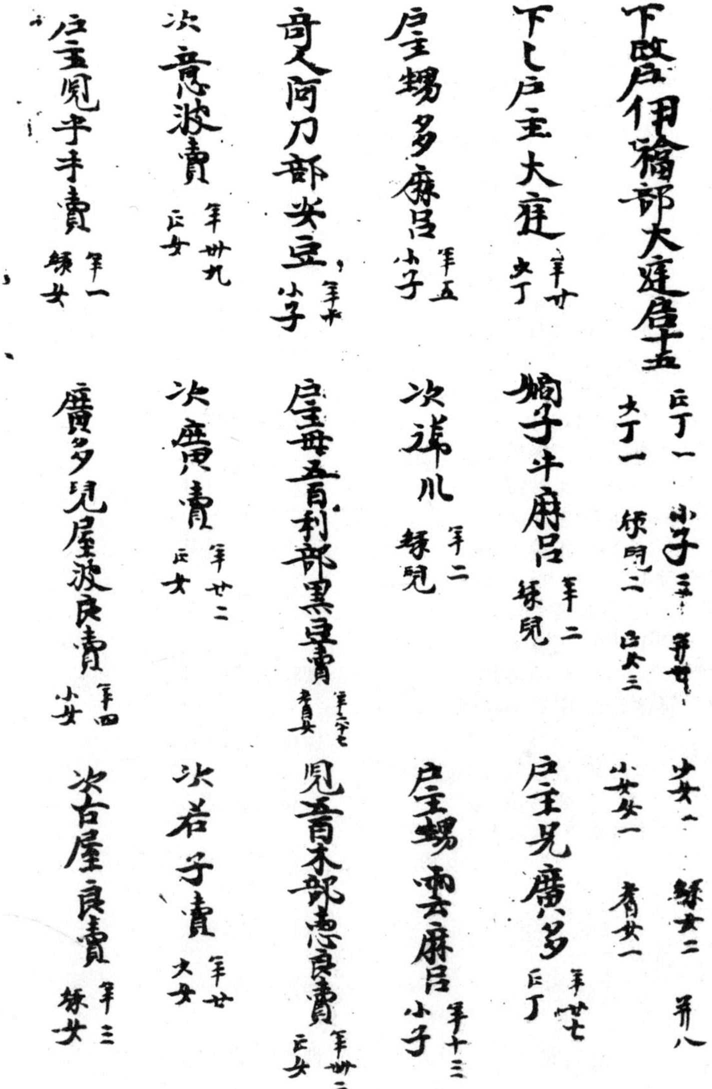

第1章
8世纪初的出生率、死亡率以及平均寿命

图五 一份美浓国户籍

来源：由正仓院事务所提供。

一份美浓国户籍

无征召入伍之户(下政户)
户主:伊袴部大庭
家庭成员数量:15

    7位男性   8位女性
    正丁:1   正女:3
    少丁:1   少女:1
    小子:3   小女:1
    缘儿:2   缘女:2
          耆女:1

财产最低等级之户(下下户)
户主:伊袴部大庭
  年龄:20   课税状况:少丁
嫡子:牛麻吕
  年龄:2岁   课税状况:缘儿
户主兄长:广多
  年龄:27岁   课税状况:正丁
户主外甥:多麻吕
  年龄:5岁   课税状况:小子
同上:川
  年龄:2岁   课税状况:缘儿
户主外甥:云麻吕
  年龄:13岁   课税状况:小子
被寄养人:阿刀部安豆
  年龄:10岁   课税状况:小子
户主母亲:五百利部黑豆卖
  年龄:67岁   课税状况:耆女
户主母亲之女:五百木部惠良卖
  年龄:42岁   课税状况:正女
同上:意波卖
  年龄:39岁   课税状况:正女
同上:广卖
  年龄:22岁   课税状况:正女
同上:若子卖
  年龄:20岁   课税状况:少女
户主之女:手卖
  年龄:1岁   课税状况:缘女
广多之女:屋波良卖
  年龄:4岁   课税状况:小女
同上:古屋良卖
  年龄:3岁   课税状况:缘女

与《大宝律令》格式相比,721年下总国的户籍格式存在着几处不同。遵照715年法令规定,须列出两级村落的行政机构。① 由于该法令限制,每户的平均规模从大约20位家庭成员减少到10位。本项分析选取了家庭成员数量较少的农户进行分析。下总国户籍资料的另一个特色是,在标明每户的嫡子时,采用了计数法,②这种计数法,在721年颁布的特别诏书中,有着详细的规定。

表三 下总国记录

郡,行政村	户数	男性人数	女性人数
葛饰,大岛	13[a](59)[b]	219	292
相马,大府	2(5)	24	23
	15(64)	243	315

注释:a.《大宝律令》规定户数。
b. 715年法令规定户数。

第五组文书由山城国税籍构成(见表四)。出云村坐落于现今

表四 山城国记录

年份	郡,行政村	户数	男性人数	女性人数
726年	爱宕,云上	9[a](16)[b]	67	50
726年	爱宕,云下	4(7)	76	129
732年	爱宕,不详	14(24)	122	140
		27(47)	265	319

注释:a.《大宝律令》中规定户数。
b. 715年法令中规定户数。

---

① 对于715年法令,在《日本古典文学大系·出云国风土记》(第96—97页)中提到过一次。对于该《风土记》的翻译,请参见《出云国风土记》,青木美智子译,第81页。
②《新订增补国史大系·令集解·户令·应分条》中提到该法令,"某位作者"引自《古记》,第293页。

京都市区，沿同志社大学向北，步行十分钟便可到达。因为加毛河从附近流过，稻作农业非常可能是本村主业。许多人还在官府当差。出云村距离山城国国府很近，畿内地区的水陆道路为出云村提供了便捷的交通条件。

山城国的税籍格式与户籍格式略有不同（见图四）。依据官方人口调查法令的规定，详尽描述了居民的体貌特征。不止列出了出逃者的名字，而且列出了亡故者和新生儿的名字。每户缴纳当地产品税的数量也被记录下来。732年的税籍包含有733年的数据，这说明该税籍用了不止一年。

表五概述了每组文书的独特特征。

表五　五组文书的特征

组/年份	户数	人数（男/女）	格式	位置	简介
美浓国（702）	105	1022—1105	《净御原令》户籍	岐阜县中南部和东南部	偏远的农业村社
半布里（702）	52	537—543	"	岐阜县中南部	"
九州地区（702）	31	321—361	《大宝律令》户籍	福冈县中北部和东南部	利于从事农业和渔业的村社
下总国（721）	15	243—315	"	东京东部	偏远，但利于从事渔业的村社
山城国（726，732）	27	265—319	《大宝律令》税籍	东京中北部	非常利于从事农业的村社

数据质量评估

人口普查数据可能存有两处瑕疵：覆盖面和准确度。也许由于失察或者疏忽，人口普查官吏漏掉了某些人口；或者，被普查者有可能对人口普查官吏谎报了自己的年龄或性别。两种检测方法（性别比,以及年龄在15岁及15岁以下的人口比例)可以衡量出人口登记的覆盖程度;一种检测方法(玛叶混合法)可以检测出年龄的准确度。

性别比可以定义为每100位女性所对应的男性数目,通常而言,这种性别比在90到105之间(见表六)。① 702年的记录所记载的人口性别构成相当平衡,虽然九州地区的数字略低于正常标准。半布里的性别比表明,男性和女性数量基本持平;就这一点来讲,至少半布里的数据质量非常高。

在下总国和山城国的两份籍册中,男性人口的数量低得出奇。或许,女性性别比高的原因,乃是由死亡率与出生率之间的失衡或者特定性别的人口迁移所引起的,然而更合理的解释是,两国男性的人口登记率极低。在平安时代的籍册中记载的女性比例偏高;在登记时,可能将应缴税的男性登记成免缴税的女性,或者当地官吏全然没有查明这些男性。下总国和山城国的籍册中出现性别比低的现象表明,在8世纪20年代和30年代,在登记足量的应缴税男性方面,官府所遭遇的难题令其备受困扰。

对于人口普查范围的另一种检测方法,是15岁及15岁以下的人口比例(见表七)。在下总国和山城国的统计数据中,列出大约8%至13%的儿童数量,这个数值低于702年的数据。儿童数量相对较低的原因可能是这些地区的人口出生率较低,或许同时表明了

---

① 当然,在人口统计分析中,性别比超出90至105范围的人口数字仍然可以使用。在18世纪,德川时代许多村落的性别比高达130,然而更常见的状况是,人口数字受到分析水平的制约,这与本章中所做的分析类似。尽管如此,略微超出此范围的性别比,在某种程度上,一定也被计算进去了。以德川时代为例,杀害女婴的行为通常是造成性别比失衡的原因;对于我得出的数据而言,应缴税男性逃避登记的现象,很可能是造成女性比例高的原因(《庆应大学速水融教授私人谈话录》,1983年10月28日)。

免税人口的登记率低。如果综合考虑这种女性比例高的现实,那么儿童登记率低则表明,下总国和山城国的人口普查覆盖面很低。

第三种检测方法显示出 8 世纪文书中记录的人口年龄的准确度。玛叶混合法测量的是年龄数据倾向,这种数据倾向关注从 0 到 9 这 10 个数字中的每个数字。① 理想情况下,以 0—9 每个数字结尾的年龄人口数应与人口总数的 10% 恰好相等,而且玛叶指数应为 0。如果每个人年龄的末位数均相同,那么玛叶指数则为 90。

表六　五组人口数据的性别比

组	地区	年份	性别比(男/女)
1	美浓国	702	92.5
2	半布里	702	98.9
3	九州地区	702	88.9
4	下总国	721	77.1
5	山城国	726,732	83.0

表七　15 岁及 15 岁以下儿童人口登记

组	地区	年份	儿童(%)
1	美浓国	702	41.3
2	半布里	702	42.1
3	九州地区	702	40.3
4	下总国	721	28.9
5	山城国	726,732	32.2

① 对玛叶混合法更完整的解释,参见《用于总体估计的基本数据质量鉴定方法》(手册二),第 41—42 页。玛叶指数检测的只是末位数字趋势,不应被看作是整体年龄准确性的最终检测结果。因此,它并非是数据可靠性标准,其价值不如性别比或者 15 岁以下儿童比例的可信度那么高。

玛叶指数的计算结果表明,美浓国和半布里登记的年龄不太准确(见表八)。在美浓国和半布里的数据中,年龄失真的状况存在两个特点。其一,男性年龄的准确度比女性年龄的准确度要高。显然,人口普查官吏更注重登记男性人口,因为他们要服徭役和兵役,而女性却不用。其二,美浓国和半布里的数据,显示出与年龄末位数字相同年龄组的密切关系。除却美浓国男性之外,两个记录展示出年龄末位数为0、2、3和7的人数偏多现象。人口学家将这些比例偏多的数字群称为"年龄群"。

为了解释这些特定数字造成的年龄群现象,日本历史学家做出了长期不懈的努力。20世纪20年代社会科学先驱泽田吾一,首先注意到美浓国数据中女性年龄结构的不均衡现象。他指出,年龄结构中的凸出部分在20岁以上的女性中最为明显,而且,这种年龄群现象的出现,与《大宝律令》中婚姻制度有关。①

数十年后,对于年龄群现象的产生,东京大学岸俊男提出了一个更为合理的解释。② 670年,天智天皇在位期间,当美浓国的官吏编制首次人口普查簿时,他们无法知道人们的确切年龄。此前,也没有资料可用。许多人并不知道自己的确切年龄;即便知道,他们也不可能将此告知普查官吏。人口普查的官吏,以5岁为年龄段,通过四舍五入方式,推断出大多数人的年龄。一个被登记者的真实年龄是13或14岁,却被登记为15岁;一个19或21岁的女性却被登记为20岁。以这种方式,在670年的人口普查中,年龄尾数为0和5的被登记者比例非常之高。

---

① 泽田吾一,《奈良朝时代经济与人口的统计研究》,第52页。
② 岸俊男,《日本古代政治史研究》,第111—139页。

表八　美浓国与半布里人口的玛叶指数

A. 美浓国男性(人数为 1 022)		B. 美浓国女性(人数为 1 105)	
数字	与 10% 的误差	数字	与 10% 的误差
0	+1.4	0	+1.3
1	−3.6	1	−4.4
2	−1.4	2	+9.4
3	+1.9	3	+0.5
4	−1.1	4	−1.0
5	+1.3	5	−0.9
6	−1.4	6	−3.8
7	+2.2	7	+4.3
8	−0.4	8	−2.9
9	+0.9	9	−2.5
玛叶指数	15.6	玛叶指数	31.0
C. 半布里男性(人数为 537)		D. 半布里女性(人数为 543)	
数字	与 10% 的误差	数字	与 10% 的误差
0	+2.7	0	+2.8
1	−3.7	1	−6.0
2	+1.2	2	+8.4
3	+2.0	3	+0.3
4	−1.0	4	+0.4
5	+1.0	5	−1.0
6	−2.1	6	−4.7
7	+1.0	7	+4.7
8	−0.3	8	−2.0
9	−0.7	9	−2.0
玛叶指数	15.7	玛叶指数	33.3

690 年,在人口普查中断 20 年后,持统天皇重启了人口普查工作。由于美浓国官吏执行的是 690 年登记制度,因此他们倾向采用 670 年的统计数据为基础。在登记那些 670 年登记过的人口时,官吏们只是在其原有年龄上加上 20 岁而已。当人口普查官吏发现一位新居民或者以前漏掉的居民时,他们采用了之前做法——以 5 岁

为年龄段,将被登记者年龄,通过四舍五入方式进行登记。因此,年龄末位数为 0 和 5 的年龄组便更多了。

702 年,在编制包括第一组和第二组文书户籍资料时,美浓国的官吏重复了以前做法。在 690 年数据记录基础上,他们将以前被登记者年龄加上 12 岁。一个 670 年为 15 岁、690 年为 35 岁的人自然被登记为 47 岁,而 690 年为 20 岁的人被登记为 32 岁。在美浓国和半布里的统计数据中,末位数为 2 和 7 的年龄组表明,这些年龄数据都是在 670 年和 690 年进行年龄估算所产生的共同影响结果。年龄末位数为 0 和 5 年龄组偏多的原因是,对此前未被登记的人口,普查官吏们采取了以 5 岁为年龄段、通过四舍五入方式进行登记。①

特别值得关注的是年龄末位数为 3 的年龄群。根据日本传统年龄计算法,对于每个新生婴儿,最初的年龄被登记为 1 岁而不是 0 岁。670 年,在登记新生婴儿时,人口普查官吏使用四舍五入法,仅将他们的年龄登记为 1 岁。32 年后的 701 年,一个 670 年一岁大的新生婴儿,长成了 33 岁的男人或女人。33 岁年龄人口的群集出现,是造成年龄末位数为 3 的年龄群人数偏多的原因。②

表九　九州地区人口的玛叶指数

A. 九州地区男性(人数为 321)		B. 九州地区女性(人数为 361)	
数字	与 10% 的误差	数字	与 10% 的误差
0	−3.1	0	+2.1
1	−1.8	1	−3.1

---

① 南部昇,《甲午年籍与西海道户籍无姓者》,载于《日本古代史论丛·卷一》,第 606—632 页。有趣的是,一个类似问题也出现在德川时代的早期人口普查数据以及阿依努人的现代首次人口普查之中。年龄末位数为 0 和 5 的年龄组出现偏多现象,而负责登记的官吏避开了末位为 4 和 7 的数字,因为在日语中这两个数字分别与死亡或受难同音(《庆应大学速水融教授的私人谈话录》,1983 年 10 月 28 日)。
② 岸俊男,《日本古代籍帐的研究》,第 128 页。

A. 九州地区男性（人数为321）		B. 九州地区女性（人数为361）	
2	+4.0	2	+12.8
3	−3.8	3	−4.4
4	+6.4	4	+0.2
5	+1.1	5	−3.3
6	−0.3	6	−2.4
7	+4.2	7	+1.6
8	−4.1	8	−2.5
9	−2.8	9	−0.9
玛叶指数	31.7	玛叶指数	33.3

玛叶指数的表格表明，九州地区数据中的年龄群也出现了类似趋势（见表九）。年龄末位数为0、2、7的年龄群再次出现偏多趋势，这证实了702年人口普查中表现出的全国趋势。① 玛叶指数也表明，九州地区男性的年龄玛叶指数，差不多是美浓国男性年龄玛叶指数的2倍。岸俊男认为，九州地区的年龄数据可谓漏洞百出。②

下总国和山城国登记的年龄，也有集群出现的趋势（见表十）。在这些组文件中，出现许多年龄群偏多的趋势，造成的原因可能是由于采用了以5岁和10岁为年龄段来估算数字的方法，这种方法在7世纪末或8世纪初首次施行。显然，下总国的年龄数据质量很

---

① 另一种计算方法的使用，加深了人们对702年数据质量的了解。在美浓国、半布里和九州地区的性别比数字中，末位数字为0、2和7的年龄组分别是58.1、68.5和61.5。这些结果意味着，670年和690年的人口普查官吏，不仅对被登记者的年龄做了四舍五入，而且还漏登了许多男性，或者将他们误登为女性。如此高的性别比失衡，蕴含着潜在的严重问题，甚至在登记记录做得相对好的美浓国和九州地区也存在这种状况。然而，由于总的性别比数据处于可接受范围，我还是认可这种分析。

② 岸俊男，《日本古代籍帐的研究》，第73—81页。对于答复岸俊男观点的内容，参见虎尾俊哉，《净御原令的班田法——文三》，载于《续日本古代史论集·卷三》，第491—500页。

高,而山城国年龄数字的准确性较差,与九州地区那组数据差不多。

表十 下总国和山城国人口的玛叶指数

A. 下总国男性(人数为243)		B. 下总国女性(人数为315)	
数字	与10%的误差	数字	与10%的误差
0	+3.5	0	−1.7
1	+4.3	1	+2.6
2	+1.0	2	+3.8
3	−0.6	3	+1.6
4	−0.2	4	−6.0
5	−2.8	5	+1.0
6	+0.1	6	−0.2
7	−1.3	7	−0.8
8	−0.4	8	−2.0
9	−3.7	9	+0.2
玛叶指数为:	17.9	玛叶指数为:	19.9
C. 山城国男性(726年)(人数为143)		D. 山城国女性(726年)(人数为179)	
数字	与10%的误差	数字	与10%的误差
0	+4.9	0	+1.3
1	−3.2	1	+6.0
2	+1.3	2	−4.0
3	+3.0	3	−0.5
4	+1.6	4	+6.7
5	−1.2	5	−3.3
6	−0.7	6	+5.7
7	−0.1	7	−3.6
8	−4.5	8	−4.2
9	−1.2	9	−4.1
玛叶指数为:	21.7	玛叶指数为:	39.4

续 表

E. 山城国男性(732年)(人数为122)		F. 山城国女性(732年)(人数为140)	
数字	与10%的误差	数字	与10%的误差
0	+2.2	0	−1.8
1	−1.0	1	−5.5
2	−5.6	2	+4.5
3	+3.6	3	−3.6
4	−3.4	4	−5.9
5	−2.6	5	−0.6
6	+2.8	6	8.5
7	−1.3	7	+2.3
8	+6.6	8	−1.3
9	−1.3	9	−3.3
玛叶指数为：	30.4	玛叶指数为：	37.3

对8世纪的五组数据信度对比状况，表十一做了归纳。美浓国和半布里两组资料，信度最高；其覆盖面很广，年龄准确度相对很高。虽然在九州地区文书资料中的年龄数据最不准确，但是其覆盖面比下总国和山城国要广得多。由于年龄数据的准确度高，在第二列对比中，下总国排名最高。山城国统计数据的准确度最差。

表十一 早期人口数据的信度排名

A. 覆盖面	B. 准确度
1. 半布里	1. 下总国
2. 美浓国	2. 美浓国
3. 九州地区	3. 半布里
4. 山城国	4. 山城国
5. 下总国	5. 九州地区

对于五组数据资料，其相对信度的产生部分取决于这些记录的产生背景。美浓国登记数据的覆盖面最广，准确度最高；山城国的登记资料极为残缺不全。然而，对于这些数据资料，其质量高低也受到地理条件和政治状况的影响。美浓国毗邻京城，村落基本上是定居农

业村落,而且人口普查官吏的普查经验丰富。在更为偏远的九州地区和下总国,官吏对人口普查工作不甚熟悉,而且朝廷也无法对他们做到密切的监管。山城国虽然毗邻京城,然而该国数据资料的质量极低;其中,一种原因可能是由税籍性质造成的,因为它更注重登记成年男性。造成数据资料信度低的另一原因可能是,到726年和732年编制这些数据资料时,人口普查制度已经开始走下坡路了。

数据调整

在使用稳定人口分析法分析8世纪人口数据之前,需要对这些数据进行两次调整。其一,需将日本传统的年龄计算法转换为西方现代模式。其二,由玛叶指数测量出的年龄群,应被修匀。①

依照日本传统的年龄计算法,一个新生儿常被视为一岁。每逢元日,一个人便长了一岁。譬如,在日本,一个生于718年五月的婴儿,到719年元日时,便被计为两岁。为了将日本的传统年龄计算方法精准地转换为西方计算法,人口学家必须知道被登记者的确切出生日期及其被登记日期。从户籍和税籍中,都无法识别出被登记者的出生日期;因而,将日本的传统年龄计算方法精准地转换为相应的现代计算法是不可能的。

然而,其他证据为这些年龄数据的粗略调整提供了可能。依照律令规定,户籍编制常常从上一年11月一直持续到次年5月。由于户籍册需要抄写,且须于6个月内送达京城,因此,人口普查官吏的普查工作,很可能在上一年11月和12月的某个时候便展开了。美

---

① 从京都大学东南亚研究中心退休的小林和正教授,对该项目的这个阶段做了研究,对于他做出的先导性成果,我深表感谢;筑波大学国家环境研究所的原岛鲜博士,为本研究设计了计算机程序。

浓国味蜂间郡的户籍记载时间是702年11月,这表明那次人口普查在该年年底进行。① 因此,为获得更接近于现代年龄计算方法的数字,须将户籍里所记载的每个人年龄减去一岁。

若要对山城国税籍里记录的年龄进行这种转换,则更加复杂。律令规定,用于编制户籍的手实,须在6月底之前上交到国司。从山城国税籍中所使用的计数法可以看出,实际上,新编制的税籍在每年年中存放于国衙。为了校正山城国税籍里记录的年龄数据,将某一年龄的人口总数加上下一年龄人口总数的一半,然后将这些人年龄减去一岁,才是这些人真正年龄。

一旦这些年龄被转换为经过现代计算法校正后的年龄,每个年龄群的年龄结构便被修匀了。由于规模大的年龄群超过20个,需要用两种不同方式对这些年龄结构加以切分和修匀。1岁到17岁的年龄修匀,需要使用格莱维尔乘数法。② 选择该法的原因是,在修匀较年轻的年龄群中,格莱维尔乘数法比其他年龄计算法(譬如,斯普拉格系数法或巴齐系数法)更有效、更合理。

对17岁以上者,其年龄修匀需要两步进行。其一,依照京都大学人口学家小林和正设计的分式法,间隔五岁年龄的人口被重新划分(18岁至22岁,23岁至27岁,等等)。③ 其二,恰当的格雷维尔乘

---

① 《大日本古文书·卷一》,第24页。
② 对于格雷维尔方法的解释,参见休·沃芬顿,《人口统计及其编制》(修订版),第141—155页;托马斯·格雷维尔,《切触插值通论》,载于《美国精算协会会报》45:202—265(1944年)。
③ 譬如,在23岁至27岁(P_{23-27})的5岁间隔的年龄段中,人口数量可由下列公式得到:

$$P_{23-27} = \frac{P_{8-17}}{\left(\frac{P_{8-17}}{P_{28-37}}\right)^{1/4}+1}$$

在18岁至22岁的5岁间隔的年龄段中,人口数量这样得出:从18岁至27岁的10岁间隔的年龄段人口总数中,减去P_{23-27}。

数法,被用于获取单年数值。对于 18 岁及 18 岁以上的年龄,设计出一种特殊修匀法,以减少年龄末位数字为 2 和 7 的年龄群数量。①对于未经修匀的以及修匀过的年龄结构状况,可参见附图 A—E。

稳定人口分析法的应用

在调整并弥补了数据缺陷,而且修匀了年龄结构后,人们便采用稳定人口分析法,以此尝试获取动态统计数字。② 本项研究采用阿什利·科尔和保罗·德门尼设计的区域性模型生命表和稳定人口分析方法。区域性模型生命表,将人类的人口统计经验凝练为北方、南方、东方和西方等四种模式。北方、南方和东方模式,是在 19 世纪和 20 世纪北欧、南欧和东欧采集数据基础上形成的。西方模式的来源更加分散,代表着美国、英国、台湾以及日本等地区。

每种模式含有两种参数:平均预期寿命以及人口增长率。平均寿命的基数是 20 岁,通过 2.5 岁的间隔,一直提高到 77.5 岁。人口增长率基数是每年 -1%,每年提高 0.5%,直至高达 5%。为获取日本早期社会的动态统计数字,已实施了一项调查,以便找到与 8 世纪数据中修匀后的年龄结构最为契合的区域性模型、平均寿命以及人

---

① 一个计算机软盘显示了 5 组文书中男女数据的修匀现象,如有需要,可以参照。
② 除非在使用独立变量(譬如,人口增长率和死亡率)的情况下,人们一般不应用稳定人口分析法。然而,在考古学中,经常使用来自于人口的性别和年龄分布的动态统计的计算方法。参见肯尼斯·韦斯:《骨骼性别鉴定中的系统偏差》,载于《美国体质人类学杂志》37:239—249(1972 年 9 月)。哈佛大学的大卫·赫利希教授对欧洲中世纪的人口状况也进行过分析,在使用稳定人口分析法的同时,他并未参照独立变量。

近来,日本顶级人口学家速水融的弟子鬼头宏教授,从美浓国的人口年龄结构中,推断出平均寿命。参见其著作《日本两千年的人口史》,第 60 页。在没有参照模型生命表的情况下,鬼头宏估算出当时的平均寿命为大约 17 岁或 18 岁。

口增长率。

对于五组文书中每一组中的男性和女性数据,需要分别加以分析。在总共进行的十项检测中,只有四项检测结果是可行的(见表十二)。其余检测结果之所以失败,乃是存在着两方面技术原因。其一,下总国男性的检测结果,虽然获取了可靠的统计数据(平均寿命为27.5岁,增长率为0),然而,其与模型的偏差很大,超过任何有效分析结果的两倍。其二,美浓国男性、九州地区和下总国的女性以及山城国的男性和女性人口平均寿命大大低于20岁,这是区域性模型生命表和稳定人口分析方法所能计算出来的最低下限。

这五项检测结果之所以得到如此低的平均寿命,其产生原因可以通过以下两种方式来解释。其一,对于科尔和德门尼发明的模型生命表,或许其所包含的人类经验范围过于狭窄,以致在对8世纪人口分析中无法使用。来自中世纪欧洲的证据表明,在饥荒或瘟疫蔓延期间,人口平均寿命确实不到20岁。

其二,检测结果之所以失败率很高,更可能的原因或许是因为数据质量很差。对于下总国和山城国的文书评估表明,就这些地区的人口普查覆盖面和准确度而言,其信度太低。① 对于美浓国男性和九州地区女性的检测结果失败表明,即使来自于8世纪所谓最完善的人口数据也并不完全可靠。②

---

① 在《奈良朝时代经济与人口的统计研究》(第49—61页)中,泽田吾一也怀疑下总国与山城国数据的准确性。
② 普利斯顿大学人口研究所的阿什利·科尔,分析了美浓国男性检测数据失效的原因,对此,我表示感谢。他认为,年长男性的登记不足是造成检测结果很差的原因。阿什利·科尔的分析,也与后来讨论的高生育率问题有关。参见《与阿什利·科尔的私人通信》,1981年11月25日。

表十二　8世纪人口动态统计数据[a]研究的有效性与无效性

A.有效[b]	人口增长率	平均预期寿命
美浓国女性,702年	1.1	27.75岁
半布里男性,702年	2.2	32.50岁
半布里女性,702年	1.4	28.75岁
九州地区男性,702年	1.7	30.50岁

B.无效	原因
美浓国男性,702年	平均寿命不到20岁
九州地区女性,702年	平均寿命不到20岁
下总国男性,721年	匹配不佳
下总国女性721年	平均寿命不到20岁
山城国男性,726年/732年	平均寿命不到20岁
山城国女性,726年/732年	平均寿命不到20岁

注释：a. 用于判定偏差度的方法是最小均方算法。载有计算结果的计算机软盘，如有需要，可以参照。
b. 所有四项检测结果，与西方模式最为匹配。

那些无效的检测结果是不重要的，只有有效的检测结果才是重要的。尽管存在着数据上的缺陷和现代技术方法的局限，四项分析结果仍有助于人们了解日本早期的人口性质。（见表十三）。来自半布里的检测结果最令人振奋，那里人口普查数据表现出男性和女性数量的基本对等状况，而且户籍也基本完整。

四项有效的分析结果勾画出较为常见的日本早期人口的状况。人口平均寿命低得可怜，其变动范围从美浓国被登记女性的仅仅27.5岁到半布里被登记男性的32.5岁。人口总死亡率非常之高。在新生儿中，尤其如此；超过半数的新生儿，不到5岁便夭折了。那些活过婴儿期的人，一般可以活到40岁左右。

即使存在着如此高的死亡率，所有检测结果都表明，在702年，日本人口迅速增加。即便假定人口增长率为1%的话，那么，大约70年后，美浓国和九州地区的人口总数将翻一番。由于人们普遍认为，近代时期的人口增长不可能维持这么长时间，因而，所有四项人口数据展示出的动态状况表明,7世纪末和8世纪初或许是日本历史中人口变化的分水岭年代。

表十三　日本早期人口的四组动态统计数据

1. 美浓国,702年[a]
出生率=51.21人[b]
死亡率=40.21人
人口增长率=11.00人
平均预期寿命=27.75岁
5岁以及5岁以下婴儿死亡率=53.39%
5岁以上人口平均死亡年龄=41.56岁

2. 半布里女性,702年
出生率=50.47人
死亡率=36.47人
人口增长率=14.00人
平均预期寿命=28.75岁
5岁以及5岁以下婴儿死亡率=55.48%
5岁以上人口平均死亡年龄=40.57岁

3. 半布里男性,702年
出生率=57.14人
死亡率=35.14人
人口增长率=22.00人
平均预期寿命=32.50岁
5岁以及5岁以下婴儿死亡率=61.69%
5岁以上人口平均死亡年龄=38.86岁

4. 九州地区男性,702年
出生率=54.34人
死亡率=37.34人
人口增长率=17.00人
平均预期寿命=30.50岁
5岁以及5岁以下婴儿死亡率=59.16%
5岁以上人口平均死亡年龄=40.00岁

注释:a. 将美浓国女性出生率进行调整以便把所有人口都包括进去,这种调整假定,出生时性别比是每100位女性对应的男性数为105。

b. 所有数字参照基数为每1 000人口。

然而,在能够充分接受表十三中的调查结果之前,我们必须克服最后一个障碍。在美浓国和九州地区,农村人口出生率约为每年50‰。如此高的出生率超过了德川幕府时期女性估计数量的2倍,甚至对于快速发展的现代国家来讲,这种高出生率也非常罕见。① 要达到此出生率量值,几乎所有育龄妇女(15—44岁)一定都生过孩子。然而,户籍材料表明,在这些地区,40%至50%的妇女并无子女(见表十四)。

表十四 三组户籍中无子女的女性[a]

A. 美浓国 年龄	妇女数量	无子女妇女数量	无子女妇女百分比
16—20	149	119	80
21—25	78	52	67
26—60	52	31	60
31—34	95	33	35
36—40	46	14	30
41—45	79	16	20
	499	265	53.1
B. 半布里 年龄	妇女数量	无子女妇女数量	无子女妇女百分比
16—20	86	72	84
21—25	46	30	65
26—30	24	13	54
31—35	35	9	26
36—40	22	6	27
41—45	32	6	19
	245	136	55.5
C. 九州地区 年龄	妇女数量	无子女妇女数量	无子女妇女百分比
16—20	47	37	79
21—25	33	13	39
25—30	22	7	32
31—35	28	5	18
36—40	22	1	5
41—45	21	3	14
	173	66	38.2

注释:a. 年龄并未经过修匀或者还未转换为相应的西方计算法。

---

① 关于德川时代的人口出生率,参见汉利、山村耕造,《前工业化时期日本经济与人口变迁,1600—1868》,第199—205页。

婴儿的高死亡率表明,在高出生率以及户籍中记载有子女的少量妇女之间存在着一些偏差。通常,户籍并不记载过世的家庭成员信息;因此,那些子女死亡的妇女或许被记录为无子女的妇女。九州地区和美浓国的人口统计资料表明,在所有婴儿中,半数以上都活不过5岁。应当对婴儿的死亡率进行调整,将无子女的妇女数量减少一半。如此,在美浓国、半布里和九州地区,无子女妇女的总比例,将分别下调至27%、28%以及19%。

调整后的无子女妇女比例,与高出生率息息相关。调整后的数据表明,在九州地区,1/5的妇女有过生育,几乎所有的女性(98%)在将近40岁时才生儿育女。在美浓国和半布里,无子女的妇女比例较高,这种说法是缺乏根据的。在美浓国,年龄为36至40岁的妇女中,有15%妇女没有子女。过高的生育能力被浪费掉,以至于达不到50‰的出生率。

即使在提供婴儿死亡抚恤金的情况下,在出生率和无子女的妇女比例之间的偏差一直存在,只不过,这种偏差成因还无法解释。对这种偏差的形成,另外两种因素产生了重要影响。其一,是户口登记的特殊性。人口普查官吏经常将夫妻双方分别登记:在总共702户中有54.1%只登记了夫妻中的一方;在下总国和山城国的文书中,单亲家庭的比例分别为62.7%和78.3%。① 然而,由于父系制的倾向被写入《大宝律令》的《户令》中,子女常常与父亲而非母亲

---

① 高群逸枝,《日本婚姻史》,第69—70页。这些比例并非与本项研究的采用数据完全相同。高群逸枝使用的是夫妻分别登记的证据,以便支持其所持论点:日本早期的亲属关系是双边的,而且婚姻居住形式是望门居。虽然我基本赞同高群逸枝的结论,但是,务必要注意的是,其他的历史学家并不持有同样的观点。对于赞同随夫居的观点,参见布村一夫,《籍帐中所见的父系的、兄弟的家族共同体》,载于《历史学研究》429:24—34(1976年2月)。对于亲属关系的补充讨论,参见第五章第172页注释①。

登记在一起。许多只登记父亲和子女而没有登记母亲的户籍实例,出现在美浓国户籍中;母亲们可能在下次人口普查记录中才被登记上。相反,许多"无子女的"妇女或许已经有了孩子,但是儿女却被登记在另一本户籍上。然而,由于这种解释建立在对现已佚失的户籍内容推测上,所以并不太令人满意。

出生率和营养状况也密切相关。营养不良造成了女性青春期发育的延迟;在16至20岁以及21至25岁的年龄段中,无子女现象高发的直接原因,或许是因为女性身体发育不良。① 如果年龄在16至25岁的许多年轻女性确实因营养不良而没有子女的话,那么重要的生育能力将会丧失,由此每年50‰人口出生率依然过高。营养不良同样无法解释年龄在30至35岁无子女妇女的高比例现象。

在美浓国和九州地区,育龄妇女数量少和高出生率之间存在偏差的其他原因,乃是因为人口登记工作很可能做得不到位。尤其是户口登记中漏登的成年人数量不断增加,或者少报了他们的年龄,都成为人口普查工作的缺陷,这些缺陷不仅造成在人口构成上似乎年轻人更多,而且造成了人口出生率比实际情况高的现象。② 夸大人口出生率现象的发现是令人气馁的事,而且这意味着,美浓国和九州地区的人口动态统计数据无法作为精确的测量结果而被使用。

日本早期的出生率、死亡率以及平均寿命

美浓国和九州地区户籍中所描述的村庄,反映出农民生活的各个方面,这些人口动态统计数据为8世纪初的日本状况提供了概括

---

① 简·门肯、詹姆斯·特拉塞尔与苏珊·沃特金斯,《营养与生殖力的关系:证据评估》,载于《跨学科史学期刊》11:425—441(1981年冬)。
② 参见本书第52页注释②。

性说明。关于我的研究结果的有效性,可以在以下三方面得到证实。其一,人口预期平均寿命与欧洲中世纪和日本德川幕府时期的人口平均寿命的推算数字相吻合。初看上去,28岁至33岁的平均寿命值似乎低得惊人,然而,根据哈利·米斯基明的研究,在欧洲文艺复兴时期,人口平均寿命在30岁至35岁之间。① 欧洲8世纪的人口平均寿命,可能等同或低于米斯基明对文艺复兴时代的估算数值。苏珊·汉利已将德川幕府时期大约40年间的人口平均寿命情况制成表格,该表格反映出,在近代时期,日本人口的平均寿命有了逐步提升。②

其二,婴儿死亡率很高。一项土地所有制变化的研究对此结论提供了有力的支持。根据虎尾俊哉的研究,持统天皇在位期间,日本朝廷于690年首次试行国家班田制度。③ 虎尾俊哉认为,依照690年的班田制规定,所有农民自出生之日起便被班授稻田。702年,《大宝律令》增加了一项限制条款:虚岁5岁及5岁以下的婴儿,无权持有土地。河内详辅主张,《大宝律令》之所以增加了限制条款,其原因是,按照690年的班田制度规定,许多新出生的受田人在受田后不久便夭折了,当地官吏随后不得不收回所班授的新田,并将其班授给其他人。④ 近来,虎尾俊哉对河内详辅的观点表示赞同,因为河内详辅强调,在土地制度改革中,婴儿的死亡率起到了一

---

① 哈利·米斯基明,《文艺复兴早期欧洲的经济,1300—1460》,第26—27页。
② 汉利和山村耕造,《前工业化时期日本经济与人口变迁,1600—1868》,第320—334页。务必要注意的是,许多日本人口学家认为,德川时代的平均寿命远低于汉利的估数。速水融已绘制出17世纪末一些村落的平均寿命图,其中,平均寿命低至29岁。两种估数之间的差异,是由于江户时代的人口普查记录中实际登记的新生儿数量的偏差造成的。如果我们接受了速水融的江户时代估数,那么本书中奈良时代的平均寿命数值甚至可能有点高。亦可参见本书第52页注释②。
③ 虎尾俊哉,《班田收授法的研究》,第53—80页。
④ 河内详辅,《大宝令班田收授制度考》,载于《史学杂志》86;29—30(1977年3月)。

定作用。

其三,8世纪初,人口增长非常迅猛。关于人口增长的首个文书证据出现于715年,当时,奈良朝廷改革了地方行政机构,将行政村的户数由50户提高到100户或150户。根据岸俊男的研究,促使朝廷出台该决策的一个主导因素是农村人口的快速增加。① 然而,人们很难相信人口增加是715年改革的唯一动因。实际上,人口的高速增长无法解释由这次改革促成的所有新户和新村出现的原因,然而,岸俊男引证了自702年以来各年的人口增长数据,并将其作为新法令出台的一个重要动因,就这方面而言,岸俊男可能是正确的。

我们发现了723年人口增长的更多信息。《续日本纪》中包含下述公告:

> 近年来,人口数量不断增加,田地已不堪重负。本府恳请元正天皇采取措施,鼓励帝国农民开垦更多田地。②

同年,朝廷对受田人资格做了一项修改。《大宝律令》曾规定,6岁及6岁以上的奴婢享有稻田班受权。723年,年龄限制提高至6岁至12岁。③ 依照官本救的观点,提高年龄资格限制的决定因素乃是农村人口激增,致使稻田的余量不足、平民的受田量都很少,奴婢的就更少了。④

729年,朝廷出台了另一项措施,来处理由于农村人口激增所造成的问题:

---

① 岸俊男,《日本古代籍帐的研究》,第274页。
②《新订增补国史大系·续日本纪》养老7/4/17,第96页。
③《新订增补国史大系·续日本纪》养老7/11/12,第97页。
④ 官本救,《律令时代的土地制度》,第94—95页。

> 本年度,按《田令》班田及收回田地的政策已无法适应现实,因而本府请求批准收回一切土地并按新标准重新班田。①

729 年的法令是在许多力量因素共同影响之下促成的,其中包括朝廷的政治阴谋。然而,立法者一定考虑到了农村人口激增的问题,人口的激增造成了耕地的细碎化。通过调整农村人口的土地持有模式,地方官吏能够加强耕地管理,并能给新受田人提供生存空间。

甚至在 702 年,农村人口过多的端倪便已显露出来。想一想半布里居民的惨状,便可略知一二。该居民区坐落于岐阜县的一个小盆地之中,周围群山环抱。在重建了半布里当年的景观后,弥永贞三断言,大约有 120 町(360 英亩)的土地可能被改造成了稻田。② 然而,依照律令规定,应班授给半布里居民 150 余町土地。随着半布里人口的增长,土地短缺的问题变得尤为突出。该村人口年增长率达到 1%,与对半布里的男女居民统计出的夸大数据相比,这个数据更为实际;按照这一增长速度,在短短 30 年间,半布里的人口增加了 1/3 以上。农民除了从事稻作农业,还须有其他的谋生方式,然而,这些谋生方式自有其局限性。显然,8 世纪初,人口激增状况不可能无限期持续下去。

---

① 《新订增补国史大系·续日本纪》天平 1/3/23,第 116 页。
② 弥永贞三,《御野国加毛郡半布里户籍的故地》,载于《地方史研究》56.57:1—24 (1962 年 4 月,6 月)。1 町 = 约 3 英亩或 1.2 公顷。

第2章
人口趋势与传染病

在《瘟疫与人》中,威廉·麦克尼尔写道:在日本早期,"传染病……大约每隔一代发生一次,想必反复重创着日本人口总量,极大地阻碍了日本群岛经济和文化的发展"①。麦克尼尔的主张与许多专家的设想相抵触,这些专家很少关注疾病因素,他们认为,在整个8世纪和9世纪,日本人口持续快速地增长着。② 在此,我主张,通过探究传染病在日本律令时代所起的作用,来检验麦克尼尔所提出的模式是否正确。

麦克尼尔指出,人类与病毒的关系已经经历了若干个阶段。③ 在最初阶段,狩猎者和采集者居住在稀疏分布的定居地里,病毒或寄生虫几乎无法存活,对人口数量几乎造成不了什么影响。在第二阶段,随着农业成为粮食生产的主要方式以及人类聚居区规模的扩大,家畜首先染上了致命疾病,随后传播到人类这个新宿主身上。

---

① 麦克尼尔,《瘟疫与人》,第125页。
② 一些著名的医学史学家研究了日本早期疾病,其中包括富士川游(《日本疾病史》)以及服部敏良(《奈良时代医学的研究》)。然而,他们的著述实际上并未探讨瘟疫对社会、经济或者政治所造成的影响。近来,一些历史学家(譬如,弥永贞三和森田悌)已开始强调传染病所产生的影响。
③ 下述阐释取自麦克尼尔,《瘟疫与人》,第14—131页。

在人口稠密的文明发源地，开始出现了人们感染微寄生物——麦克尼尔称之为病毒——的状况。在地中海地区、埃及、美索不达米亚地区、印度和中国的人口中，各自发展出一个独特的病毒池与免疫池。

第三阶段，从公元前500年一直到公元1200年，乃是微生物世界一体化的最初阶段。在这个时期，各个文明发源地向新的地区拓展，要么和另一种文化中不同的疾病池遭遇，要么将一种疾病带入人们不具免疫力的那些地区。在整个欧洲和亚洲地区，这些疾病的交汇造成了人口锐减。黑死病致使查士丁尼统治下的欧洲人口减少了1/10，在此时期，中国也首次遭受天花侵袭。此后，随着农业革新的到来，大多数地区的人口数量增加了，与病毒的接触也变得更加频繁。直到传染病退变为地方病时，人们的抵抗力增强了，这种流行病演变为儿童的易患病，譬如，当今的麻疹和水痘。

麦克尼尔已提出证据证明，在第三阶段中，日本所处的地理位置造成了它与其他文明发源地的疾病池的一种独特关系。更确切地讲，麦克尼尔认为，日本地理位置的隔离性带来两方面影响。其一，它保护日本人口免受大陆传染病的侵袭。由于免受频发传染病的威胁，日本农村居民区变得相对密集。

其二，日本地理位置的隔离性也意味着其免疫能力无法建立起来。一旦一种疾病从另一种文化传入岛国日本，它便在人口中迅速肆虐开来。疫病过后，人们的免疫力下降，日本的地理隔离性使它在遭受另一场疾病入侵时，会造成同样的灾难性后果。这种地理隔绝性，使日本推迟了同步暴发的大陆疾病模式所需的时间。与日本反映出的情况一样，英国与欧洲大陆相隔离，直到15世纪，英国人口才有明显增长，到此时，由于频繁接触欧洲大陆传来的疾病，英国人口免疫力的总体水平有了提高。①

麦克尼尔的论断在多大程度上适用于日本律令时代的状况呢？来自美浓国和九州地区户籍资料中的比率以及朝廷颁布的法令都表明：在702年后，日本人口可能一直都在增长。这只是暂时的增长（正如麦克尼尔指出的那样），还是长期持续的增长呢（正如传统上认为的那样）？通过对日本早期传染病的发生频率及其影响的研究，我们将得出答案。

证据性质

关于645年至900年间暴发的瘟疫，文献资料记载相当丰富（见附表B）。朝廷史书——关于早期瘟疫记述的主要来源——记载了71年间所发生过的瘟疫，其时间跨度超过了律令时代的1/4。之所以出现如此丰富的文献资料，很大程度上得归功于朝廷全面采用了中国的疾病监控制度。

对于瘟疫，京国官吏承担着立即报知的职责。关于国家文书及格式的法令（《公式令》）中有一项条款规定，要求官吏们须采取行动：

---

① J.C.罗塞尔，《中世纪的英国人口》，第54、146、246、269—270页。并非所有学者都认为中世纪时期的英国人口处于停滞状态。譬如，可参见迈克尔·波斯坦，《中世纪农业社会的黄金时代：英格兰》，载于迈克尔·波斯坦编，《剑桥欧洲经济史（第一卷）：中世纪的农业生活》（第二版），第560—570页。然而，波斯坦并未否认下述事实，即，传染病的暴发造成英国人口的大量削减。关于传染病在欧洲农业史中造成影响的广泛讨论，可参见罗伯特·布伦纳，《农村的阶级结构和经济发展》，载于《过去与现在》70：30—75(1976年2月)；迈克尔·波斯坦和埃曼纽尔·罗伊·迪里，《专题论文集：前工业欧洲农村的阶级结构和经济发展》，载于《过去与现在》78：55—59(1978年2月)。

一旦诸国内发生重大凶兆、军事入侵、自然灾害、传染病疫情或其他异常事件,须立派信使,持紧急公函,上报至太政官。①

一位法律学者对传染病(疾疫)给出了定义。这位时政评论者——只知道其姓名中的一个字符"跡"——解释说,只有在患病者数量超过了正常年份患病人口总数时,一场暴发的传染病才被视作流行病。②

对于京国官吏们来讲,那种能造成缴税农民大批死亡的传染病瘟疫才被视为严重事件。依照律令规定,一旦传染病被判断为严重,宣布疫病暴发的信使具有最高的优先通行权。根据全国交通运输系统同一章节中的另一条记录记载:最快的信使一天可走300里(约168公里)。③

在接到传染病暴发的报告后,朝廷有几种选择。朝廷可以使用医疗专家——他们在位于京城的典药寮接受过中医理论培训——配制的治疗药物,这些药物由有权得到诸国药物的地方医生掌管着。京城的官吏们也可以采取经济救助措施,譬如,粮食救济、免税或出借稻米等。如果具体措施无法施行,那么朝廷官吏们则尽力祈神降福,消除瘟疫。另外,也许还会摆出一些政治姿态,譬如,实施特赦或者取消朝廷典仪等。对于愤怒的诸神,诵经和宗教节日是更加直接的抚慰手段。

在编纂8世纪和9世纪的朝廷史书时,编纂者通常将传染病报告及朝廷采取的对策记录也编入其中。譬如,8世纪的朝廷史书《续

---

① 《新订增补国史大系·令义解·公式令·国有急速条》,第255页。
② 《新订增补国史大系·令集解·公式令·国有急速条·迹记》,第866页。
③ 《新订增补国史大系·令义解·公式令·国有急速条》,第284页。

日本纪》记载：698年3月3日，"越后国报告过一例传染病。本府分发药品，救治百姓"。所有条目都使用了通用法律术语——传染病（疫），就像法学家"跡"所定义的那样。

朝廷史书中记录的这些简明条目，遗留下三个未曾解答的重要问题。首先，编年史家通常不记录瘟疫发生的地理范围；常见提法是"诸国"或者"整个国家"。由于没有记载受到瘟疫影响地区的具体信息，人们便无法去追踪该传染病的源头或者发展进程。

其次，被识别出来的疾病特别少。通常情况下，历史学家只是简单陈述该传染病是一种流行病，既不描述该病症状，也不使用中医术语。即便有术语可用，那些中医术语也很难被翻译成现代西方的医学术语。这些条目很可能包括从轻微流感到天花或霍乱等诸如此类疾病所造成的灾难。由于传染病在毒性方面存在着巨大差异，因而很难判定它们对人口发展趋势以及经济活动的实际影响。

第三，一场传染病造成的死亡人数通常全凭推测得出。一般说来，历史资料并不记载具体的死亡人数。一些简短措辞，譬如，"几乎半数"或者"绝大多数"等也只是在严重传染病暴发期间使用，而且既不可信又不准确。或许，官方出台的周密措施确实夸大了致命性灾难的影响。关于外来传染病对日本人口产生的巨大影响，麦克尼尔所做出的假设有一个致命弱点，即，他无法确定这些传染病的病源、性质以及致命程度。

然而，朝廷史书中描述过的一例传染病非常独特。在《续日本纪》和8世纪其他材料的众多条目中所作的记载，与通常的简明报告存在着不同。正像麦克尼尔指出的，该疾病是从亚洲传入的，而且其在日本境内的传播可以搞清楚。这种传染病被清楚地确认为是天花，保存于东大寺正仓院里的文书对各地方的死亡人数做了详细记载。735年至737年暴发的天花大瘟疫，致使8世纪初日本人口的激增进程戛然而止。

疾病暴发与初期破坏

天平年间(729—749)暴发的天花大瘟疫,在最初发生时很不起眼,从而掩盖了其最终的可怖性质。编纂于瘟疫暴发约70年后的一份医疗文书残片记述道,一位日本渔夫与一名染病"蛮夷"发生了冲突,这位渔夫应该为该疾病传入日本诸岛负责。① 与上面记述稍有不同的是一份平安时代末历史记录,其记载道,一艘感染此病的"蛮夷船只"将病毒传了进来。②

研究中世纪历史的历史学家相信,天花传染病由外国传入。一位13世纪的编年史作者识别出这些蛮夷是新罗人。③ 根据这份原始资料记载,一位来自九州地区的渔夫在海上迷失了方向,船只在朝鲜半岛搁浅,在那里,他染上了该传染病。一份后来的中世纪历史资料也持有同样观点:朝鲜半岛应该为本次瘟疫的暴发负责。④

这些记述的可信性仍有待商榷。到目前为止,保存至今的医疗文书残片究竟在多大程度上与9世纪文书相一致,这一点仍不得而知;况且,中世纪的文献资料并不可靠。在将罪过归因于朝鲜半岛时,日本历史学家们应该谨慎些,因为在整个日本早期历史中新罗一贯充当着替罪羊角色。由于缺乏同时代的可靠记录材料,若想确定该传染病的确切病源地变得非常困难。

对于8世纪30年代的传染病,中国古代及朝鲜半岛历史资料并没有记载,因而无法对该病的传入提供直接解释。亚洲其他国

---

① 《大同类聚方》,引自古林见桃编,《医疗歌配剂》。《东京大学富士川游博士档案·卷一》,第16页,封面与封底。
② 《本朝世纪》,引自富士川游,《日本疾病史》,第101页。
③ 《续古事谈》,载于《国史丛书·卷十》,第270页。
④ 《坛囊抄》,载于《日本古典全集·卷十五》,第107—108页。

家也缺乏相应的历史文献资料,这或许是产生误记的原因;然而,更可能的情况是:当时,唐朝和新罗实际上并未发生过传染病。然而,没有发生过传染病,并不一定被理解为没有发生过其他疾病。至少从4世纪以来,天花便在中国人口当中肆虐开来,而直到8世纪中叶,在历经了200年后,朝鲜半岛才对这种传染病有所了解。① 染上天花的很可能只有少量人,并没有引起朝廷史书纂写者的注意。最终一个日本商人或旅行者偶然接触到了一个染病的外国人,这也是可以想象的。

不管谁应该为该传染病传入日本负责,大宰府港却是首先遭受传染病影响的地方。撰写于735年8月12日、自日本九州地区大宰府传来的报告称:一种致命的疾病正在肆虐。当天,全九州地区军事指挥官太宰帅正式向朝廷报告称,因某种传染病而死亡的农民数量多得惊人。735年,九州地区人口的抗病力可能很低,因为732和733年农作物连续两年歉收。在传染病暴发当年,农民们将不得不再次遭受饥荒之苦。②

可以预见,奈良都官吏们的反应便是开具药方与祈神降福。官方派送药物以此抵抗瘟疫,就像8世纪初的传统做法一样。朝廷也发布命令,要求祈神降福,以抚慰九州地区的当地神灵。本州西部的国司们接到命令,要求举行净洗仪式以抚慰神灵,阻止传染病蔓延。奈良朝廷也要求,在大宰府监管下,在大宰府及诸国国衙内组

---

① 丹尼斯·杜希德,《唐朝的人口与瘟疫》,载于由弗朗茨·斯坦纳编:《汉学—蒙学研究:赫伯特·弗兰克纪念文集》,第42页。
② 《新订增补国史大系·续日本纪》天平4/8/27,第129页。关于抗病与饮食之间的确切联系,仍旧悬而未决。可参见安德鲁·阿普比,《营养与疾病:伦敦一例,1550—1750》,载于《跨学科史学期刊》6:1—22(1975年夏)。试验表明,在抗病毒方面,营养良好的猴子比饥饿的猴子有更强的抗病毒能力。

织和尚诵读佛经,为受灾国民提供援助。朝廷对宗教的严重依赖或许意味着,在抵御致命传染病方面,药物治疗已无济于事。

朝廷制定了一项史无前例的政策,这更加清楚地表明这种新传染病的致命性质。《户令》最初规定,只向遭受饥荒的人们发放救济粮。① 726年,就在继位后不久,圣武天皇(724—749在位)便准许向染病灾民发放救济粮,然而法令条文却清楚地表明,圣武天皇的行为超出了法律准许范围。② 735年8月,朝廷首次命令国司官吏,须从地方粮仓中抽调救济粮,发放给染病灾民。该诏书使用了"赈给"一词,该词以前仅仅出现在赈济饥荒的命令中。发放救济粮以赈济染病灾民措施的合法化,表明了朝廷面临着严重的危机。

大宰府所面临的危急状况并没有缓解。在首个报告发出的第11天后,即8月23日,九州地区大宰府向朝廷提交了下述请愿书:

> 在本府所辖诸国内,以肢体肿胀为特征的瘟疫大面积蔓延。所有民众一概卧床不起。本府恳请朝廷免征本年地方产品税[调]。

奈良朝廷批准了这项请求。

其他证据也表明,到735年末,天花传染病已经扩散到九州地区以外的地区。闰十一月,圣武天皇向帝国全体臣民颁布一项特赦令,这说明本次瘟疫是该特赦令出台的主要动因。在面对国内危机

---

① 《新订增补国史大系·户令义解·遭水旱条》,第106页。
② 《新订增补国史大系·续日本纪》神龟3/6/5,第105页。请注意:在此使用了"赈恤"一词,而不是法律术语"赈给"。

时,特赦是儒家统治者最喜欢采用的缓解措施;圣武天皇的行动表明,该疾病对农村地区造成的冲击正愈演愈烈。①

对于735年发生的重大事件,《续日本纪》中最后一个条目做了措辞严肃的概括:

> 本年,庄稼颗粒无收,从夏至冬,帝国全境,天花(豌痘疮)肆虐。通俗言之,该病便是裳疮。亡者众。

在本条中,有四点值得注意:其一,传染病的暴发伴随着农业歉收;其二,该病暴发时间要比大宰府最初的报告时间早四个月;其三,在其描述中,传染病的影响范围已经遍及日本全境;其四,该疾病显然被确认为是天花。

《续日本纪》中的两个条目表明,736年天花依然肆虐不息。首先,在7月份,朝廷便发布命令,要求向所有染病平民、和尚和尼姑发放药物和粮食。其次,大宰府的报告日期是10月22日,这说明,"所有男性和女性"都染上了这种瘟疫,因而九州地区农民纷纷弃耕。由于庄稼歉收,太宰帅请求并接受了736年的免除地租法令,"以便使农民们维持生计"。

到736年冬,九州地区的人们遭受这种可怖疾病的折磨已超一年之久。而且,这种传染病还有蔓延趋势。不久,就连王公贵胄们也无法幸免于这种致命的传染病。

传染病高峰期

736年2月,圣武天皇选派了第三批遣新罗使团。由阿倍朝臣

---

① 此前,圣武天皇实施过类似大赦。参看《新订增补国史大系·续日本纪》天平 4/7/5,第128—129页。

继麻吕率领,该使团目标在于改善日本及朝鲜半岛关系,这种双边关系在圣武天皇的统治初期便恶化了。一份朝鲜半岛历史资料表明,仅仅在6年前,即730年,新罗军队击溃了一只由300艘战船组成的日本侵略军。① 731年,朝鲜方要求削减向奈良王朝象征性纳贡的数额。虽然日方接受了这种修改数额,然而两国的紧张关系仍在持续;此后,日本立即下达了全民动员令,这一点表明了日朝间的紧张关系。735年初,新罗使臣金相贞要求日本朝廷停止以侮辱性称谓指称他的国家,奈良朝廷拒绝了他的请求,并将新罗国的遣日使团逐出日本。

736年4月,阿倍朝臣继麻吕离开了奈良都。遣新罗使团沿着濑户内海海岸向大宰府进发,准备走最近的海路去往朝鲜半岛(见地图三)。和八世纪许多官方旅行者的做法一样,阿倍朝臣继麻吕与其使团在旅途中也创作了诗歌。

这位使团首领思念着自己的家乡:

> 吾等乃天皇使臣
> 对此,知之甚详。
> 漫漫长途后
> 多么思念故乡!②

阿倍朝臣继麻吕再也没有能够返回故乡。当使团抵达距离九州地区海岸不远的壹岐小岛后,灾难便发生了:

---

① 《三国史记》,第139页。日本原始资料中并未提及此次入侵。
② 《日本古典文学大系·万叶集·卷四》,#3668,第78—79页。本翻译得到了哈佛大学埃德温·克兰斯顿教授协助,在此表示感谢。

刚刚抵达壹岐岛，雪连宅满便死于突发的瘟疫：

哦，君，驶向朝鲜国土
身为吾皇之使臣——
自从你向哺育你的母亲倾诉
"秋来之时，我必复返，"
疲惫的数月已然流逝。
你的家人，等你，盼你，
"或许今朝他便回家，
明日必归来。"
可是，莫非你的亲人没有施行净洗仪式？
抑或你没有履行职责？
在抵达那遥远的国度，
远离大和民族之前，
你将永眠此处
这怪石嶙峋的小岛上。①

在使团抵达对马岛后，阿倍朝臣继麻吕便感染天花而亡。他率领的使团根本没有抵达新罗国首都。阿倍朝臣继麻吕使团的二号人物大伴宿弥三中也染病倒下了，被迫滞留在奈良城外，与此同时，使团的先遣人员将使臣们所遭遇的惨境报告给了朝廷。② 当使团历经艰难返回故乡之时，他们也把疾病带到了濑户内海沿岸地区。

---

① 《日本古典文学大系·万叶集·卷四》，♯3688，第85—86页。译文来自《万叶集》（日本学术振兴会编，第248页），在此做了些许改动。
② 《续日本纪》并未记载大伴宿弥三中在哪里对抗天花瘟疫；记载只提及：在737年的正月，大伴宿弥三中及随行人员不准进入京城。在第三个月的月末，经朝廷准许，大伴宿弥三中及同行40人才最终进入京城。青木和夫《日本历史3·奈良都》，第305—307页)认为，在对马岛，大伴宿弥三中的身体康复了。

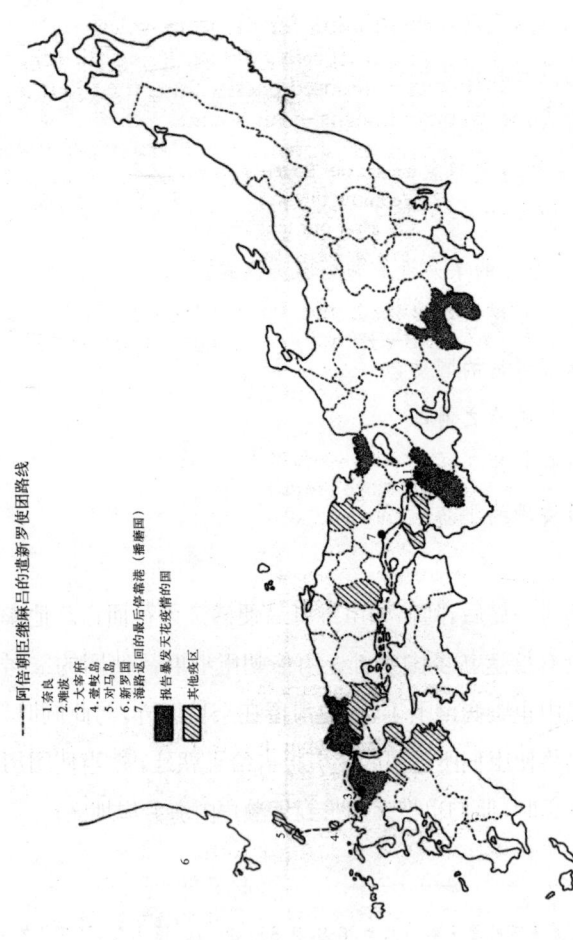

地图三 737 年天花大瘟疫

来源：本地图载于青木和夫的著作《日本历史 3·奈良都》之附录。经中央公论社准许。对于阿倍朝臣继麻吕的遣新罗使团路线，参见《新订增补国史大系·万叶集 4》，#3578—#3722, 54/95。文中标有烫区、下述地区除外，即周防国（《大日本古文书》2/137），备中国（《大日本古文书》2/247—252），但马国（《大日本古文书》2/58），淡路国（《大日本古文书》2/104），出云国（《大日本古文书》2/201—247）以及河内国（《大日本古文书》24/59—60）。

有充分证据证明,在这一年里暴发了传染病。737年颁布的两部特赦令提到,传染病暴发成为官方出台措施的一个重要动因。《续日本纪》中反复记录着朝廷发布的命令,要求念诵佛经,向神道教诸神祷告。在这些措施之中,有一个长篇记述,该记述赞美的是一次反击北方蛮夷的成功远征,读起来颇有分散国内祸端注意力的企图。

737年的天花疫情,致使整个日本人口蒙受了重大损失(见地图三)。4月19日,大宰府宣布,传染病造成的灾难依然在持续。与735年一样,朝廷的应对措施是祈神降福、发放药物和粮食救济。7月,大和国、伊豆国和若狭国依法报告了传染病暴发;同月晚些时候,伊贺国、骏河国和长门国也发布了同样报告。无论哪种情况,朝廷都准许将国司里的储备粮分发给染病灾民。737年8月,在日本全境施行免税政策,这反映出该传染病已经蔓延到了全国。

在传染病肆虐的社会中,农业人口并非是惟一的受害阶层。那一年,许多高级官吏也纷纷死去。虽然没有留下关于死因的任何记录,然而传染病无疑是造成统治阶层中高死亡率的元凶。6月,因为众多朝臣染病,朝廷事务被迫纷纷延迟。在大约两星期之后,长田皇子也过世了。在这场瘟疫中,最有名的受害者是藤原四兄弟:房前、宇合、麻吕以及武智麻吕。737年,藤原四兄弟的死亡,使其死对头橘诸兄乘机掌管了朝廷的一切事务。

对本场瘟疫造成的死亡人数,在《续日本纪》结语中,给出了恰当描述:

> 是年春,以肢体肿胀为征候之传染病,肆虐开来。此病始于筑紫(九州地区)。夏秋两季,帝国国民,上至贵族,下至百姓,纷纷亡故,死者无数。近期以降,惨状空前。

官方医疗对策与疾病识别

《续日本纪》里，在关于735年的最后条目中，将这种传染病确认为天花。然而，该记录并没有提及引发737年危机的那场疾病名称。由于天花与许多其他疾病（譬如，麻疹）的病征类似，还需要更多信息才能确切地识别出这种传染病。在欧洲，天花常与其他病毒一道被混为一谈。

对于该传染病及其治疗状况，遗存下来了一个比较完整的记述。这条颇为有趣的命令是由太政官发布的：

太政官向东海道、东山道、北陆道、山阴道、山阳道和南海道诸国国司发布命令。

关于染病卧床者的个人护理与饮食禁忌，共有七条：

一、本传染病名为"赤斑疮"。初发时，类似于秋热。斑点出现前，某些情况下，卧床三四天；其他情况下，卧床五六天。肿胀出现三四天后，肢体和内脏发热，与火烤相仿。此时，患者会想喝冷水（应坚决禁饮）。在肿胀消退、患者即将康复时，发热症状会最终消退。接着会有腹泻。若不及时控制，最终会便血（腹泻何时开始，无法确定）。本病的并发症共有四种。某些情况下，伴有咳嗽（志波夫伎）或呕吐（多麻比）现象；在其他情况下，会出现血液回流，有的会流鼻血。在所有的并发症中，腹泻最为严重。须了解此情况，力求做好个人护理。

二、取麻布或丝绵，缠于患者腹部和臀部。务必绑实，确保患者保暖。勿令其受冷。

三、若无地板，切勿令其躺在裸地上。须置草垫于地，令其躺下歇息。

四、建议饮用米粥,稠粥或稀粥均可,米粥为大米或小米粥。勿食生鱼片或新鲜果蔬。亦不可饮水或含冰。严密监控病人。若腹泻止不住,取洋葱和青葱,煮熟,多食。若出现血便或白痢,取八九份糯米粉搅匀,煮熟,趁热喝下。重复本过程两三次。应食用干糯米做的稠粥或干粳米做的稠粥。若腹泻还止不住,重复此方五六次。切勿粗心大意(捣干米时,务必捣细)。

五、通常,患者会胃口不佳。须强迫其进食。只要出现病征,应将海藻或食盐不时置入患者口中。即便口舌溃烂,仍建议用海藻或食盐。

六、患病二十天后,仍不可食用生鱼片或新鲜果蔬;切勿饮水、洗浴、从事房事、勉强做事或风雨天外出。若过劳,会立即引起旧病复发。会再次出现腹泻。复发状况被称为"抖颤"(抽搐)。(疾病复发称为"抖颤"。)对此复发病征,俞附或扁鹊也无力回天!二十天后,若患者想进食鱼类,须煮熟或烤熟后食用。鲍鱼干或鲣鱼干等类食物,无论煮否,均可食用。(干鱼亦可食用。)即便是鱼干,鲭鱼或竹夹鱼切勿食用。(任何情况下,香鱼均不可食用。)在二十天饮食禁忌期里,奶制品、蜂蜜和面豉酱均不可食用。

七、通常,若希望控制病情,勿使用药丸或药粉。若体温升高,可服些许水煮的人参汤。

关于以上状况,四月以来,京城和畿内地区所有臣民均染病卧床。死亡者众多。本府亦深知诸国臣民饱受该病折磨之苦。故此,本府详写此套命令。每位国守有责任将此命令传达给邻国。一旦命令送达,须誊写一份,并派郡司官吏(主帐)或更高级官吏担任信使。该信使应立即将命令送至下一地区。国司须巡视辖区,向臣民宣布这些命令。若臣民无煮粥之稻米,诸国须做估算,从官府粮库中调发救济粮,并上报太政官。接到本命令之日起,须立即执行。

纪朝臣,右大弁,正四位下。

壬生使主,右大使,从六位下,荣官十一位。

天平1/6/26［737］①

在开篇部分,太政官便向日本七道中的六道发布命令。只有九州地区被略去,究其原因,要么是因为一项此前的政策正在实施,要么是因为这场疾病已在九州地区结束。737年,官方正面临着一场全国性危机。

方针的制定者迫切想要贯彻这些方针。依照律令规定,所有发布给诸国的命令必须加盖玉玺。②《延喜式》要求,那些开放诸国粮仓的命令必须加盖玉玺。③ 但737年的法令却没有加盖玉玺。因为救济灾民之事迫在眉睫,立法者只是草草地盖上了太政官的官印。这种在传达命令中实施的简化程序,更显示出朝廷所面临事务的紧迫性。

对于病中和病后的个人护理和饮食,那些详尽的命令很有趣。中医理论不光为日本早期医学提供了基础,而且还体现在法令发布与执行的全过程中,法令甚至还提到了诸如俞附和扁鹊等经典名医名字。④ 日本朝廷出台的切实建议,与14世纪黑死病暴发期间欧洲各国政府施行的措施,形成了鲜明对比。当时,西方专家将疾病暴

---

① 《新订增补国史大系·类聚符宣抄》,第90—91页。
② 《新订增补国史大系·令义解·公式令·天子神玺条》,第282页。
③ 《新订增补国史大系·延喜式·太政官·内印条》,第326—327页。
④ 服部敏良,《奈良时代医学的研究》,第181—182页。

发原因归咎于地震以及在四十度水瓶座内土星、木星和火星所形成的三星交汇天象。①

然而，还是有一点令人迷惑。法令的颁布者将该病确定为赤斑疮，即"红疹"。这个术语既不是 735 年《续日本纪》编纂者们所用的术语——意即天花（裳疮，豌痘疮），也不是该病的通用汉语词（疱疮），而是一个典型的医学词语——麻疹。② 一些历史学家认为，第一条中记载的症状更类似于麻疹而不是天花。③ 一些学者坚持认为，太政官法令中提到的疾病是麻疹，并且坚称造成 735 年和 737 年流行病疫情的分别是两种不同的传染病。

然而，典药寮出台的一揽子建议解决了这种争论：

典药寮调查并报告了天花（疱疮）的治疗状况。
一、发烧发作后的饮食禁忌。

务必注意饮水问题。（若饮水，则会损伤心脏，掌心发烧，无法入睡。）

染病后，过多进食或过量饮水，均会致死。

无论生熟，多脂鱼类或富油鱼类均不可食用。勿食用鲤鱼、金枪鱼、虾类、蚌类、鲭鱼、竹夹鱼、香鱼或黑鲈鱼。食用上述食物，会引起腹泻，无法救治。

若患者食用五种辣菜，会引起视力模糊。若食用新鲜果蔬，也会引起视力模糊。（炉上加热后，方可食用。）若非要食用生鱼片，那么切勿同时饮用大米酒。由此引起的腹泻，很难治疗。食用多脂鱼类或富油鱼类所引起的病痛，

---

① 芭芭拉·塔奇曼，《遥远的镜子》，第 101—103 页。
② 服部敏良，《奈良时代医学的研究》，第 175 页。
③ 富士川游，《日本疾病史》，第 103 页。

很难控制。生鱼片与大蒜同食,会造成严重伤害。疾病发作后,茭白与生鱼片同食,会导致腹泻。

若患者饮大米酒并导致此病复发,则会立毙。食用未煎草药并导致此病复发,亦会立毙。康复后,上述饮食禁忌便可消除。

过多进食且饮大米酒会导致醉酒,须饮水。(若出汗,勿洗澡。)

二、发热和痘疹治疗方法。

若初染此病,患者得知染病且有治疗意愿,取大黄五两,水煮,食用少许。或取马兜铃根二两、水三升,煮至水剩一升为止,敷于全身肿胀处。或取黄连根三两、水二升,煮沸,得黄连水0.8升,饮下。

或取红豆粉,加蛋清,搅成糊状,敷于痘疹患处。

或取妇人经血,加水,泡浴。

或取妇女月经带,包缠患婴。

三、豌痘疮疤治疗方法。

取赭石粉,敷于凹处。

或取隼羽,碾成粉末,拌猪油,搅成糊状,敷于患处。

或取铅粉,敷于患处。

或取蚕茧,碾成粉末,敷于患处。

或取蜂蜜,敷于患处。

关于以上状况,依诏书规定,本处负责调查并上报。

天平 9/6[737]① 典药头

---

① 《新订增补国史大系·朝野群载》,第482—483页。1两=14克;1升=0.24公升。

典药寮的调查结果与太政官的推荐要点存在着许多重复之处。关于腹泻的饮食禁忌和警告，典药寮与太政官发布的命令非常契合。虽然两份记录的确切关系并不明确，然而，典药寮的官吏们很可能首先对相关的中医文本做了研究。此后，典药寮专家们的建议便成为了太政官发布法令的主要依据。

典药寮的调查结果阐明了737年疾病的特性。与太政官命令中所用的术语相比，典药寮的报告中使用了通用的中医术语天花（豌痘疮，疱疮）。可以毫无疑问地说，8世纪30年代夺去众多生命的传染病就是天花。

大瘟疫期间的死亡率

依照朝廷史书记载，735至737年间暴发的天花瘟疫夺去了众多人的生命。对于这场疾病造成的高死亡率，尤其是那场席卷京城的传染病，《续日本纪》里的记载令人印象深刻。由太政官发布的那一系列命令证明了该传染病已经蔓延到了日本全境。可惜的是，两种原始资料都没有将瘟疫对人口的影响加以量化。

然而，一项更准确的测量方法却是可用的。正仓院藏有25份诸国财政报告（正税帐），标注日期的范围从730年开始一直延续到了8世纪60年代。虽然这些帐籍的保存状况并非特别完好，但仍然可以使用更为准确的术语对地方预算进行详尽分析，这样便可以揭示出天平年间暴发的瘟疫对于人口所产生的影响。

正税帐乃是诸国向中央政府提交的年度财政报告。它所展示的是诸国资产现状，包括粮仓及其稻米、小米和食盐的储备状况。国司史生们还记录了诸国马匹的健康状况以及邮政与军事设备的保养状况。与帐籍书写颇为类似，预算记录首先列出的是税收状况，然后是支出与盈余状况。在《延喜式》中，对预算记录的法定格式有着详尽规定。①

尽管诸国的财政文书很重要,然而人们对此还知之甚少。对这种文书的编制程序,律令并没有给出说明。717年颁布的法令并没有规定正税帐的形式和内容,税籍编制状况也是如此。② 正税帐的编制很可能首先开始于郡一级,而后送至国司官吏们那里,由他们完成某一财年的年底总账编制。国司内的低级官吏(正税帐使)负责将文书送至京城。③ 由民部省的主税寮负责仔细审查这些正税帐。④

到目前为止,在所有诸国资产中,最重要的是其稻米储量。⑤ 所有储备可以被分为两类。其一,每年秋季征收稻米税(田租),并将未去皮稻米储存于遍布于诸国的各个粮仓中。根据用途,这些粮仓里的粮食进而被分为"不动粮"或"可动粮"。"不动粮"只在帝国处于紧急状态时分发。粮食储备工作开始于708年,到8世纪30年代初时,粮食储量有了大幅度的增加。作为对"不动粮"严格控制的标志,这些粮仓的钥匙被存放于京城。而"可动粮"则定期分发给穷人。

税收的第二个主要来源,同时也是对传染病暴发期间死亡率进行量化起到最重要作用的,便是诸国的稻米出借所得利息。基于稻种共享的传统做法,早在6世纪时,稻米出借便担负着税收功能。⑥

---

① 《新订增补国史大系·延喜式·主税·正税帐条》,第671—685页。
② 《新订增补国史大系·续日本纪》养老1/5/22,第69页。
③ 《新订增补国史大系·政事要略》,第415页,第430页。
④ 《新订增补国史大系·延喜式·主税·勘税帐条》,第643页。
⑤ 早川庄八,《公廨稻制度的成立》,载于《史学杂志》69:22—25(1960年3月)。
⑥ 譬如,参见《新订增补国史大系·日本书纪》安闲2/9/3,第43页。

到 7 世纪末,官办的稻米出借制度已经发展成为官府财政不可分割的一部分。① 根据这种直到 735 年才形成的制度的规定,国郡官吏将储藏于粮仓中的稻种捆出借给当地农民,以备春播。秋收过后,借用人则须付给官府 50% 的利息。

农民们并不总是能够偿还他们从国郡官吏那里得到的借贷。在正税帐中,列出了关于诸国稻米出借的两类免缴状况。其一,是借用人死亡的。在这种状况下,借用人所在家庭既无须偿还借用人的借贷也不必支付利息。来自备中国(冈山县)的一份文书表明,因为这个原因,国衙还专门列出了免缴农民的清单。② 其二,"未缴稻米"乃是一种归总,包括因为其他原因而产生的免缴情况,譬如,罹患疾病或迁居他处。上一年的未缴借贷也同样可以被看作"未缴稻米"。③ 在通常状况下,两类免缴状况占免缴总数的 10% 左右。④

表格十五显示了五个地区的免缴比例,这些地区仍然存有传染病暴发年份的正税帐。对于诸国稻米出借的免缴比例,五国平均免缴比例为 33% 上下,超过了正常值的三倍多。几乎 1/4 的免缴状况可以直接归结为借用人死亡的原因。在重灾国,譬如,丰后国、和泉国与骏河国等三国,单单在 737 年,因借用人死亡造成的平均免缴比例高达惊人的 35%。假如我们可以设想免缴比例与传染病造成的死亡人数精确地匹配的话,那么从 735 年到 737 年的三年间,一些地区的人口总死亡率一定已经超过人口总数的 60% 或 70%,毫无疑

---

① 《新订增补国史大系·日本书纪》天武 4/4/9,第 337 页。
② 《大日本古文书·卷二》,第 247—252 页。
③ 《续日本纪》中许多条目均支持本定义。譬如,可参见天平 1/8/5,第 120 页。
④ 早川庄八,《公廨稻制度的成立》,第 32 页。

问,整个日本人口总死亡率的范围是25%到35%。①

表十五 诸国稻米出借的免缴情况ª

国郡	出借数额ᵇ	因亡免缴	占比	未缴稻米	占比	总量占比
萨摩国,高城郡	10 100	135	1	0	0	1
丰后国,球珠郡	6 212	1 850	29	1 630	26	55
丰后国,直入郡	4 536	1 420	31	1 314	29	60
长门国,丰浦郡ᶜ	6 338	595	9	3 973.7	63	72
长门国,(全部)ᶜ	96 442	11 231	12	15 193.7	16	28
和泉国,日根郡	8 000	1 810	23	1 646	21	44
和泉国,(全部)	30 000	13 060	44	2 012	7	51
骏河国,不详	27 900	9 456	33	0	0	33
骏河国,不详	37 400	11 082	29	0	0	29
总量	212 590	48 234	23	20 149.7	10	33

注释:a. 萨摩国数字只适用于736年,其他诸国信息所反映的是737年免缴情况。

b. 所有计算均以稻捆为计。

c. 737年,长门国没有征收稻米出借利息,在某些状况下,稻米以谷物形式借出。在绘制本表时,所做假设是每捆稻收益为0.05石(约合1.2升),这个比例是整个8世纪的标准兑换率。

① 在稻捆免缴比例与死亡率之间建立起一种关系是困难的。不只因为样本数量少(在萨摩国,记录只有135个稻捆、11位居民),也在于一些历史学家对免缴条目的可信度持怀疑态度。舟尾好正[《出举实态的有关考察》,载于《史林》56:74—102(1973年9月)]认为,各中国的地方权贵以过世农民的名义扣留了大量贷款;因而,该项记录上的缓缴率是不正确的。由于正税帐上的信息过于粗略,这使舟尾好正等人无法进行分析。

更为紧迫的问题涉及社会阶级状况。7世纪末,天武天皇出台的一部法令表明:水稻出借大多应当分派给贫困家庭,以便实现财产的均衡。想必,这些家庭更有可能面临着营养不良、易染疾病的困境,而且他们也可能积欠了国司的大笔债务。这两种状况可能使免缴的统计数字超过了总的死亡率。然而,737年,扣除死亡农民的借用数,平均借用额是20.1捆稻,这个额度一点也不高。泽田吾一的统计数字表明:9世纪初,陆奥国的成年男性,平均每人借用的稻捆数量约为37捆,显然,当时水稻出借制度已成为每位成年人必须缴税的一项制度。8世纪30年代,水稻出借甚至逐渐演变为一项赋税;从每个人的平均借用额度的记载来看,人们易于做出如下假设:只有贫困者才被记录在案。

对于因天花传染病而死亡的全国人口死亡率的估定，乃是以下列推断为基础。① 遗存下来的文书表明，传染病席卷了整个日本的主要人口中心，在一些地区，譬如，北九州地区和本州地区，疾病肆虐时间长达二年或三年之久。该传染病只是绕过了那些人口稀少的地区，譬如，九州南部和日本东北部地区（见地图三）。将人口稠密的日本西部和中部地区的高死亡率与未染疾病、人口稀少地区的低死亡率取平均值，其结果很可能与整个日本一年的因病死亡率相当，换句话讲，其死亡率的范围是 25% 到 35%。如果参照一下天花在其他文明中——最显著的例子是印加文明和阿兹特克文明——造成的致命影响，这种 25% 到 35% 的总死亡率或许的确有点保守。②

单单凭借统计数据，人们无法看出天花传染病所造成的全部影响。依照 9 世纪初颁布的一部法律规定，诸国稻米出借的借用人通常为成年男性。③ 因死亡造成的巨大免缴比例以及成年借用人的高死亡率都表明，天平时代暴发的传染病乃是大多数日本人首次遭受天花侵袭。④ 只有老年人和儿童在天花的侵袭中表现更佳，原因在

---

① 几项未知因素使这个推断过程变得很棘手。可用的精确数字也只适合于可知的 15 个受灾国中的 4 个（参见地图三）。毫无疑问，其他诸国也同样遭受疾病的折磨，然而却并未向朝廷汇报（譬如，丰后国）。由于商路与旅运路线的存在，其他诸国很可能面临着瘟疫暴发的危险（譬如，筑后国和近江国）。泽田吾一计算出了全日本 66 国相对的人口密度，然而他的估数也只适用于 10 世纪，那时，经过 200 年的人口迁移，日本东部的人口有了大幅度增加。基于这些原因，若想精确绘出日本各国的死亡率图表，势必要依赖大量的假设。关于律令时代的旅运路线、人口迁移路线以及天花性质，需要进一步研究，而这些研究有赖于将来更精确的计算。
② 麦克尼尔，《瘟疫与人》，第 180 页。
③ 《新订增补国史大系·类聚三代格》大同 3/9/26 太政官令，第 395—396 页。对于出举借贷对象的研究，亦可参见泽田吾一，《奈良朝时代民政经济的数的研究》，第 169—177 页。
④ 麦克法兰·伯内特与大卫·怀特，《传染病的自然史》，第 99—100 页。

于老年人可能在早年就遭受过天花病毒的侵扰,而儿童的免疫系统适应性强,足以从未知传染病的侵袭中重新恢复健康。737 年之后,在日本许多地区,存活下来的有劳动能力的中青年人数量很少,而当时恰恰正是其他年龄段的受赡养者们最需要他们的时候。

持续三年的传染病造成的大量人口死亡,抵消了 8 世纪初期的人口增长。在 702 年至 735 年,如果日本人口按照第一章中假定的 1% 人口增长率继续增长的话,那么这种增长将被天花传染病所造成的 25% 到 35% 人口损失所抵消。无疑,在不同地区,天花传染病造成的人口死亡总数会有所不同。在美浓国,天花肆虐过后,或许人口还保持着一定的净增长;但由于美浓国缺乏传染病暴发期间的统计数字,因而很难得出确切的结论。九州地区既是首先暴发瘟疫的地区又是受灾最严重的地区,所以对人口影响也是灾难性的。天平时代的传染病,或许是造成日本人口的最终衰退直至中世纪时陷于停滞状态的原因。

如此重大的人口灾难总是伴随着社会变迁。在传染病暴发后的十年间,官方实施了四项影响深远的改革措施,这些措施必定是在传染病造成人口锐减的背景下实施的。首先,在 739 年,立法者废除了 715 年法令,该法令曾促成了众多新户和新行政村的建立。在某种程度上,正像当初建立新村和新户是由于 8 世纪初人口激增的原因一样,废除 715 年法令一定与 8 世纪 30 年代的人口数量下降有关。这里有必要提一下,在 14 世纪的欧洲,长达十年的瘟疫伴随着整个村庄的解体①。

其二,745 年,官方改革了诸国出借制度。根据诸国帐籍状况,瘟疫暴发前,诸国粮仓里堆满了粮食。瘟疫暴发后,由于施行稻米出借制度,国家财政锐减。仅 737 年一年,其损失便超过了整个诸

---

① 贝勒斯福德·莫里斯,《英格兰的消失村落》。

国稻捆储量的 20%。而且，频繁的粮食救济彻底清空了稻米储备。① 在危机暴发后不久，甚至连"不动粮"也被迫使用。② 针对诸国财政储备枯竭的状况，需要出台新的政策以重新补充所损耗的储量。

745 年发布的新法，建立起了包税制。③ 诸国须从稻捆出借中获取收益；官方收取的利息限额由中央政府设定。由于国守的俸禄来自于稻米出借获得的利息，因此他们多征多得。新的包税制极度依赖国司官吏们的诚信水平，从而最终纵容了地方官吏通过抽取本应上缴中央政府的剩余农产品来积累私人财富。

其三，天花大瘟疫也影响着官方对佛教的政策。圣武天皇接受的教育是如何成为一位出色的儒家统治者。他派遣使臣去往大唐，这些遣唐使返回日本时，带回了唐朝最新的乐器、武器和知识。圣武天皇在位期间，由于帝国内饥荒肆虐、传染病横行，他自觉应该为此担责。732 年，圣武天皇感到其咎难辞：

> 入春以来，旱灾临至；入夏，滴雨未落。河流干涸，五种作物遭灾。此种惨状之发生，实乃朕德之不足。④

当瘟疫袭来之时，圣武天皇更是自悔不叠：

---

① 早川庄八，《天平六年出云国计会帐的研究》，载于《日本古代史论集·卷二》，第 297—298 页。
②《新订增补国史大系·类聚三代格》天平 12/8/4 太政官令，引自大同 3/8/3 法令，第 349 页。
③《续日本纪》天平 17/10/5 和天平 17/11/27，第 184—185 页。对于新制度，最佳的阐释者是早川庄八，参见《公廨稻制度的成立》，第 1—20 页。
④《续日本纪》天平 4/7/5，第 128—129 页。

近来,灾事频至。凶兆欲显。恐责尽在朕。①

圣武天皇统治时期,所颁布的其他法令也显示出他对帝国所遭受灾难的深深自责。

圣武天皇将这些情感深深隐藏于其日益虔诚的佛教信仰中。他的虔诚为天平时代的日本文化奠定了基调,促成了东大寺的兴建及东大寺内大佛的建造。他对佛教的日益依赖也成为法令背后的推动力,这种推力促成了日本全境内的佛寺分支(国分寺)的建立。帝国政策由对佛教的严格控制转变为向其提供慷慨的资金支持,这种做法为圣武天皇的女儿孝谦天皇以及她的盟友道镜和尚所效法,从而对律令时代财政制度的彻底失败起到了推波助澜的作用。

其四,天花传染病也直接导致了律令时代土地政策发生重大逆转。743年,朝廷赐予农民和贵族如下权利:凡是使用自有资产开垦出来的所有稻田,开垦者永久享有该地的所有权。在日文和英文的作品中,该法令被解读为旨在支持贪婪的官吏们急切扩充私有土地的法案。②

然而,其他更为强大的力量也在起着推动作用。让我们回想一下瘟疫对稻米税收所产生的影响。诸国的预算表明,所出借稻米之所以未收缴上来,不仅有借用人死亡,还有借用人染病、迁居及其他原因。在《续日本纪》中,一项条目记载道,"无论男女,处境悲惨,放弃了农业生产,庄稼颗粒无收",这明确说明了传染病对农业造成的

---

① 《续日本纪》天平 7/5/23,第 138 页。
② 譬如,参看虎尾俊哉,《班田收授法的研究》,第 406—408、423—426 页;山村耕造,《律令制度的衰落:经济与制度变迁的假说》,载于《日本研究期刊》1:18(1974 年秋)。对于相反观点,可参见吉田孝,《垦田永世私财法的变迁》,载于《日本社会经济史研究:古代中世编》,第 61—91 页。本书第 3 章亦有对 743 法令的详尽讨论。

影响。736年,通过修改定居和迁居的法律,立法者力图使背井离乡的农民返乡。① 743年法令,将新开垦的稻田私有化,这种措施成为抵消田地撂荒产生的损失及稳定农村经济的又一次尝试。②

天花大瘟疫,并非是促使官方出台这四种主要改革措施的唯一原因。官方出台的政策总是历经相当复杂的过程。譬如,岸俊男暗示说,在737年房前、宇合、麻吕和武智麻吕相继死亡以及橘氏家族崛起后,藤原家族便从此脱离政治舞台,这些都成为了随后几十年制度改革的主要动因。然而,岸俊男也强调了瘟疫所起的作用。③ 8世纪30年代发生的人口危机,动摇了建基于8世纪初人口激增之上的律令时代制度。

律令时代的其他传染病

735年至737年间暴发的天花大瘟疫与威廉·麦克尼尔提出的模式几乎完全吻合。虽然传染病的确切来源仍不明了,但毫无疑问的是,这场传染病来自国外。致命的病毒致使人口遭受重创,尤其是成年人口。成年人口的高死亡率意味着,天平时代的日本人可能此前从未遭受过天花侵袭。瘟疫肆虐过后,很多地区的人口密度很可能下降到了702年以前的水平。

在《瘟疫和人》中,麦克尼尔提出这样的观点:单单一场来自国外的传染病不仅可以造成很高的死亡率,而且疾病反复发生所产生的破坏也会使长期的人口增长受到抑制。就病理学而言,天花与麦克尼尔的解释非常契合。仅仅通过人际间的传播,人们便可以感染

---

① 《新订增补国史大系·类聚三代格》天平8/2/25法令,第385页。
② 譬如,参见弥永贞三,《八世纪的日本》,载于《日本与世界的历史·卷五》,第40页;吉田孝,《律令制与村落》,第189页。
③ 岸俊男,《日本古代政治史研究》,第276—277页。

上天花。与黑死病的发生状况一样,动物并不携带病毒,而且天花也不是一种无症状的慢性传染病。天花与肺结核病不同,肺结核病是一种慢性疾病,患者从染病到死亡要经过几年之久的缓慢过程;相反,天花是急性病。一旦天花被治愈,患者便获得了终生免疫力,然而,最重要的是,这种免疫力却无法遗传给下一代。在天花还没有成为流行病(意即,由传染病演变为儿童的易患疾病)的人口当中,这种造成高死亡率的外来传染病会在每代人当中重复暴发。①

在日本,有关天花传染病的历史记录,也确证了麦克尼尔的观点。853年,9世纪的一位编年史家写道:"二月,京城和畿内以外地区的居民遭受天花(疱疮)之灾。许多人因此丧命。该病分别暴发于737年和814年,本年再次袭来,我们无计可施。"②一份书写于11世纪末的文书记述道,在日本实际上几乎每一代人都遭受过天花的侵袭,直至进入平安时代。直到1061年,日本暴发天花瘟疫的频率为平均每30年一次。③

就暴发方式而言,814年的天花瘟疫与737年的传染病很相似。虽然瘟疫的来源资料残缺不全,而且缺乏完整的记述,但仍有证据表明,这场传染病是从大陆地区传入日本的。大宰府港是最初报告本次瘟疫的地方。④ 然后,传染病慢慢蔓延到濑户内海地区,最终抵达了东山道。死亡人口数攀升至总人口的"几乎半数"。在九州地区,农民受灾尤为严重;天花的肆虐伴随着饥荒,致使九州地区官方

---

① 欧内斯特·扎维茨等编,《医学微生物学回顾》,第431—434页。
② 《新订增补国史大系·日本文德天皇实录》仁寿3/2,第49页。
③ 《新订增补国史大系·类聚符宣抄》,第89—90页。
④ 《新订增补国史大系·类聚国史》大同2/12/1,第258—259页。

被迫出台了农业补贴政策。①

目前,对其他天花瘟疫的来源和影响范围还不甚明了。然而,有证据表明它们来自国外,而且致死率很高。譬如,790年,一场天花疫情横扫日本全境,京城里30岁及30岁以下居民全部染病。②该病也侵袭了农村地区。与737年暴发的天花不同,790年的瘟疫可能与几座中国港口暴发的一系列传染病有关,因为日本商人总是定期光顾这些港口。③

不幸的是,大部分瘟疫的记载并不像天花瘟疫的记载那样完整。天平时代的传染病,虽然有着丰富的历史文献记载,但是对其他传染病的记录却是残缺不全、含糊其词,令人失望。大多情况下,关于疾病以及死亡人数的记载都是不清晰的。许多瘟疫很可能是"季节性发烧"(流感),每当天气变得异常恶劣之时,这些疾病便在农民中蔓延开来。由于缺乏更多信息,对于日本传染病记载的解释,从某种程度上讲,也只能靠主观推测得出了。

然而,即便当传染病及其影响范围不为人们所知时,传染病的某些特征也依然印证了麦克尼尔模式。譬如,在763年,一场瘟疫在九州地区沿岸的壹岐小岛上暴发。同年晚些时候,位于畿内地区的摄津国和山城国便报告称有传染病发生。到第二年八月,濑户内海沿岸地区的诸国大多都宣称有类似的传染病暴发。经过对诸国的报告进行时间测定,结果表明:瘟疫从大陆地区传入九州地区,并且由染病的旅客和商人带入濑户内海沿岸地区。

---

① 《新订增补国史大系·类聚三代格》弘仁14/2/21太政官谏书,第434—437页。对于这项新政策的经典研究范例,可参看赤松俊秀,《公营田中所见的初期庄园制的构造》,载于《历史学研究》7:1—28(1937年5月)。亦可参见森田悌,《古代地方行政机构的考察》,载于《历史学研究》401:15—27(1973年10月)。
② 《新订增补国史大系·续日本纪》延历9/"是年"条,第550页。
③ 丹尼斯·杜希德,《唐朝的人口与瘟疫》,第48页。

中国唐朝和新罗的传染病记录也进一步表明麦克尼尔对日本瘟疫的观点是正确的(见附表 B)。横扫整个欧洲及中东地区的瘟疫,与中国、朝鲜半岛以及最后暴发于日本的瘟疫,几乎存在着一一对应关系。① 直到大约 750 年,沿着丝绸之路,土耳其商队把传染病传播到了中国。750 年之后,来自波斯湾的船员将传染病带至长江入海口处,在那里,来到中国的朝鲜人和日本人也染上了新病毒。外来瘟疫致使中国遭受的损失尤为惨重。整个东亚地区的人口也逐渐受到一个全球性致命病毒池的影响。

天平时代暴发的天花大瘟疫是一个具有毁灭性质的外来瘟疫的典型例子,对于这场瘟疫,麦克尼尔在《瘟疫和人》中已经描述过。对于日本整个 8 世纪和 9 世纪暴发的类似传染病来讲,证据虽不够完备,但可靠而有用。东亚其他地区的疾病模式,与从日本证据中得出的结论相互契合。因而,麦克尼尔推断出的观点——在日本早期,周期性暴发的传染病导致大量人口死亡——是可以接受的,而且日本律令时代人口持续大量增加是不可能的。

人口增长和传染病暴发的交替模式,成为了日本 8 世纪和 9 世纪的特征。在 7 世纪,这种循环现象也发生过吗?几乎没有迹象表明,在 702 年之前的一个多世纪里,日本曾经遭受过传染病的侵袭。日本首部史书《日本书纪》里记载的几场传染病,与佛教传入日本同时发生。587 年,《日本书纪》记录道:

> 患疮者及因疮死亡者,再次充斥日本诸岛。因而,患疮者称——"身体奇热,如被火烧,似被鞭笞,又似爆裂",而且,死状甚惨。老幼皆相互窃语:"此乃焚毁佛像所招的

---

① 丹尼斯·杜希德,《唐朝的人口与瘟疫》,第 35—68 页。

报应吗？"①

587年暴发的疾病曾经一度被确认为是天花，然而，其传入日本的方式却备受怀疑。② 朝廷的挺佛派，或许为了败坏反佛派的名声而谎称说，是反佛派焚毁佛像的行为造成了传染病的暴发。

这么长的时期，却没有留下传染病的记载，对于此状况，可以从两个方面考虑。其一，这一时期可被看作是没有暴发传染病的时段。如果日本没有遭受瘟疫侵袭，那么7世纪的日本人口就一定会实现史无前例的增长。在7世纪中叶，持续不断的人口增长将为采纳中国制度奠定了人口基础。

第二种而且是更合理的一种解释是，在7世纪及此前更早时期暴发的传染病根本没有被记载下来。7世纪是文献资料尤为匮乏时期，而且就可信度而言，《日本书纪》可谓声名狼藉。直到至少是689年以及到《飞鸟净御原令》被实施之时，报告与治疗疾病的制度才被建立起来。

有证据表明，在日本与大陆之间存在着频繁交往，这种证据对认为7世纪无传染病的观点给予了进一步的反击。7世纪时，日本向中国派出了十三批使臣，同时，中国也派遣七位使臣来到日本。倘若《日本书纪》的记载可信，那么在6世纪和7世纪，便有约八个使团往返于日本和朝鲜半岛。在日本和大陆之间，非官方贸易和人口迁移一定会更加频繁。中国从很早以前就已经了解了许多致命性病毒，而在如此频繁的交往中，7世纪的日本不可能逃过所有的瘟疫暴发。

---

① 《新订增补国史大系·日本书纪》敏达14/3/30，第115页。译文来自《日本纪·卷二》，第104页。
② 服部敏良，《上古史医事》，载于《日本医史学杂志》1312:64—76(1943年2月)。

这些瘟疫在什么时候开始消退？至于日本最终如何控制了这些致命传染病，这个问题已经超出了本书的探讨范围。然而，根据富士川游的说法，直到13世纪时，天花和麻疹似乎才变为流行病。[①]正如儿童期传染病一样，直到13世纪，在日本人口中，两种疾病才变成了慢性疾病；死于上述两种疾病的成年人不再常见。到中世纪初期，天花和麻疹瘟疫呈现出下降趋势，这可能与人口密度增大以及农业生产力的大幅度提高有关。

[①]《新订增补国史大系·百炼抄》宽元 1/5/19（天花），第 199 页；元仁 1/4/13（麻疹），第 161 页。引自富士川游，《日本疾病史》，第 37—38 页。

第 3 章
土地开垦

对于日本早期的人口持续增长,最常见的论证便是:这种持续增长建立在土地持续开垦之上。《第一章》中引用的 723 年法令为这种解释提供了支持:

> 太政官进谏:近来,人口渐增,农田不堪重负。本府[太政官]恳请天皇[元正天皇]鼓励帝国农民开垦更多土地。

在 8 世纪与 9 世纪时,朝廷一再敦促农民开垦出更多的土地。虽然其他法令并未提及人口问题,然而人们普遍认为每部法律的制定都旨在解决农村人口过密的问题。

许多历史学家支持这种观点,即土地开垦是日本早期人口增长的代名词。阿部猛的言论体现了这种推想:

> 在奈良时代与平安时代,土地开垦蓬勃开展,尤为引人瞩目……在以土地为命脉的经济中,当某一固定地区人口数量增加时,矛盾也随之出现。解决这种矛盾的唯一途径便是增加垦田面积。①

---

① 阿部猛,《日本庄园成立史的研究》,第 57 页。

这种观点发端于战前,并且在日本与西方的最权威的学术圈内已经被普遍接受。①

第 2 章中关于传染病的讨论,对律令时代人口增长的传统观点提出了质疑。我认为,8 世纪和 9 世纪的特征在于遵循一种人口数量的反复增减模式,而非不断的增加。在本章中,我会对人们普遍持有的那种推想提出质疑,即日本律令时代,土地开垦最终导致了耕地面积的全面增加。

律令下的土地开垦

在诸多律令中,提及土地开垦的只有一项条款:

> 无论公田抑或私田,凡撂荒期满三年及以上且有可租并可种此田者,须将此事上报相关官吏,并下达租田决定。即便此田远离该人住所,亦准许其租田。若所租为私田,三年期满后,租田者须将所租田交还原耕种者。若所租为公田,六年期满后,该田须交还国家。期满之日,若租田人的班田[口分田]低于法令规定标准的,如所租为公田,须立即准许将此田分配至租田人的口分田上。此种状况禁用于私田。

---

① 在日本史中,土地开垦的研究成果可谓浩若烟海。在战前,作为阿部猛论点的一个潜在来源,参看本庄荣治郎和黑正岩的《日本经济史》,第 157—159、186—187 页。战后的杰作范例也都支持了阿部猛关于人口增长与新田开垦之间关系的假说,我引用的是古岛敏雄,《古岛敏雄著作全集 6·日本农业技术史》,第 94—105、139—142、153—157、241—248 页;安田元久,《日本庄园史概说》,第 14—26 页;乔治·桑松,《1334 年前的日本史》,第 88 页;约翰·霍尔,《500—1700 年的日本政府和地方权力》,第 103—105 页(霍尔的著作建立在安田元久和古岛敏雄的研究基础之上);以及官本救的近作,《律令的土地制度》,第 110—116 页。

若有官吏在其辖区内持有荒地[空闲地]并有意耕种此地,则准其任意耕种。截至其解职或调任新职之日,须将此田交还国家。①

相对于开垦荒地而言,立法者们更重视撂荒田[废田]的复耕。在第一段中,法令设定了耕种他人田地的时间期限,并建立起了租用撂荒地的合法程序。法令还对私田和公田做出了区分,并且做出了复耕田最终须返还给原耕种者管理的规定。在第二段中,只是笼统地提到,在任职期间,官吏有权开垦荒地。

对于返回其撂荒田进行耕种的耕作者,日本法律表示大力支持。《大宝律令》规定,官吏们应"全力维护撂荒田的原耕种者的利益"。717年,《养老律令》的编纂者虽然删除了这段表述,然而一个法定的三年宽限期却被保留了下来,在此宽限期内,弃耕者有权收回其耕地。相反,唐朝法律却规定,在这些权利被剥夺之前,宽限期仅有两年。日本法律则更加强调原耕种者的权利,这种规定或许意味着有足够多的土地可供分配:要不然,假如弃耕者持有土地而其他耕种者需要土地,那么朝廷将会损失大量的收入。对日本的土地耕种者来说,宽限期的延长或许也是对他们的下述需求表示认可,即复耕前他们可以让撂荒田休耕一段时间。

这些律令也为耕地撂荒的成因提供了一条线索。一位著有"古

---

① 《新订增补国史大系·令集解·田令·荒废条》,第370—372页。与此对应的唐令,参见《唐令拾遗》,仁井田陆编,第614页。该中文条款的英文译本,参见丹尼斯·杜希德:《唐朝的财政管理》,第131页。从现代观念来看,律令中对于公田与私田相关概念的阐述差异非常巨大。区分这些概念的最简单的原则是:总体而言,只有私田才上缴3%的稻米税(田租)。对于公田与私田的区别,简明的总结见于宫本救:《律令的土地制度》,第77—84页。弥永贞三:《律令制的土地所有》[载于《岩波讲座日本历史3·古代史3》(1962年),第39—53页]以及吉田孝的注释(井上光贞等编:《日本思想大系4·律令》,第578—579页)都对该令的研究提供了极佳的介绍。

代记录"(《古记》)的大宝时代时政评论者解释道:"在堤坝被毁、无法修缮的情况下,如果有人能够修缮它们并能够耕种土地的情况下,应准其耕种此田。"这位以务实精神著称的学者强调,农业技术落后是造成曾经的肥田弃耕的主要原因。

本条款的第二部分,简要叙述了开垦新田(空闲地)的状况。根据9世纪初官方认可的解释,只有国司官吏才有权开垦荒地。因为京城之外国守代表着朝廷,他们是朝廷的必然选择,并在地方农业管理中发挥着至关重要的作用。许多日本学者认为,立法者的真正意图是,通过将新田开垦权唯一下放给现任官吏,以此来限制诸国内豪族们的权力。法律禁止其他京国官吏开垦荒地。农民很有可能也获准开垦以前未被垦种过的小片土地,但条件是他们要利用自有资源。①

土地开垦法令共有两个主旨。其一,着重指出了土地撂荒给朝廷造成的问题。农田维护举步维艰,而且在复耕撂荒田上耗费了大量的精力。其二,原则上,将荒地开发为新稻田的工作只能由现任国司官吏执行。朝廷禁止其他贵族介入此事,而且耕种者只能依靠自有资源开垦土地。

后续法规

711年,立法者对《大宝律令》做出修改:

> 本府颁布法令:亲王及亲王以下爵位之贵族及富族豪族,正圈占荒地,影响民生。即日起,严禁圈地。若开荒种

---

① 虎尾俊哉,《与律令时代垦田法相关的两三个问题》,载于《弘前大学人文社会》15: 65—69(1958年)。相反的观点,参见福冈猛志:《关于空闲地营种权的诸问题》[载于《历史学研究》285:1—10(1962年2月)]。

田,须将申请文书交国司备案,且自即日起,须关注太政官之决议。①

711年法令并没有谴责贵族们将圈地改作稻田的行为。确切地说,该法令只是指责特权阶层的下述行为,即通过圈地而非开发土地的做法阻挠农民采集食物和薪柴。②

过去,朝廷也谴责过类似的非法行为:

> 近来,贵族圈占大片山岭与沼泽而非尽力耕种。他们相互倾轧,欲壑难填,无理妨碍土地使用。若农民胆敢割草,贵族便夺其用具,致使其举步维艰。③

贵族们常常假借土地开垦规划之名而从事其他活动。朝臣们的贪欲大多旨在圈占更多的土地而非更多的稻田上。

711年的法令建立起一种控制占地热的机制:任何一位想要占地并打算开垦新田的朝臣,责令其到相关国司进行备案。依照律令规定,国守须在这些计划中起到表率作用。每项申请文书须对计划开发的土地面积及其位置做出描述。一旦国守同意该计划,须将此申请文书送交至太政官,以获最终批准。

为了增加耕地数量,722年,太政官制定了众多政策中的第一项政策:

> ……本府要求:鼓励发展农业,储备粮食,以防范水旱

---

① 《新订增补国史大系·续日本纪》道—4/12/6,第47页。宫本救(《律令的土地制度》,第60页)认为,该项法令(而不是《大宝律令》)首次将荒地开垦权赐予了农民。
② 阻止农民迁移是一种该受惩罚的政策上过失。参见《新订增补国史大系·杂令义解·国内条》,第334页。
③ 《新订增补国史大系·续日本纪》庆云3/3/14,第26页。

灾害。故此,本府令各级官吏招募劳工,开垦一百万町上等田。每位劳工工时应以十天为限,配给食品与生活用品,调用官用物资,确保工程实施。秋收后,令劳工多制造农具,以备来年使用。

若国郡官吏有欺诈行为并造成其主管工程停工且不准开垦土地者,一律解职。纵持有皇家特赦令,也一律严惩不贷。

若该地方有人致力于荒地开发且收获粮食在3 000石或以上者,赐其荣官六位。若其收成达1 000石或以上者,免除其余生徭役。若其拥有八位或以上官位,论功晋升一级。若有升迁后懒惰而不再耕田者,须没收官印,并贬谪回原职。①

18个月以前,即720年,陆奥国(日本东北部)的原住民发动叛乱,一位名为上毛野朝臣广人的北方官吏惨遭谋害。朝廷随后任命下毛野朝臣石代为讨伐将军。开垦荒地的法令,应被视为将陆奥国置于更加稳固的皇权统辖之下的一个步骤。②

---

① 《新订增补国史大系·续日本纪》养老6/闰4/25,第92—93页。1石约合24公升。
② 该阐释首先由村尾次郎提出(《律令财政史的研究》,第499—544页)。羽田稔[《三世一身法》,载于《历史》30:38—40(1961年6月)]认为该法令适用于日本全境,然而羽田稔也同意村尾次郎的观点:作为预防旱灾的措施,该方案的重点聚焦于旱地。羽田稔认为该法令适用于整个日本全境的观点有点牵强;羽田稔并未详尽阐释722年法令是怎样应用到整个日本的,当时,当日颁布的其他法令(养老6/闰4/25)要么已明令送达到陆奥国的官吏那里,要么讨论了陆奥国本地的特殊状况,譬如采取征讨措施。正如羽田稔指出的,假若722年法令可被视作将稻田开垦扩大到日本全境的尝试,那么该法令一定没有起到太大作用,因为仅仅在一年之内,该法令就被废除了。亦可参见阿部猛,《日本庄园成立史的研究》,第65页;阿部猛认为,以每町100人计算,若想完成陆奥国的计划,预计将需要一亿劳工以及七百万石稻米的供应。至于其他观点,参见宫本救,《律令的土地制度》,第61—62页。

朝廷对陆奥国所采取的方案并非切实可行。即使在中世纪,整个日本上等田的总面积也不到一百万町(约合3百万英亩)。征募足够多的劳力并且制造出足够用于开垦如此大片土地的农具,将是一项极其艰巨的工作,尤其在像陆奥国那样民怨沸腾的地区。朝廷采取授予官位和荣誉官位的措施,目的在于促进地方权贵与朝廷的合作。然而,史料并未记载在法律依然生效期间这类奖赏的授予实例。722年的法令应被视为一般性的劝诫,而不是一项具体的实施计划。

陆奥国计划的制定者并没有明确规定种植作物的种类,只是暗示可以种植旱作作物。721年,一场严重的旱灾肆虐整个日本,确保稻田灌溉用水的稳定供应可能变得非常艰难。① 立法者再次认识到灌溉不足乃是一个棘手问题,其情形类似《大宝律令》里关于土地开垦所遭遇的难题。

722年的方案提到了新垦田的撂荒问题。"好逸恶劳"的农民开垦出新田,接受了赏赐的官位,而后便不再耕种田地。耕作者们似乎故意这样表现给朝廷看,然而他们的表现也可以被视作由譬如农业技术、气候以及土壤状况等具体原因造成。

一年以后,即723年,朝廷采取了另一项措施,以鼓励农民开垦出更多稻田:

> 太政官进谏:近来,人口数量渐增,农田不堪重负。本府恳请天皇[元正天皇]鼓励帝国农民开垦出更多土地。
>
> 若有兴建新沟渠与池塘并开垦新田者,无论面积大小,一概班田,且此田可继承三代。若其使用原有沟渠与

---

① 《新订增补国史大系·续日本纪》,养老5/2/17;养老5/3/7,第85页。

池塘，将班给其终生用田。①

在粮食产量不稳定的农民聚居区，供养新添人丁给农民们造成了更大的压力。国家将长期土地所有权下放给垦荒农民，以解决因人口增长所造成的问题。

依照时野谷滋的观点，723年的法律与《大宝律令》中关于土地开垦规定之间存在着确切的关系。② 723年的法律中有条款规定，凡是在灌溉设施完备之处开发稻田的农民都享有长期的土地所有权，这可能指的是复耕撂荒田。当时，凡是复耕撂荒田的农民都期望享有长期的土地所有权，而不是702年法令所规定的三到六年的期限。关于新建沟渠和池塘的条款，仅适用于开垦荒地的情况。任何将荒地开发为稻田的开垦者，其家族三代都可以享有此田的所有权。

在723年法令颁布20年后，即743年，立法者颁布了日本近代史上最著名的土地法。《续日本纪》中记载着最完整的原文：

> ［本府发布法令］所闻如是："据《养老律令》(7[723])一项法规规定，新垦田在所有权期满后应依法收没。基于此，农民变得好逸恶劳，垦田完毕后便将其撂荒。即日起，

---

① 《新订增补国史大系·续日本纪》养老7/3/17，第96页。
② 时野谷滋，《田令与垦田法》，载于《历史教育》4:33—35(1956年5月)；5:50—51(1956年6月)；虎尾俊哉，《与律令时代垦田法相关的两三个问题》，第73—75页。对时野谷滋的批评，参见羽田稔，《三世一身法》，第40—44页；弥永贞三，《律令制的土地所有》，第47—49页。羽田稔和弥永贞三认为，时野谷滋的观点与譬如天长1/8/20太政官令等9世纪的法令相违背，该法令明确保障复耕撂荒地的农民拥有长期的土地所有权。即便羽田稔和弥永贞三反对时野谷滋的观点(723年法令在其权限内包含了复垦撂荒地的政策)，然而他们也同样强调律令时代撂荒地的重要性。

须无条件准许田地变为私产,勿限于终生或三代。严禁剥夺任何人的土地所有权。

一品亲王以及一位朝官准垦500町田地。二品亲王以及二位朝官准垦400町田地。三品和四品亲王或三位朝官准垦300町田地,四位朝官为200町,五位为100町,六位至八位为50町;而且,对于那些初位官吏直至庶民,可有权开垦10町田地。大领和少领准垦30町田地,主政和主帐准垦10町田地。[这些全部是郡级官吏]。若有先前分有赐田且其赐田高于本限额者,依具体情况,没收其额外占地。任何弄虚作假者,将依法惩处。"

只要其依然在任,国司官吏应遵守以前新垦田之规定。①

在另一份原始资料中,增加了以下条款:

然而,若有为垦田而占地者,须先到国司提出申请。获准后,方可垦田。严禁任何人以此种方式占地与申请垦田权,严禁以任何方式妨碍他人。准垦后,若垦田者三年内仍未垦田,准许他人开垦此田。

天平 15/5/27[743]②

---

① 《新订增补国史大系·续日本纪》天平 15/5/27,第 174 页。所谓"此前的法令"是指《新订增补国史大系·续日本纪》(第 121 页)中的天平 1/11/7,而且该令还重申了律令规定的国守们的责任。

亦可参见《新订增补国史大系·续日本纪》天平神护 1/3/5(第 319 页),废除了 743 年法令和宝龟 3/10/14 法令(第 406 页),恢复了天平神护 1/3/5 法令。

② 《新订增补国史大系·类聚三代格》天平 15/5/27,第 441 页。

在官方看来，农民的怠惰行为再次成为造成此类问题的罪魁祸首。到743年，立法者怀疑是723年法令中的一项漏洞造成了农民的怠惰行为：农民抛弃了已垦田地，起因是田地的永久所有权得不到保障。针对这个问题，朝廷采取了补救措施——废除723年法令中所设立的土地所有权期限。

735至737年间暴发的天花大瘟疫，成为了朝廷做出土地所有权期限废止决定的一个主要因素。即使在无瘟疫的年代里，一个熬过幼儿期幸存下来的日本人，其平均寿命也仅为40岁左右。假如与欧洲中世纪存在着可比性的话，瘟疫暴发期间的人口平均寿命可能缩短了将近一半。正如723年法令中立法者所做的那样，赐予农民永久性的土地所有权对于青年期死亡者所在家庭而言也无济于事。农民试图寻求更为可靠的保障措施，譬如，其家庭成员有权享有新田的所有权。对于解决因致命天花病毒所造成的人口死亡率高的问题，废除土地所有权的期限是一种自然的反应。

743年的法令并未准许无限制地开垦土地，而是制定了一些新的限制措施。[1] 立法者废除了723年法令中设置的土地所有权期限，取而代之的是，依据其社会地位，规定了一个人可垦田的总量。立法者仿效中国的一款法令，规定了每级官位的准垦限额，而且这些限制措施得到了强有力的执行。到了平安时代，严禁无限制开垦土地的法令被废除，那时，垦田面积的限制可能被取消了。

743年法令对个人的可垦田面积做出限制。我们不应该将新的限额与实有田地面积相混淆。当土地未被耕种且当新田的开垦计划超出了实有面积时，官方发现，控制圈地的数量要比控制实垦田

---

[1] 关于该法令的详尽探讨，见吉田孝，《垦田永世私财法的变迁》，第61—91页。丸山忠纲提出了相似观点，参见丸山忠纲，《垦田永世私财法》，载于《法政研究》13：28—48(1960年)。若想获得简要但更传统的阐释，参见安田元久，《日本庄园史概说》，第19—20页。

的面积容易一些。若想了解743年法令,须得将土地撂荒和土地开垦的状况一并考虑。

新的土地开垦法令,为切实实施将荒地改造为稻田的计划提供了保障。所有垦田工程,须在三年的规定限期内完成。若农民拥有某块土地却没有开垦,法律准许他人申请该地的开垦权。之所以规定三年限期,其目的在于阻止朝廷贵族和地方豪族只圈地而不开垦新田的行为,这是711年法令关注的一个问题。

对于将荒地改为良田,三年的期限似乎很宽裕,然而通常来讲,三年期限并不太够用。根据896年太政官颁布的法令,在三年规定期限内,多数人仅能完成规定垦田量的30%或40%。① 于是,有人——很可能是贵族——认为垦田农民没有达到743年法令规定的垦田限额,请求朝廷给予他们垦田权。对此,国司和郡司的官吏们无可奈何,只好满足这些申请者的要求。为了弥补这一漏洞,太政官颁布法令规定,在三年期限内,只要其垦田量达到其应垦田量的20%者,就足以确保其土地不再分配给别人。

711年、722年、723年以及743年颁布的诸法令都有相同的宗旨——鼓励农民扩大耕地面积。然而,官方敦促农民开垦土地的数量不应该与他们的实际完成量相混淆。实际上,官方需要不断发布公告的做法表明,旨在通过扩大耕地数量来提高粮食产量和增加税收的官方政策失败了。

不同的情况需要采取不同的方式,以达到相同的目的——开垦新田。723年,人口的压力成为官方出台法令的一个动因,这也是唯一的一次。711年,官方出台政策目的不只是为了阻止贵族妨碍农民的垦田行为,同时,通过确保土地开发者对其所圈土地进行了实际垦种,朝廷可以从占地热中获益。722年,为了解决北部边疆的问

---

① 《新订增补国史大系·类聚三代格》天平感宝8/4/2太政官令,第486—487页。

题,促成了一部新法令的出台。743年,朝廷采取行动以恢复农村地区的稳定,这些地区因735年至737年天花大瘟疫的暴发造成了人口数量的锐减。

官方面临的主要问题是保持粮食产量的稳定。为更多的农民提供生存空间的做法,有时却使他们的工作变得更加艰难。然而,长远的问题并不是人口太多、耕地太少,而是可供垦种的田地面积太大,而能偶尔为之的农民数量却少之又少。

土地开垦的早期实例

关于农业状况的描述,很少有记录比一份来自远江国浜名郡的740年的报告描述得更为详尽。① 远江国的这份文书是输租帐②,描述了一场台风所造成的影响,该地区常常遭受台风侵袭。在所提交的报告中,地方官吏力图要求减免律令所规定的地租。这些请求朝廷批准的必要信息包括:耕地数量、耕地的法律地位以及本次台风造成农作物损失的农民的清单。

在本地不到1 100町的耕地中,有约230町,即近21%的耕地不再耕种(见表十六)。浜名郡的居民近期开垦出的16町耕地已经全

---

① 《大日本古文书·卷二》,第258—271页;《宁乐遗文·卷一》,第281—288页。详细审视后发现,该报告并未完全出反映浜名郡的真实状况。参见虎尾俊哉,《班田收授法的研究》,第429—455页;虎尾俊哉认为,记载每位农民拥有耕地的数字出奇一致,为了获利,诸国司官吏们或许从减税税率中篡改了数字。即便远江国报告中数字不规则的现象令人担忧,然而用于全郡的数字很可能是准确的。参见中野荣夫,《远江国浜名郡的输租帐基础的考察》[载于《日本历史》291:67—89(1972年8月)]以及大山诚一,《天平十二年远江国浜名郡输租帐的史料价值考察》[载于《日本历史》306:111—120(1973年11月)]。亦可参见虎尾俊哉对不准确文本的修正。
② 律令制时代,各国记载每年田租收纳状况并向国家呈献的帐簿。——译者注

部摅荒。此前,这些耕地并没有因为台风来袭而摅荒,因为统计出的耕地损失仅仅指的是春天播种过的耕地。该报告中列出的摅荒地在740年根本无人耕种。

在浜名郡农民的摅荒田中,某些类型的耕地要比另一些类型的耕地更为常见。近一半(49%)的剩余耕地没有耕种。剩余田地(乘田)是指班田后剩下的稻田,耕种乘田所缴纳的田租是正常班田的四至七倍。因此,逃税很可能导致了某些耕地的摅荒。

农业技术落后是造成浜名郡农业惨状的一个要素。这些耕地位于现静冈县境内的浜名湖湖口处。大部分耕地,沼泽遍布,地势低洼,当地农民饱受频发的水灾之苦。[1] 他们无法逃脱湖水水位变化之害,也不掌握从远处湖中汲水来灌溉稻田的工程技术。浜名郡农民唯一可用的灌溉方式可能就是靠本地地下水位的季节性变化,这种做法颇像他们弥生时代的先辈们。

弘福寺(川原寺)提供的一份文书中所描述的畿内地区耕地状况与上述情形很类似。[2] 弘福寺是8世纪最有权势的寺庙之一。其所辖耕地位于山城国(飞鸟平原上的宇治城西部)的久世郡,在日本早期,该郡内的其他多座寺庙都有所辖耕地。

即便对弘福寺来讲,摅荒田也成为了一个严重的问题(见表十七)。摅荒田的数量约占弘福寺辖地总量的40%。甚至在上等田中,这个比例也与此大致相当;几大片上等田几乎完全摅荒了。由于该寺坐落于邻近这些耕地的飞鸟平原上,住持们无疑非常了解久世郡在土地管理中存在的问题。

---

[1] 林屋辰三郎[《古代国家的解体》(第48—51页)]探讨了浜名郡的地形,而关于洪灾的报告,参见《新订增补国史大系·日本文德天皇实录》嘉承3/8/3,第16页。
[2] 《大日本古文书·卷二》,第335—337页。

表十六　远江国浜名郡的农业状况,740年

耕地类别	面积[a]	撂荒地	比例
班田	880.4.476	127.0.060	14
乘田	170.3.220	83.7.135	49
新垦田	16.6.236	16.6.236	100
公田	15.6.000	—	—
其他	3.0.133	—	—
总量	1 086.1.145	227.4.071	21

注释：a. 面积以町、段、步为计。1町＝约3英亩或1.2公顷；1町＝10段。1段＝360步。

表十七　山城国的水稻农业,743年

A. 上等田			B. 下等田		
序号	面积[a]	撂荒田	序号	面积[a]	撂荒田
1	0.2.072	—	19	0.0.144	—
2	0.1.216	—	20	0.1.317	0.0.101
3	0.9.243	0.8.315	21	0.1.029	0.0.317
4	0.4.000	0.4.000	22	0.3.127	0.2.127
5	0.0.095	—	23	0.1.048	0.0.048
6	1.0.000	0.9.144	24	0.1.073	0.0.145
7	0.5.140	0.0.284		0.9.018	0.4.018
8	1.0.000	0.1.000		(44%撂荒田)	
9	0.9.288	0.8.144			
10	0.4.167	0.4.123			
11	0.1.216	0.1.016			
12	0.0.324	—			
13	0.8.044	—			
14	0.1.072	—			
15	0.0.259	—		面积	撂荒田
16	0.5.136	—	A＋B：	10.0.238	4.1.331
17	0.8.000	—		(42%撂荒田)	
18	0.0.108	0.0.007			
	9.1.220	3.7.313			
	(41%撂荒田)				

来源：虎尾俊哉,《班田收授法的研究》,第469页。经吉川弘文馆准许。
注释：a.以上面积以町、段、步为计。

至少从709年起,弘福寺便一直持有这些耕地。① 难道是因为地力耗尽,弘福寺的一些辖地就撂荒了吗?如今,即便在最优化的农业条件下,水稻农业中地力耗尽的情况也从未出现过。② 然而,在灌溉无法保障、未广泛使用肥料的年代,土壤中矿物质的流失很可能是常见和普遍的现象。

早期庄园

743年,在《新垦田永年私财法》颁布后六个月,圣武天皇下诏,命令建造一尊巨型佛像,并兴建一座寺院来安放这尊大佛。③ 当时,圣武天皇的朝廷坐落于紫香乐宫,位于近江国境内的琵琶湖东南部。东大寺,日本律令时代最著名的佛寺,它的初期工程便是从在那里开始的。745年,当首都迁回奈良时,该佛寺的建筑地点也随之迁移。同年八月,圣武天皇和其妻子光明皇后参加了建造大佛的动工仪式。④

749年,当大佛几近完工的时候,圣武天皇和大臣们再次前往建筑地朝觐。⑤ 圣武天皇此行目的在于宣告在陆奥国境内发现了金矿,并赏赐发现金矿的有功之臣。在圣典举行期间,圣武天皇发布宣告(宣命),计划赐予几座佛寺在帝国全境内开发稻田的权力。749年下半年,朝廷为东大寺工程划定了4 000町土地限额。新垦田出产的农产品,须用于建造佛塔和佛堂,这种状况一直延续到8世纪结束。

官方还设立了一个专门机构,名为东大寺建造司(造东大寺司),其目的在于监管新寺的建造。新设机构由四个等级的官阶(四

---

① 《宁乐遗文·卷二》,第343页。
② 克利福德·格尔兹,《农业过密化》,第29页。
③ 《新订增补国史大系·续日本纪》天平15/10/15,第175页。
④ 筒井英俊编,《东大寺要录》,第13—14页。
⑤ 《新订增补国史大系·续日本纪》天平胜宝1/4/1,第197—200页。

等官)构成,这与许多其他官府机构的设置类似。748年,该司着手筹集建筑材料,招募劳工,配给其必需品,筹措建筑经费。① 此外,该司还下设一寮,其机构的建立也完全仿制该司的建立模式。到8世纪末,东大寺建造司的人员规模与中央政府诸省级的规模基本相当。

  东大寺建造司负责寺官与地方官吏之间的联络事宜。譬如,749年,当平荣和尚前往越前国(福井县)为东大寺最重要一项工程办理圈占荒地事宜时,便由东大寺建造司的寺官生江臣东人陪同前往。生江臣东人是越前国的本地人,负责与主政槻本老等当地官吏以及越前国劳工六人部东人的接洽事宜。后来,当垦田开始时,生江臣东人便返回了位于越前国飞鸟郡的家中,在那里,他接替了他的亲属安麿的飞鸟郡大领的世袭职位,并当上了东大寺首座庄园的领主。其他地区也纷纷效仿这种中央政府和地方豪族之间的合作模式,该模式表明,东大寺有效利用了京国权贵们所掌握的大量智力和财力资源。

  对于东大寺建造工程附近的农业状况,比较值得一看的仅有几例。首先是越前国(福井县中北部)坂井郡的桑原庄园,在那里,朝臣大伴宿弥麻吕名下一些土地已经被开垦出来。755年,他将名下100町土地的耕种权转卖给了东大寺。② 大伴宿弥麻吕的卖地所得为180吊铜线,而且他的官位也晋升到了四位。③

  该卖契表明,在庄园建设方面,东大寺仍有大量的工作要做:已开垦的土地只有32町。755年春,生江臣东人主持发布了一份报告称,在土地出卖前,大伴宿弥麻吕只开垦出了9町土地。④ 755年,生

---

① 岸俊男,《日本古代政治史研究》,第378页;《大日本古文书·卷一》,第316—317页。
②《宁乐遗文·卷二》,第690页;《大日本古文书·卷四》,第49—50页;对于该文书的译本,参见朝河贯一,《中世日本的土地与社会》,第84—85页。
③《新订增补国史大系·续日本纪》天平胜宝6/1/7,第219页。
④《宁乐遗文·卷二》,第690—693页;《大日本古文书·卷四》,第52—58页;朝河贯一,《日本中世纪的土地与社会》,第85—88页。

江臣东人因开垦出余下的 23 町土地而获得了嘉奖。

生江臣东人和其他官吏所提交的年度报告,展示了桑原庄园初期详尽的经营状况。① 757 年提交的报告,记述了以下状况:最初由大伴宿弥麻吕耕种的土地被撂荒了。由生江臣东人于 755 年开垦出 7 段(2.1 英亩)耕地,也在撂荒之列。这些撂荒田的出现使得生江臣东人的努力化为乌有,此前他于 757 年初已开垦出 10 余町耕地。758 年,生江臣东人将 5 町左右的耕地交由他人开垦,然而大伴宿弥麻吕所持有的耕地却依然处于撂荒状态。

后来,一份由生江臣东人签名的记录,记述了大伴宿弥麻吕所持有耕地存在的问题:

> 越前国信使们提交了一份报告,报告中称,桑原司有必要修建水道和沟渠。
>
> 共有以下三方面:
>
> 被毁良田将达到:1.8 町(所有这些耕地均为农民班田)。
>
> 所需费用:2 700 捆稻。
>
> 所需人工:1 500 单位,价值 1 500 捆稻(每单位 1 捆)。
>
> 所需粮食:600 捆稻(每单位 0.4 捆)。
>
> 一:渠长 1 230 丈,宽 1.2 丈,深 5 尺。
>
> 所需人工:1 230 单位。
>
> 二:渠长 300 丈,宽 6 尺,深 4 尺。
>
> 所需人工:200 单位。

---

① 《宁乐遗文·卷二》,第 690—697 页;《大日本古文书·卷四》,第 52—58 页,第 111—114、219—221、246—250 页;朝河贯一,《日本中世纪的土地与社会》,第 85—92 页。对于最终报告,更确切的版本见于《东南院文书·卷二》(第 149—154 页)。由于朝河贯一的译本以《大日本古文书·卷四》(第 246—250 页)为基础,因此不太准确。

三：待修宇互美渠,长210丈,宽5尺,深3.5尺。

所需人工：70单位。

24条待建水道：6条水道,长5丈,宽3尺；

6条水道,长2.5丈,宽3尺；

12条水道,长1.5丈,宽3尺。

起初,此处曾有13条水道(3条损坏,10条可用)。

现需开凿14条水道,总费用为670捆稻。

6条水道,长5.3丈,宽3尺。

费用：420捆(每条水道70捆)。

6条水道,长2.5丈,宽3尺。

费用：210捆(每条水道35捆)。

2条水道,长1.5丈,宽3尺。

费用：40捆(每条水道20捆)。

关于上述情况,从前此处曾有一条沟渠,直达大友的耕地。然而,由于渠浅田高,该耕地已经撂荒了。即便此前该耕地已被全部开垦出来,仍无法将其租给农民使用。若我们开凿上述沟渠,已开垦出来耕地将会变为良田,而且,在一两年内,其余荒地也可以被开垦出来。若我们能够考虑到这些因素,被毁耕地所造成的损失便会降低,收益便会增加。我们请求东大寺向国司提交报告[牒]。若国司不准复垦这些昔日良田,那么,我们请求将寺田换为现在的在耕田。

因此,我们充分注意到此处状况,将此份文书交由粟田人麻吕保存,并恳请贵处处理此事。据此,我们提交此报告。

天平宝治1/11/12[757]

坂井郡散事,

阿刀僧

足羽郡大领，

生江臣东人

仕丁，

安都宿弥雄足①

这份报告指出，大伴宿弥麻吕的耕地之所以撂荒是由于灌溉技术落后。大伴宿弥麻吕先前开凿的宇互美渠，无法为生江臣东人开垦出的新田提供充足的灌溉用水。根据原秀三郎的推断，甚至对于大伴宿弥麻吕的9町稻田，宇互美渠也很可能无法进行持续有效的灌溉。②

若要恢复大伴宿弥麻吕所持耕地的地力，桑原庄园的农民可有两种选择。其一，他们可以依靠地下水位的自然变化，这是浜名郡农民普遍采用的做法。一些耕地可能处在地势低洼、沼泽遍布的地带，这种地形对这类耕作技术非常有利。以这种方式耕种土地的农民，严重依赖于足量的雨水和适时光照；即使年景好，农作物的产量也很低。

其二，桑原庄园的农业技术人员可以开挖出更多的沟渠，以便从竹田河中取水灌溉；竹田河蜿蜒曲折，形成一个巨大的弧形，一直延伸到他们的耕地东部。报告中明确指出，这些沟渠的长度对完成灌溉工作绰绰有余。③ 这项耗费巨资凿挖更多沟渠和水道的计划需要采用8世纪最高端的技术，此类计划也只有贵族和像东大寺之类财力雄厚的机构才能做得到。

若想利用竹田河河水，农民必须在竹田河天然形成的河堤上开

---

① 《宁乐遗文·卷二》，第698页；《大日本古文书·卷四》，第250—252页；《东南院文书·卷二》，第155—157页。10尺＝1丈。1尺＝29.7厘米（11.75英尺）。

② 原秀三郎，《八世纪的土地开发》，载于《日本史研究》61:5(1962年7月)。

③ 金田章裕，《东大寺领庄园的景观与开发》，载于浅香年木编，《古代地方史·卷四》（第204—205页）。我对桑原庄园的分析采纳了金田章裕对地形的分析。

凿灌溉用水道。如今，农民们可以使用电动水泵，抽取河水灌溉稻田，可在当时，桑原庄园的农民甚至连水车这种简单的灌溉工具都没有。由于竹田河水很难利用，所即使投入巨资兴建新的沟渠和水道，大伴宿弥麻吕的9町稻田可能还处于撂荒状态。

竹田河水的开发利用也需要社会成本的投入。为了凿挖沟渠和水道，东大寺的寺官不得不毁掉近2町的农田。迫于法令高压，越前国国司只能默认此类事件的发生，然而，地方官吏的默许行为无法平息越前国农民的愤怒情绪。农民们对东大寺的仇视情绪不时地爆发，他们的反抗形式便是破坏东大寺的建造工程。在江沼郡（石川县西南部），填渠行为致使13町的耕地成为撂荒地。① 因此，在解释耕地撂荒的问题上，决不能低估社会因素所起的作用。

位于因幡国（鸟取市西部）高草郡的高庭庄园，是东大寺建造的另一个工程。虽然高庭庄园与桑原庄园在建立方式上很类似，而且建造的时间也大体相同，然而高庭庄园却采取了不同的发展路线。②

---

① 《宁乐遗文·卷二》，第717页；《大日本古文书·卷五》，第547页；《东南院文书·卷二》，第256页。在"早期庄园的发展"（载于约翰·霍尔和杰弗里·麦斯编，《日本中世纪：制度史论文集》，第98页）中，伊丽莎白·萨托认为："迄今为止，绝大多数撂荒田案例"，都是由地方权贵的破坏造成的。我们仍不清楚萨托所指的地区是否是越前国的桑原庄园，抑或是奈良时代全部的东大寺庄园。虽然对于单个庄园——尤其是越前国的庄园——而言，萨托的说法是无懈可击的，然而对许多其他的东大寺庄园来讲，这种说法并不正确。此外，即便地方权贵的破坏行为成为当时土地撂荒产生的主要因素，这种因素也应当被置于8世纪农业技术水平低下的背景之中考虑，萨托并没有注意到这一点。譬如，可以参见长原庆二，《日本经济史》（第63页）；长原庆二认为，造成早期庄园衰落的首要原因是灌溉技术的水平低下。亦可参见弥永贞三，《律令制的土地所有》（第45页）；在分析田地撂荒的成因时，弥永贞三将农业技术水平低下置于社会因素的首位。倘若萨托的观点——地方权贵的破坏行为是田地撂荒产生的主要原因——正确的话，那么这种观点与本章的主题并不相悖，事实上，本章主题便是：土地开垦的不稳定性。

② 丸山幸彦，《东大寺领庄园的变迁》，载于《古代的地方史2》，第233—260页。

756年,平荣随同一批国郡官吏共同勘察了68町左右的荒地。九年后,即765年,东大寺从一位名为国族难磐的高草郡贵族手中购得了另外6町土地。①

801年,东大寺在因幡国的产业发生了变化,当时,这座大佛寺的僧侣向藤原朝臣绳主售出大约55町土地。售地原因特别有趣:"据我(藤原朝臣绳主)所知,贵寺从已圈土地中已无钱可赚。倘若贵寺有意售出,我愿出4 000捆稻购买之。"②两年后,756年圈地中所有的剩余土地,全都卖给了因幡守藤原朝臣藤嗣。尽管土地所有权已经易主,然而,高庭庄园原有土地的开发仍然进展缓慢,而且还时断时续。

东大寺保留了原先从国族难磐手中购得的6町土地。843年一份记录表明,842年,在高庭庄园剩下的土地当中,只有大约1/3被耕种(见表十八)。撂荒的原因可谓千差万别。有一小块耕地被冲毁了,原因是一条河流突然改道,而且由于水旱灾害频繁发生,有差不多3町的耕地成了撂荒田。所有撂荒田都处于湿软的沼泽地带。③ 高庭庄园的辖地频频遭受水旱灾害,这表明,对于试图开垦和耕种新田的农民来讲,灌溉设施落后是困扰他们的主要问题。

此外,东大寺还要求耕种越中国(富山市中部)境内的土地。越中国境内的诸庄园建立于749年,与越前国境内那些庄园的建立时间基本差不多。与越前国的状况相仿,越中国诸庄园的土地开垦同样得仰仗来自诸国郡官吏的支持。当平荣前往越中国圈占新田时,接待他的主人便是越中守大伴宿弥家持,而且他还是一位有名诗

---

① 《宁乐遗文·卷二》,第737页;《大日本古文书·卷五》,第525—527页;《东南院文书·卷二》,第418—419页。
② 《平安遗文·卷一》,第63—67页;《东南院文书·卷二》,第283—293页。对于开垦最初的68町耕地的详尽分析,可参见丸山幸彦,《东大寺领庄园的变迁》,第240—243、245—248、255—256页。
③ 丸山幸彦,《东大寺领庄园的变迁》,第244—245页。

人。在749年举行的一次饯别宴会上,大伴宿弥家持向他的这位僧客敬酒,敬酒辞如下:

> 派更多的侍卫
> 到砺波关隘
> 明朝启程!
> 让我等把你留在这里!①

大伴宿弥家持继续帮助东大寺办理圈地事宜,直到第二年结束。

平荣及其一行的其他人等,得到了来自地方的更多支持,像越中国砺波郡的大领利波臣志留志便给他提供了帮助。他们之间的交往由来已久。747年,在平荣踏上去越中国行程的两年前,利波臣志留志已为东大寺大佛的修建捐出了3 000石稻米。另外,利波臣志留志因为767年修建寺院捐出100町荒地的义举,还得到了朝廷的赏赐,其官位晋升为五位。②

表十八　因幡国的农业,842年

地块	面积a	总量占比
良田	1.9.324	34
撂荒田	0.3.216	7
水蚀地	0.1.000	2
旱灾/水灾	2.8.080	47
其他灾毁地	0.6.272	12
总量	5.9.172.b	

注释:a. 面积以町、段、步为计。
　　　b. 文书上列出总面积为5.8.216.

---

① 《日本古典文学大系·万叶集·卷三》,#4085,第274—275页。
② 《新订增补国史大系·续日本纪》神护景云1/3/20,第342页。

对于越中国的农业状况,有三份报告和十四张地图做出了描述(见附表C)。① 由于两份报告中的数字是在767年六个月内彼此分开编制的,因此并不一致;所以,这些记录并不完全可信。对于其中存在的差异,人们提出了好几种解释,然而没有一种解释可以被普遍接受。② 这些地图也是漏洞百出,图上的标示常常相互矛盾。因而,使用这些资料时需要格外谨慎。③

在越中国,土地开垦进展缓慢。据759年两份较为可靠的报告显示,在平荣前往越中国后的十年时间里,仅有约26%的荒地被改造成耕地。即便有来自地方权贵们的紧密协作,扩大耕地的工作依旧举步维艰。从这些文书来看,人们认为,到767年,在官吏们的努力下,耕地面积增加到了400多町,这个数量约占越中国境内佛寺持田量的一半。然而,农民们无法将东大寺的耕地数量扩大超过400町。

从书面文书和绘制的地图上看,到767年,越中国的撂荒地已经成为了一个严重的问题。到该年为止,在东大寺的辖地中,有19%到24%的土地不再耕种。在一些情况下,土地撂荒现象变得不可控制。在析名蛭,有48%的耕地已经被撂荒。767年,在须加,未被耕种的土地几乎占到了全部耕地的2/3。越中国的土地开垦举步维艰,而且一旦土地被开垦出来,则需投入大量的维护工作。

引起越中国土地撂荒的原因,与先前提到的那些原因如出一

---

① 《宁乐遗文·卷二》,第723—730、731—736页;《大日本古文书·卷四》,第275—292页;《卷五》,第662—666、685—691页;《东南院文书·卷二》,第295—325页。最准确、最易得到的汇编是《东南院文书·卷四》。其中一张纸质地图不在正仓院收藏之列。

② 譬如:竹内理三,《奈良朝时代的寺院经济的研究》,第225—226页;米泽康,《越中古代史的研究》,第167—192页。

③ 新井喜久夫、弥永贞三与龟田隆之,《越中国东大寺领庄园绘图》,载于《〈续日本纪〉研究》5:2—22(1958年2月)。

辙。历史学家和地理学家一致认为,越中国的诸庄园都是修建在地势低洼、沼泽遍布地带,而且那里的灌溉设施落后。① 另外,在造成土地撂荒的原因中,社会冲突也起到了一定的破坏作用。从越中国的历史资料来看,农民们填埋灌溉沟渠,毁坏堤坝,以此来反对东大寺寺官们所下达的命令。②

在日本早期的土地开垦过程中,并非仅有高草郡、高庭庄园以及越中国等少数几例。现存的史料也记载着近江、阿波以及美浓等三国境内其他庄园的状况,但他们并没有像越前国和越中国那样详尽地描述农业状况。然而,东大寺的大部分早期庄园之所以在8世纪历史中如此令人瞩目,其原因在于它们具有一个共性:到平安时代中叶,几乎所有的耕地都已经被撂荒了。951年,东大寺的寺官对越中国的三座庄园做出了如下描述:"即便土地纲要[条里制]依旧有效,然而本地区依然是荒野沼泽遍布,耕作者都离开了。"③撰写于988年关于越前国诸庄园的一份东大寺报告写道:"大部分耕地已经被撂荒。只有一小部分还在耕种。"④在越中国、越后国、播磨国、因幡国、周防国、阿波国、伊予国、纪伊国、美浓国和加贺国,土地开垦状况也同样糟糕。

到平安时代中叶,曾经支持"条里制"的东大寺和中央政府进入了一个衰落时期。政治影响力的丧失是造成如此众多佛寺所辖庄园凋敝的部分原因。精心设置的机构在庄园的建立中曾经起到了巨大的作用;当这些机构衰微时,东大寺的经济状况也深受其害。然而,在多数情况下,当东大寺衰微后,其他个人或机构并没有承担

---

① 在《庄园村落的景观》(第199—201页)中,金田章裕对这些观点进行了总结。
② 《宁乐遗文·卷二》,第730—731页;《大日本古文书·卷五》,第640—645页;《东南院文书·卷二》,第350—355页。
③ 《平安遗文·卷一》,第386页。
④ 《平安遗文·卷二》,第511—513页。

起耕种这些昔日良田的任务。东大寺诸庄园的衰落表明,对于东大寺庄园持有的如此广泛分布的稻田来讲,需要持续不断地维护,同时东大寺庄园的衰落也使人们对下述观点产生了怀疑,即:在日本律令时代,土地开垦引发了耕地面积的长期大量增加。①

平安时代中早期的土地开垦

824年,太政官再次重申了田地撂荒的问题:

> 太政官发布命令:务使诸国农民耕种撂荒田[常荒田]。
>
> 关于上述情况,左近卫大将、正四位下参议、下总守清

---

① 总的来讲,日本历史学家将早期庄园(初期庄园)归入到与后来平安时代和镰仓时代庄园一个不同的门类之中。所有早期庄园的一个主要特点是:在9世纪和10世纪,庄园呈分散分布,或者,至少它们的生产力水平很低。参见宫本救,《律令的土地制度》,第128—131页。当然,有几座东大寺庄园遗址保留了下来,其主要原因是它们坐落在寺庙周边的畿内地区。然而,即便畿内地区的所有东大寺庄园将较高的生产力水平维持到了平安时代,那么它们拥有的财产也仅仅是昔日东大寺巨额财富的6%到10%。相比之下,越前国和越中国的废弃庄园所拥有的财产占了东大寺田产的将近一半。对于另一例庄园(该庄园延续到了10世纪和11世纪)的状况,可参见伊丽莎白·萨托在"早期庄园的发展"中对东大寺小山庄园的分析,第101—107页。

东大寺的早期庄园究竟在多大程度上代表着律令时代的所有土地开垦状况,依然有待于探讨。东大寺本身就是一个独特机构;与其他寺庙庄园相比,东大寺庄园建立得较为仓促,建立时间也更晚;而且其所辖稻田也分布于沼泽地带。然而,弥永贞三在《奈良时代的贵族与农民》(第109—110页)中指出,在沼泽地区开发耕地的现象在整个早期非常普遍。虽然律令时代的其他庄园无疑要比东大寺的大部分庄园更为成功,然而我在仔细核查东大寺庄园的资料后发现:土地开垦和撂荒模式,与法令记录以及其他别处显示出来的社会趋势大体相近。可再次参见弥永贞三,《奈良时代的贵族与农民》,第55—56页。

原真人夏野进谏:"除却无法耕种田地[不堪佃田]外,仍有长期弃耕田地[常荒田]。只要农民在耕种田地,国司官吏便会收缴地租。农民担心地租负担过重,往往弃耕。在下恳请[淳和天皇]恩准农民享有终生耕种常荒田权利。依法典规定,六年后方可收缴地租。"

右大臣宣布:"本人已接到诏书。'批准此项进谏。然而,不准农民从官方征工修建的池塘、沟渠及水道中取水灌田。权贵们不准耕种这些田地。'"

天长 1/8/20[824]①

立法者区分了两类撂荒田:"无法耕种田地"(不堪佃田)以及"长期弃耕田地"(常荒田)。就上述术语的含义,历史学家做了探讨。② 一些历史学家认为,前一类田地得到间歇性的耕种,而常荒田则非常贫瘠,以致官方对吸引农民复耕这类田地不报任何希望。坂本赏三指出,两类撂荒田的划分只是出于理论阐述上的便利,与土地肥沃与否无关。然而,所有学者都一致认为,撂荒田现象是9世纪和10世纪时期长期存在的问题。

9世纪上半叶,在日本,传染病与旱灾频发。这些灾难造成了人口的大量死亡,农民纷纷逃离土地,这些是导致平安时代初期农业不稳定的主要因素。一部841年的法令明确指出了疾病暴发和撂荒田产生之间的关系:

······人们了解本法[824年法令],开始耕种。然而,仅

---

① 《新订增补国史大系·类聚三代格》天长 1/8/20 太政官令,第322页。
② 弥永贞三,《律令制的土地所有》,第45—49页;菊地康明,《日本古代土地所有的研究》,第310—328页;坂本赏三,《日本王朝国家体制论》,第140—164页。

几年之后，他们便蒙受早亡厄运。如是，其垦田之功，付之东流；来年秋，收成难料。如是，其忧心忡忡，无心再垦新田。①

垦田、撂荒以及复耕的模式进而持续到了平安时代。考虑一下大和国的永山寺庄园状况，也便明了了。② 永山寺坐落于宇智郡（奈良县中西部）境内，是平安时代中叶最具影响力的佛寺。永山寺庄园的辖地与吉野河沿岸的寺院所在地毗邻。

从大量的文书资料记载来看，在每35一町的单位中，耕地的数量有所变化。根据990年至1059年间的15项调查结果表明，在永山寺的辖地（17町）中，有将近一半的耕地在耕种方面变动剧烈。在某些年份，耕地被大面积地耕种；在其他年份，耕地却被撂荒了。只有13町的耕地，勉强被定期耕种。每份文献记录都提到，在永山寺辖地中，完全耕种的耕地只有4町。户田芳实是永山寺文书资料的首位分析者，其研究结果表明，耕地面积的变化具有很强的随意性，毫无规律可言，正像在休耕制中表现的那样。③ 户田芳实指出，永山寺庄园耕作状况不稳定的原因，在于稳定的水源供应无法得到

---

① 《新订增补国史大系·类聚三代格》承和8/5/5 太政官令，引自贞观12/12/25 法令，第322页。
② 永山寺一例的解释，参照了户田芳实的观点（《日本领主制成立史的研究》，第167—190页）。户田芳实始终坚持关于1町土地的判断。
③ 关于日本早期休耕制的论题，始终存在着争议。《田令》中一项条款规定：耕种薄田的农民准许耕种超过法定标准面积的土地，然而，该项条款直到9世纪初才得以施行，参见：《新订增补国史大系·类聚三代格》弘仁12/6/4（河内国）以及天长4/6/2（和泉国）。该休耕法令实施得较晚，真的就意味着土地资源日益枯竭吗？倘若如此，休耕法令或许与本章引证的土地开垦和撂荒的法令有关。关于休耕制度的著作，包括虎尾俊哉，《与公田相关的两个问题》（载于《律令国家与贵族社会》，第279—289页）以及宫原武夫，《日本古代的国家与农民》，第308—314页。亦可参见高重进，《古代中世的耕地与村落》，第56—83页。

保障。

农业历史学家古岛敏雄是分析日本早期土地开垦的首批学者之一。① 他注意到,根据10世纪中叶日本百科全书《和名抄》中的一项记载,日本可耕地总面积为862 000町,而14世纪中叶日本百科全书《拾芥抄》上的记载数字却仅为946 000町。古岛敏雄解释说,这些数字意味着,在律令时代,大部分耕地已经被耕种了;而且,在中世纪时期,新田开垦已经停止。诸多法令都为其观点提供了进一步的支持,譬如,723年诏书便敦促农民开垦更多的耕地。

然而,上述两种耕地的统计数字却不可等量齐观。② 只要对这些律令、朝廷政策以及土地文书加以细察便可看出:宣称可以代表10世纪中叶或更早时期的日本可耕地总面积数字,一定不止包括了长期耕种的稻田,而且包括了撂荒田或者甚至还包括了法令准许的休耕地。农民经常开垦和耕种的耕地面积,譬如在浜名郡,真的达到了80%了吗?或者,对于60%的久世郡农民来说,他们经常开垦和耕种的耕地面积接近了常规标准了吗?或者,大部分地区的状况和与永山寺的状况(在永山寺辖地中,只有11%的潜在耕地被完全耕种了)一样吗?

由于耕地的面积年年都有波动,所以很难确定到10世纪为止究竟有多少长期耕种的新田被真正开垦出来。即便对于通常资料较为丰富的律令时代而言,土地利用的资料也十分匮乏;而关于随后的几个世纪,历史学家只能略查一下某个特定地区或村落的材料而已。然而,如果把这些例证与相关土地法令中所显示出的趋势、撂荒田类型以及官方制止撂荒的措施结合起来看的话,那么,似乎可以证明以下观点:奈良时代和平安时代初期土地的耕种状况不容乐

---

① 古岛敏雄,《古岛敏雄著作全集6·日本农业技术史》,241—242页。
② 户田芳实,《日本领主制成立史的研究》,第168—169页。

观。将荒地改为良田并非是一个能保障粮食稳产高产的直线发展过程,相反,这是一个从开垦到撂荒最后到复耕的不断循环往复的过程。①

《拾芥抄》上记载的数据,反映出另一种状况。② 就准确程度上讲,它可能列出了实际的垦田数量。到14世纪时,对土地精耕细作的能力加强了。关于庄园的记载表明,到12世纪时,畿内地区的农民已经定居下来,土地开垦更加充分。③ 畿内地区农民的土地耕作方式和现代初期农民的耕作方式颇为类似,而且他们成为了一场巨大变革的先驱,这场变革甚至可以被称为是一场农业革命。

---

① 吉田孝,《律令制与村落》,第170—171页。
② 虽然《拾芥抄》的传统编纂日期是1341年,然而,更准确地说,该著作反映的是镰仓时代中叶甚或更早时期的状况。对于该文本的详细分析,参见弥永贞三,《关于〈拾芥抄〉与〈海东诸国记〉中出现的诸国田积史料的记录》,载于《名古屋大学文学部研究论集》41:8—11(1966年)。
③ 稻垣泰彦,《中世的农业与收取形态》,载于《岩波讲座日本历史6 中世2》(1975年),第175—182页。

第4章
土地利用和农业技术

日本农业技术常常被描述为静态和统一的。历史学家认为,从弥生时代引进水稻栽培技术以来,水稻栽培几乎始终占据着主导地位,并且在整个近代时期一直保持着相对稳定的状态。① 结果是,对8世纪农村状况的描述,常常与对18世纪日本农村的描绘极其相似。

第3章提出的证据表明,存在着一种稍显不同的解释。律令时代农民不断开垦出新田地,不料没几年,这些田地便变成了撂荒田;灌溉问题似乎是造成这种循环模式的重要因素。在律令时代,水稻农业的不稳定性以及农业技术所起的关键作用,似乎使人们对历史

---

① 譬如,参见朝河贯一,《中世日本的土地与社会》,第219—230页。许多日本历史学家探讨的只是制度框架内的早期农业运作状况,并未详尽研究譬如农业技术、土壤、地形或土地利用等具体因素。例如,参见龟田隆之,《日本古代用水史的研究》以及虎尾俊哉,《班田收授法的研究》。当然,也有许多具体探讨早期农业技术的著作,譬如,古岛敏雄,《古岛敏雄著作全集6·日本农业技术史》,弥永贞三,《奈良时代的贵族与农民》以及户田芳实,《日本领主制成立史的研究》。

　　或许,真相便是:从长期的历史进程来看,水稻栽培技术给人进展缓慢的印象。在一千年时间里,譬如锄头和沟渠等一些基本农业生产手段似乎变化不大;在水稻农业的总体发展中,像劳动力安排等社会因素可能要比新技术发明发挥更为重要的作用。甚至在奈良与平安时期,富有寺庙或贵族控制下的某些地区,或许已经采用了更为精细的耕种方式,这种精耕细作的方式跟中世纪或近代相类似。虽然我接受这些观点,然而,本章提出的证据依旧表明:把我们对德川时代或其他时代的水稻制度的认识强加到奈良与平安时代的做法是不可取的。

学家的传统观点产生了怀疑。律令时代的农民是如何进行耕地灌溉的？水稻栽培是否为农业生产的唯一方式？土地利用与土地所有制的关系是怎样的？对于考古学、地理学以及文字证据的考察，会有助于我们回答这些问题。

人工灌溉的水稻农业

在当今世界上，稻田灌溉大多采用人造设备。春季，在栽种水稻之前，人们首先从沟渠和池塘中取水浇地，随后，在整个盛夏期间，继续浇灌稻田。到了收割季节，人们用同样的人造设备把稻田里的水全部排干，为过冬做好准备。浇水和排水的往复循环，对于保持地力发挥着关键作用；众所周知，采用这种方法，能带来较高的水稻年产量。

4世纪，建造人工水利设施所必需的工程技术开始从亚洲大陆传入日本。环绕在4世纪统治者们墓地周围的条条壕沟，证实了这种新技术的出现。《日本书纪》为这些新技术的来源提供了一个线索：

> 高丽人、百济人、壬那人以及新罗人，均至朝廷谒见。随后，命令下达给武内宿弥，令其带领诸类韩人，开掘一池塘。如是，此塘便有了名字，名曰"韩人塘"。①

在采用了人工灌溉技术同时，铁制工具也随之出现了。大约从500年起，许多地区的农民开始为锄头和锹打上了铁尖，而且也为镰

---

① 《新订增补国史大系·日本书纪》应神7/9，第272页；《日本纪·卷一》，第257页。

刀打上了铁刃。① 而且,还发明了铁制犁头的犁。

铁制工具和人工灌溉的出现,使耕种者能够在较厚的土层和海拔较高的地区种植水稻。铁制工具能够吃进更深的沃土层。为了涵养水分,农民们采用移种技术(田植之)。将稻种放入苗床里发芽,然后在插秧季节将成捆的水稻秧苗移栽到稻田里。通过用成捆的秧苗培育稻株,意味着秋收时稻株最易于从根部收割(根刈),铁镰非常适合这项工作。

在最优的农业条件下,水稻产量会很高。729 年大和国的一份正税帐表明,在添上郡和広湍郡,播种一町水田只需 20 捆稻种。② 根据 9 世纪的法源《弘仁式》记载,一块中等田的产量达到了每町 400 捆,或者所以说其收益高达原始投入的 20 倍。即便年景不好,在每町产量仅为 150 捆的情况下,其纯收益仍然可达原始投入的 7.5 倍。日本早期的水稻农业产量优异于 8 世纪的欧洲,后者的水稻产量常常不到用于栽种稻种量的 2 倍。③

然而,只有为数不多的稻田能够保证如此稳产高产。在地势较高地块种植水稻,农民面临的主要难题是持续的灌溉供水得不到保障。早在 4 世纪时,或许便已开始采用一些成熟的水利技术,然而常见的状况是,农民们要么是技术能力不足,要么是不愿意采用这些技术。800 年,太政官描述了这种困局:

---

① 都出比吕志,《农具铁器化的两个时期》,亦可参见绪论部分第 7 页注释③。
② 《大日本古文书·卷一》,第 399—400、410—411 页;《宁乐遗文·卷一》,第 197、203 页。关于稻种和产量的主题,参见沢田吾一,《奈良朝时代经济与人口的统计研究》,第 527—535 页。沢田吾一强调,奈良时代的农业产量不到德川时代产量的 60%,而德川时代的农民在水稻栽培中也很少使用稻种。沢田吾一进一步说明,早期稻田产量的变化幅度更大一些;他做出的律令时代农业具有粗放性特征的结论,与本书第 3 章和第 4 章结论一致。亦可参见山村耕造,《律令制度的衰落:经济与制度变迁的假说》。
③ 乔治·杜比,《欧洲早期的经济增长》。

国富民安乃为良田所赐。修建水道与池塘,确是开垦上等田之基础。然而,本府已闻:沟渠和池塘废弃失修,稻田沦为荒地。本府应制定一项专门法规,纠正此违法行为。①

就在24年后的824年,太政官重申了该项法规:

本项决定[800年法规]只是朝廷为诸国制定另一项法规的一个实例。它并非意图责问农民。在目前状况下,用水农户并未将气力花在建造水利工程之上……严重水稻旱情只能归咎于他们疏于管理。本府要求,准许国司官吏惩治违法者,不论其地位高低,一律重责八十大板。②

9世纪初是一个旱灾和传染病频发的时期,恶劣的状况扰乱了沟渠与池塘的定期修缮和养护工作。

对于农业技术落后,最有说服力的证据来自对奈良盆地的一项最新调查。③ 目前,本地区可用于灌溉稻田的池塘大约有15 000座,这些池塘可以分为两类。第一类池塘(谷池)是这样建造的:在河谷一端筑坝,截住径流,蓄满水,以备全年之需。这类池塘一般很小,因而极易修建。以这种方式修建的水塘,其中一些可以追溯到8

---

① 《新订增补国史大系·类聚三代格》延历19/9/6太政官令,引自天长1/5/5法令,第505页。
② 《新订增补国史大系·类聚三代格》天长1/5/5太政官令,第505—506页。
③ 金田章裕,《平安期大和盆地的条里地割内部的土地利用》,载于《史林》61:96—112(1978年5月)。根据它们与"条里制"的关系,那些标注日期的池塘由于地名变动频繁而变得极不稳定。金田章裕完全清楚自己的假说,他所探讨的都是潜在问题。特别参见第97—101页。

世纪。

如今,在奈良盆地发现的大部分池塘并非谷池。它们叫做"碟池"(皿池),一般坐落在盆地中地势相对较高的地方。这些池塘的蓄水量仅够一年中的部分时间用水,其唯一的作用是保证水稻在生长期内稻田里有充足的灌溉用水。如果没有这类池塘,盆地里大部分地方根本无法从事灌溉水稻农业。

为了确定奈良盆地里这些池塘具体的修建时代,金田章裕做了尝试。他的年代测定技术建基于土地分区制度("条里制")之上,人们普遍认为,8世纪的奈良地区已经采用了"条里制"。根据"条里制"规定,可耕地被分成数个地块(里),每个地块的边长为6町(约642米),面积为108英亩(43.2公顷)。这些巨大的地块再被细分为每边为1町(约109米)的面积单位,叫做1坪;坪可以用作计量单位或者命名单位(见图六)。①

金田章裕发现,奈良盆地内的池塘可以分为四类。如果一座池塘与一坪土地的名称一致,那么金田章裕认为,在早期进行的首次土地勘测时该池塘便已经被建成了。如果一座池塘与一坪土地的名称不一致,那便说明水塘是在律令时代后建造的。如果一座池塘的名称中含有"新"字,金田章裕断定该水塘的建成时间距离现在要更近一些。第四类池塘中只包括很少的几个实例,这些实例尚不明了。

金田章裕的研究工作表明,只有一座皿池在镰仓时代(1185—1333)之前便已存在。大部分池塘的修建时间仅可以追溯到江户时代(或德川时代,1600—1868)。因此,根据金田章裕的研究,在奈良时代和平安时代,奈良盆地的绝大部分地方,水稻农业灌溉用

---

① 这里的"坪"不应与现代面积单位混淆,现代面积单位仅相当于3.31平方米(3.95平方英尺)。

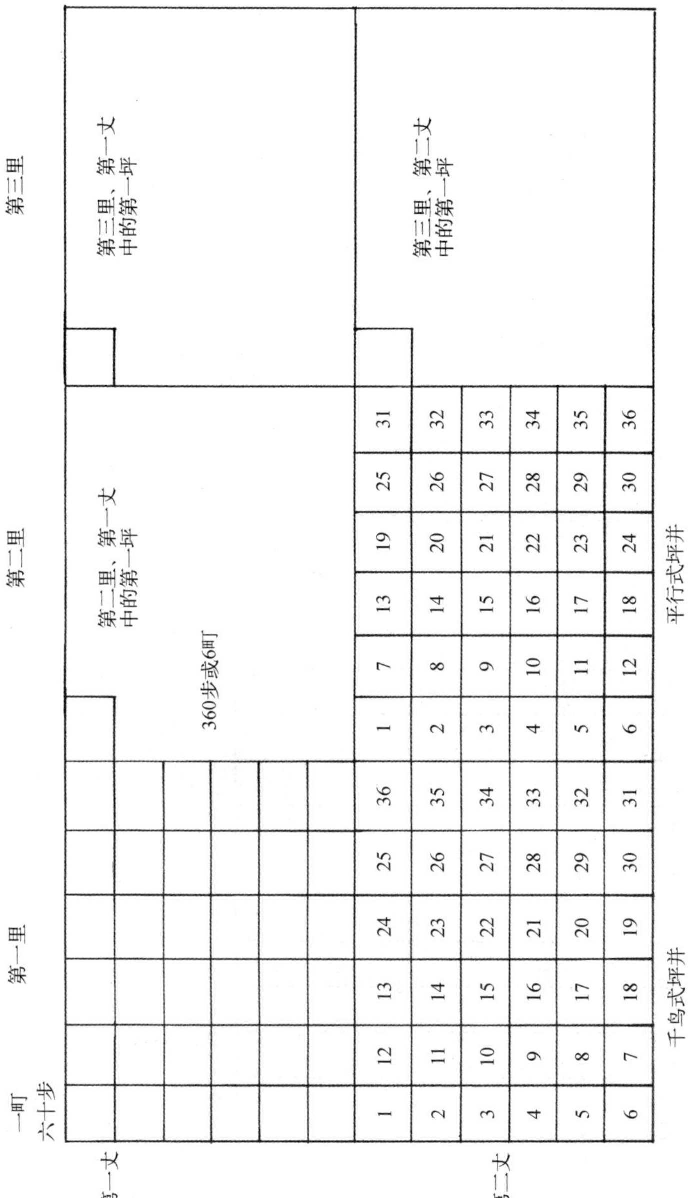

第4章
土地利用和农业技术

图六　土地区划制度（"条里制"）

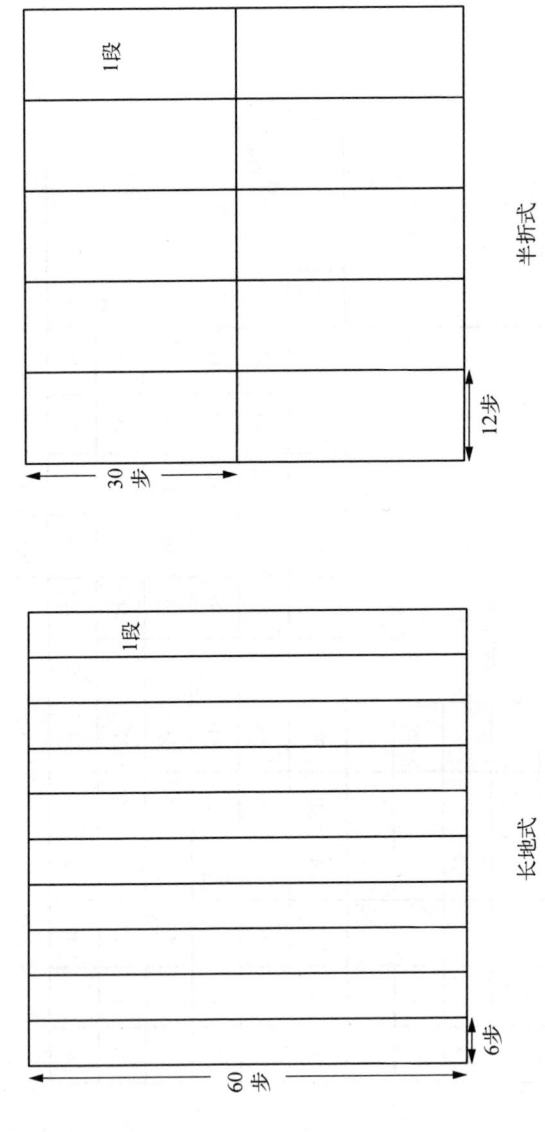

图六(接上页) 一坪的分割。

来源:青木和夫,《日本历史 3·奈良都》,第 211 页。经中央公论社许可。

水一直不足。由于奈良盆地不仅是朝廷的所在地而且也是日本早期最发达的地区,可以想见其他地区也一定遭受类似灌溉用水不足问题的困扰。

奈良时代和平安时代所修建的大部分池塘,分布在盆地(谷池)边缘的山谷之中。奈良盆地的中部地区如今仍存在仅依靠皿池灌溉而没有其他灌溉设施的稻田。在更高的地方耕种稻田,要想保障其灌溉用水变得非常困难,因此农民更愿意在狭谷里耕种,那里陡峭的山势可以保证有充足的地表径流为池塘供水。

14世纪,通过建造水车,农民们彻底解决了一些灌溉难题。室町时代(1333—1573)的文学作品中经常提到水车。① 一位出使室町朝廷的朝鲜使者注意到,这些装置随处可见,因此他对日本农民的创造力大加赞扬。②

9世纪初,太政官便试图从中国引进这种颇具使用价值的灌溉工具:

> 太政官下令:应当建造水车。
>
> 关于上述情况,本府已接到右近卫大将、参议[大纳言]、正三位朝臣良峰朝臣安世奏报:"农业优势在于水稻种植。水稻农业面临最大难题乃是干旱。据称,在中国唐朝,人们惯于在不便修建水闸和堤坝之处建造大量水车。故此,他们能对水源匮乏地区加以利用。由于我国农民不懂此种工具建造知识,故常遭受干旱之苦。我们应订购水车,以改善农业状况。人们应因地制宜,可用手摇、脚踏或牛拉的方式使用水车。若农民因贫困而制造不起水车,须

---

① 《徒然草》,载于《日本古典文学全集》,第133页。
② 《世宗实录》,载于《朝鲜王朝实录》世宗11/12,第207页。

由诸国国司在建造后,供农民使用。一旦用坏,须从应急基金[救急稻]中调用稻米,加以修缮。"

天长 6/5/27[829]①

从此,在律令时代的文献记录中再也没有提到过水车。看来,良峰朝臣安世的尝试已经宣告失败。

对于力图在高海拔地区种植水稻的农民来说,困扰他们的并非只是技术瓶颈的问题:

水源地森林禁伐令:

  关于上述情况,本府已接到大和国奏报:"农业工作并非只是建造堤坝和水塘。保证水源供应根本原则在于对河流与森林进行综合治理。应当保护高山植被,令其始终青葱繁茂。理由如下:大河源头一般位于植被茂密的高山附近,而小溪常常发源于荒山秃岭。众所周知,径流量取决于高山植被。若山中植被茂密,便会利生云雨,河流径流便可达到九里之长(约五英里)。若砍光山上树木,谷中水流便会干涸。"②

太政官的法令中描述了滥砍滥伐所造成的恶果:

  农民们……对河流周围高山上的树木滥砍滥伐。每逢干旱,径流匮乏,作物枯萎。如是,田地遭毁。本府命令……禁止农民对森林进行滥砍滥伐。

---

① 《新订增补国史大系·类聚三代格》天长 6/5/27 太政官令,第 323 页。
② 《新订增补国史大系·类聚三代格》弘仁 12/4/21 太政官令,第 606—607 页。

从大和国报告的描述中可知,砍伐树木和采集薪柴活动可能致使森林遭到破坏。基于同样原因,官方也禁止刀耕火种的农业生产方式。

一些破坏水利设施的事件也偶有发生。其他情况下,农民破坏行为却是有预谋的而且是泄愤式的:

> 太政官下令:在七道与畿内地区诸国,灌溉池塘内禁止钓鱼。
>
> 关于上述情况,本府已接到右大臣奏报:"敝人已接到诏书:'富国之道在于鼓励发展农业。灌溉池塘乃为灌田而建。然有诸多贪得无厌者,为满足钓鱼之欲而毁掉池塘。愚蠢的官吏们却默许此类行为,不采取拘捕措施。秋冬之时,池塘水空,来年春夏之存水尽失。结果只会导致田地撂荒。即日起,我等应禁止此类行为的发生。若有违背,依罪轻重,惩治违法者。若是高官,将其收监并交太政官论处。若国郡官吏无法扭转此局面,应课以重典。'"
>
> 延历 19/2/3[800]①

对于在高海拔地区种植水稻的农民来说,其面临的最大难题是灌溉用水不足。由于无法保障充足的连续供水,农民便选择其他的谋生方式,虽然这些方式所带来的收益甚微,却更为稳妥。只是到了中世纪,在农业技术有了显著改善的时候,人工灌溉水稻才成为日本农村的主要作物。

---

① 《新订增补国史大系·类聚三代格》延历 19/2/3 太政官令,第 500 页。

自然灌溉的水稻农业

使用人造设备灌溉并非是灌溉稻田的唯一方式。让我们看一下《万叶集》中这些创作于 8 世纪的诗歌:

> 吉河岸边
> 我垦出一块田。
> 待到收割播种[苆]彼处水稻时,
> 却再也见不到你!①
> 早稻的穗
> 已在我播种[苆有]处成熟。
> 再看一眼我曾编织的花环
> 别忘了我,我的爱!②

从诗人描述种植的选词(苆,苆有)可以看出,弥生时代所普遍采用的一种更为原始的水稻栽培方式在 8 世纪时依然存在着。③

在这些诗歌中提到了一种栽培技术,人们依靠地下水位的季节变化来灌溉稻田。农民们只是修建了最简陋的沟渠来分配水资源。这一方式可以应用于诸如沼泽之类的地势低洼地区;第一首诗中提到的场景(在吉河岸边)表明诗人持有的稻田具有水浸的特征。这些田地的排水能力很差,并且由于这块稻田常年被水浸泡,土壤并不十分肥沃。其产量也明显低于使用人工设备调节水位的方式所

---

① 《日本古典文学大系·万叶集·卷六》,#2244,第 130—131 页。在《奈良时代史的诸问题》(第 55 页)中,直木孝次郎引用了这些诗。
② 《日本古典文学大系·万叶集·卷五》,#1624,第 340—341 页。
③ 古岛敏雄,《古岛敏雄著作全集 6·日本农业技术史》,第 106—107 页。

灌溉的稻田产量。

田地的海拔高度制约着作物种植的品种。在沟渠和池塘调节供水的情况下,耕种者先把稻种放在特制苗床(苗代)中育苗,然后在插秧季节将稻秧苗成捆地移栽到稻田里。那些采用自然灌溉方式耕种田地的农民,将种子直接播种在田里(直播),而且在播种之前基本不做育苗工作。

每种栽培方法都与一种不同的收割方式有关。对于成捆移栽到稻田里的秧苗,在收割时人们用镰刀齐根割下(根刈)。而后,把稻秆上的稻粒变成稻米还需要两步——把稻粒从稻秆上剥下,再把稻粒去壳。然而,对于用撒种方式种植的水稻,在收割时则不采用根刈方法。只是用镰刀把稻穗割下来,将茎秆部分留在地里。虽然在收割开始阶段这种方法(穗首刈)比较费时,但是稻穗易于成捆地储藏,使用臼来舂米很快就能把稻穗变为食用稻米。

每种耕种方法都需要使用不同农具。依靠人工灌溉田地的农民在耕种田地时更愿意使用铁制农具。依靠雨水灌溉田地的农民,由于不太需要整地,所以常用木锄和木锹。在秋收时,他们手持镰刀进行收割。①

8世纪自然灌溉水稻农业的应用范围并不明确。《万叶集》里多次提到这两种水稻种植方法。② 有关收割技术方面的资料,也是等量齐观。《大宝律令》和《养老律令》的编纂者,在土地法规(《田令》)中并未明确规定具体的耕作方式,而且评论家们也没有就这个问题

---

① 在菲律宾和东亚其他国家,依旧使用石刀。参见亨利·刘易斯,《伊洛卡诺人的稻农》,第55—64页。日本出土的石刀可以追溯到弥生时代,然而也应当注意到,在收割成束的水稻时,也使用镰刀。参看金关恕、佐原诚编,《古代史发掘4·稻作农业的起源》,第109页。

② 譬如,《日本古典文学大系·万叶集·卷二》,♯1634,第344—354页;《日本古典文学大系·万叶集·卷四》,♯4122,第296—299页。

进行详尽的探讨。①

8世纪的官方记载似乎表明,自然灌溉的水稻农业分布广泛。诸国的财务报告(正税帐)里有过记载,大部分地区使用稻捆作为主要的缴税单位。诸国的税收中主要使用稻捆来缴税的状况显示出,弥生时代更为原始的水稻农业生产方式一定普遍存在着。地方仓库也贮藏了大量稻粒,然而这些仓库也可能接收没有脱粒的成捆水稻。

表十九　农村居民区出土的铁器残片,350—900年

起止年份	(时期)	地点数量	使用铁器地点数量	占比
350—450	(御领村)	225	5	2.2
450—500	(出水町[a])	118	10	8.5
500—650	(鬼高村)	223	35	15.7
650—800	(真间町)	135	25	18.5
800—900	(国分村)	206	78	37.9

来源:原岛礼二,《日本古代社会的基础构造》,第25—31、315—317页。经未来社许可。

注释:a. 我已将原岛礼二的久橹台时期段包含在和泉时期之内。

就早期水稻农业的争论,考古学证据引入了一种新的观点(见表十九)。这个证据存在着两个局限。其一,表中所列的地点在整个日本并不是均匀地分布着,相反只集中于关东地区。表格制作者的调查结果并没有包含对名古屋(日本东北部)地区的发掘成果,而且从500年到900年只有约3%的居民区坐落在关西地区(京都—大阪)。其二,表中所列的地点,在规模上相差巨大。在很多情况下,考古学家只能发掘出一座村落的一小部分,因为那些毗邻发掘

---

① 《新订增补国史大系·田令集解·竟田条》,第372—373页,以及《在外诸司条》,第375—376页;法令阐释者暗示,在公田中,移栽的现象普遍存在;然而,他们留下的文字并未把"直播"式的栽培方式排除在外。

地的土地拥有者们不许他们做进一步的发掘。

历史学家原岛礼二是表十九的编写者,他认为自己的数据远没有揭示出占有铁制农具的农民比例。① 毫无疑问,许多铁制农具锈蚀烂掉了,或被其他贫困农民重新使用。为了校正这些因素,原岛礼二提出将使用铁制农具的农村居住区比例乘以2.5。在原岛礼二看来,到900年关东地区几乎所有的农民都持有铁制农具。

原岛礼二的研究工作遭到了许多考古学家的强烈批评。② 他的最大失误在于,在其收集的农具资料中包含了许多非农用的铁制残具。原岛礼二的证据是通过研究锄、锹和镰上的铁刃片而得到的,对此,受聘于奈良国家文化遗产研究所的历史学家鬼头清明做了重新审查,结果发现:在这些铁刃片中没有一件出现于500年之前。在500年至800年间的发掘物中,只有2.5%是铁制农具。在这些9世纪的地点中,使用铁制农具的只有5%。即便采用了原岛礼二所谓的乘数,在900年,也只有12.5%的居住区使用铁制农具。

当然,对于铁制农具使用比例较低的现象,可用的解释或许有很多。在律令时代,铁器是一种稀缺用具,当农民们搬离居所时,他们或许把许多铁制工具都带走了。人们也依赖于诸如狩猎和捕鱼等其他的谋生手段,这也可以解释当时铁制农具匮乏的状况。或许,由于锈蚀腐烂所造成的锄锹损毁量,要比原岛礼二分析出的乘数更多。然而,假如在原岛礼二提供的样本中所有村民都种植水稻的话,那么缺乏铁制农具的状况也可能表明,自然的灌溉方式以及使用木制农具在当时是占主导地位的。

在第3章关于浜名郡和东大寺地产的论述中,提到了自然灌溉

---

① 原岛礼二,《日本古代社会的基本构造》,第307—347页。
② 鬼头清明,《八世纪的社会结构史的特质》,载于《日本史研究》172:9—18(1976年12月);都出比吕志,《书评与介绍:原岛礼二著作〈日本古代社会的基础构造〉》,载于《日本史研究》107:66—71(1969年8月)。

水稻农业的几个例子。在这些地区,农民并非一定都是年年耕种田地,相反,他们根据降水量的具体情况来安排耕作:

> 水量丰沛,
> 我们在更高的地方耕作。
> 就像被间掉的黍苗一样,
> 留下我一人独眠。①

雨水充沛使在更高海拔地方进行自然灌溉成为可能,然而,在雨量少或降雨不应时的情况下,仅靠地下水位升高来灌溉的稻田常常颗粒无收。

靠雨水灌溉的稻田依赖多变的气候,当时气候要比现在的更炎热、更干燥。朝廷史书中记载了众多的法律和条款,都证实了频发旱灾对水稻农业产生的影响。在奈良时代和平安时代,许多宫廷日记都记载了樱花早开的情景。② 在如今仙台附近,一位考古学家做过一次花粉分析后发现,律令时代的天气比现在更加炎热和干燥。③在日本早期,炎热干燥的天气是全球天气总趋势的一部分,这种趋势被称为"小适宜气候期"。④

与东大寺领庄园一样,自然灌溉的水稻农业极度依赖降水量。

---

① 《日本古典文学大系·万叶集·卷六》,♯2999,第286—287页。
② 山本武夫,《历史发展中日本及周边地区的气候变迁》,载于《地学杂志》75:119—141(1967年3月)。
③ 安田喜宪,《日本多贺城、宫城县的古城堡遗址周边的早期森林砍伐史》,载于《亚洲观察》19:52(1976年)。
④ 大卫·赫利希,《生态条件与人口变迁》,载于理查德·德莫伦编,《一千年:中世纪的西欧》,第13页,第35页。

发生旱灾时,以这种方式耕种的稻田常常颗粒无收,而在雨水多的年份,可以在之前贫瘠的高地上种植水稻。可即便是人工灌溉的田地,比如奈良盆地,也极易受到多变天气的影响。灌溉技术低下致使早期的土地利用模式发生改变;土地开垦并非固定不变,水稻农业也并非年年都有收成。那种认为水稻农业具有稳定性以及农业技术居于次要地位的传统观点,似乎并不适用描述日本律令时代的状况。

旱地

即便是一位匆匆过客,也会为爱知县一宫市附近的奇特风光所吸引。此处的风景宛如一座错综复杂的迷宫,旱地和稻田任意散布其间。仔细查看,便会发觉所有的地块并非处于同一平面,相反,旱地坐落在山丘上,高出稻田一英尺左右。尽管看起来不甚规则,但每块地的面积一般有一町左右,各个地块精巧地整合,构成了一幅独具当地特色的方格图。

一宫市周边的风景并非造化使然,而是人工建造之果。每一位耕作者都把田地分成两部分,将田地一侧挖低几英寸。之后,从被挖低部分中取土,将其堆在另一侧上。因而,堆起的部分就成了旱地,而挖低的部分就成了易于灌溉的稻田。

采用这种耕作技术,农民们便能够在供水不足之处开垦出一片片的稳产稻田。以前只有雨水丰沛才能种植水稻的地方,如今既能产出稻米又能产出小麦、大豆或大麦等其他旱地作物。把高地改成旱地的做法意味着:旱地种植业已得到充分的发展,并在农业生产中占据着重要地位。如果旱地产量不理想,农民便不会浪费时间将其一半的田地改成旱地。

历史地理学家曾经认为,这些被称为"岛畑"或"高畑"的堆起田地,其开垦时间与土地分区制度("条里制")相吻合。① 然而,一宫市的地志表明,在本地区的耕地被整理成规则的方形地块后很久,人们才将耕地分为稻田和旱地。② 在整个畿内和本州中部地区,农民已经采用了同样高效的农业技术,然而从时间上讲,这种状况不会出现在中世纪初之前。③

在早期农业中,旱作农业的地位并不明晰。国家土地制度(班田制)规定,除非明确要求改种其他作物,否则农民均须种植水稻;在这些律令中,立法者几乎没有制定出关于旱作农业的条款。起初,农民只用稻米来缴纳地租。

作物栽培分布图、朝廷史记以及卖契等证据,为人们了解日本早期旱地种植业的范围和产量提供了一些线索。一张8世纪地图揭示,奈良境内的额安寺如何耕种面积超过 12.5 町(37.5 英亩或 15 公顷)的耕地。④ 其中,旱地占了 2 町多,或者相当于占额安寺辖地的近 20%。这个比例远远高于明治时代(1868—1912)土地利用分布图上所显示出的比例。额安寺的辖地中有许多是丘陵和高地,8世纪时,这种地形并不利于灌溉。在研究过畿内地区的几张早期地图后,原岛礼二得出了结论,当时,旱作农业的规模要比现在大得多。⑤

官方不时地发布命令,要求农民种植旱地作物:

> 太政官下令:五畿七道内,一切人等须种植小麦和大麦。

---

① 镜味完二,《尾张国丹阳村的土地地割》,载于《人文地理》4:20—29(1952 年 1 月)。
② 金田章裕,《庄园村落的景观》,载于户田芳实编,《日本史2·中世1》,第127—158页。
③ 关于"岛畑"的最早证据,见于弥永贞三编,《新编一宫市史资料编5》,第 202—203 页。
④《日本庄园绘图集成·卷一》,西冈虎之介编,第 31 页。
⑤ 金田章裕,《平安期大和盆地的条里地割内部的土地利用》,第 79—85 页。

关于上述情况，对于人们而言，种植小麦和大麦至关重要。每遭饥荒，这些食物无可替代。基于此，在持统天皇统治时期，本府曾分配国有资源，命令在帝国全境内种植这两种作物。自那时起，由于种植这两种作物的努力全部付诸东流，我们深受饥荒之苦。如今，苦难日益深重。此等状况并非只是农民懒惰之果，更有国郡官吏渎职之因。自即日起，鼓励农民，勿误农时，种植这两种作物。每年须密切关注小麦与大麦种植区以及收成状况。特将此令交付信使，令其持税籍前往京城，并通报太政官。

养老律令 7/8/28[723]①

在693年、715年、820年、839年以及840年，太政官也相继发布过类似的法令。②

这些命令的颁布颇令人费解。其中，两部法令颁布于春季，而其他律令则于夏末和秋季颁布。立法者究竟想让农民立即播种这些作物呢，还是等到来年再播种？由于对旱作农业不甚熟悉，农民常常遭到法令的严厉斥责。这些批评果真意味着农民对旱地种植业一无所知吗？抑或只是朝廷把自身的问题归罪于其臣民的无知呢？

倘若细读一下朝廷的史书，便可找到一个合理的解释。每条关于种植小麦、大麦及其他旱地作物的法令都发布在旱情严重时

---

① 《新订增补国史大系·类聚三代格》养老 7/8/28 太政官令，第 327 页。
② 这些法令可见于《新订增补国史大系·类聚三代格》，第 326—329 页。《类聚三代格》记载了 715 年法令以及 713 年法令的日期。

期。① 官吏可能一直在告诫农民，要根据降水量的变化采用作物轮作制。雨量丰沛时，农民要种植高产水稻；雨量不足时，要将稻田改为旱地。水稻和其他旱地作物轮作，是平安时代农业生产的一贯做法。②

面对产量较低的旱作农业，农民甚至在种植条件不理想的时候也选择种植水稻。一张赞岐国（香川县）的弘福寺地产分布图显示出的信息表明，旱地作物的产量很低（见表二十和地图四）。在赞岐国，旱地产量只相当于附近稻田产量的1/4至1/3。即便是一块贫瘠稻田（1B），其稻米产量也比一块旱地的产量高出约33%。

表二十　赞岐国的农业状况，735年

地块	耕地类型	面积	产量	相对生产力
1A	新稻田	50代	1.5石	
1B	旧稻田	110代	1.1石	33% of 1A
1C	旱地	240代	1.75石	24% of 1A
2A	稻田	70代	1.3石	
2B	旱地	100代	0.5石	27% of 2A
3A	稻田	250代	3.5石	
3B	旱地	30代	0.1石	24% of 3A

① 关于693年法令，参见《新订增补国史大系·日本书纪》持统7/4/17，祈雨，第418—419页；对于715年法令，参见《新订增补国史大系·续日本纪》道一7/6/23，祈雨，第56页；对于723年法令，参见第3章；对于820年法令，参见《新订增补国史大系·日本纪略》弘仁9/3/19，描述旱灾部分，第306页；840年法令明确地将一场大旱灾列为该法令出台的一个动因（839年法令的颁布很可能与同类旱灾有关）。需要特别注意的是，对忍饥受饿的人们来说，小麦和大麦等旱地作物被认为具有极高的营养价值，在做出种植这些作物的法令决策时，这种观念或许也起到了作用。

② 金田章裕，《庄园村落的景观》，第148页。一些农民偏爱种植旱作稻，其中有一例，亦可参见《新订增补国史大系·类聚三代格》丈和7/5/2太政官令，第328页。

续 表

地块	耕地类型	面积	产量	相对生产力
4A	稻田	450 代	4.7 石	
4B	旱地	50 代	0.15 石	29% of 4A
5A	稻田	400 代	4.6 石	
5B	旱地	100 代	0.3 石	26% of 5A
6A	稻田	450 代	5.0 石	
6B	旱地	50 代	0.2 石	36% of 6A

来源:《大日本古文书·卷七》(第44—50页)。"代"是645年之前土地测量单位,"一代"约合23平方米。500代=1町。

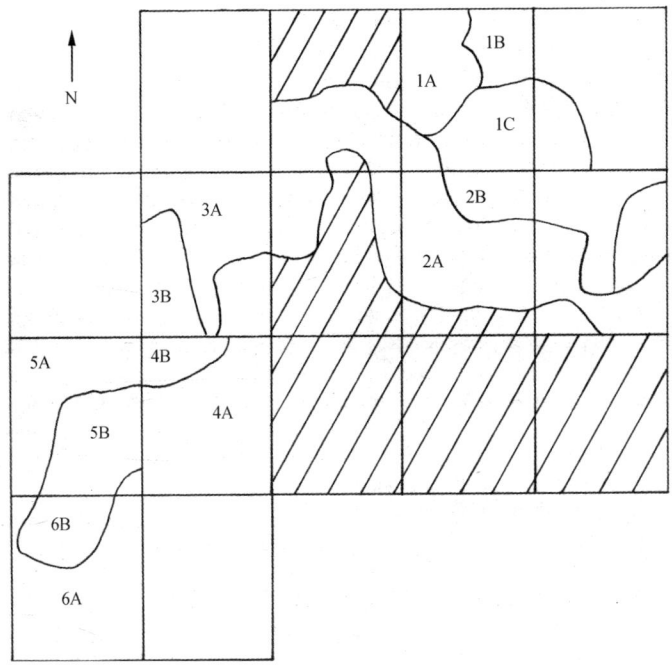

地图四 赞岐国农业状况,735年

每个四边形代表一坪。阴影部分代表农民居民区和耕地。

来源:参见表二十。本地图稍做修改。

从地价的高低上,也能反映出小麦田或大麦田的产量相对较低。根据菊地康明的观点,在整个奈良时代以及平安时代初期,旱地卖价仅为稻田卖价的零头。10世纪,旱地的价格开始上扬;到11世纪初,旱地的市场价与一些稻田售价持平。旱地价格的上扬,不仅与其产量飙升相一致,也反映出岛畑的开发状况。

关于日本早期的旱作农业状况,现存的文献与地理学证据表明了以下两点。其一,旱地的分布范围非常广。它们很可能覆盖了大片地区,在这些地区内,水稻种植无法顺利进行灌溉。其二,旱作农业的产量要远远低于水稻产量。由于认识到产量上存在的差异,一般来讲,官方更鼓励种植水稻,而不是种植其他作物。①

刀耕火种的农业

与中国和西方古人做法类似,为解释本国农业的起源,日本首部史书《日本书纪》编纂者创造了一部神话:

> 伊弉诺尊和伊奘冉尊[日本的男性始祖和女性始祖]的下一个孩子是火神轲遇突智。伊弉冉尊被火神轲遇突智烧伤致死。躺下死去之时,她生下了大地女神埴山姬和水神罔象女。轲遇突智对妻子埴山姬宠爱有加,并育有一子,名为稚产雨[字面义为幼苗]。自此神的王冠上,生出了蚕与桑树,从其肚脐里生出了五谷。②

---

① 菊地康明《日本古代土地所有的研究》,第188—191页。读者需知:从766年直到1076年,保留下来旱地卖契只有9份;这些结论便是在这几个小样本基础上得到的。
②《新订增补国史大系·日本书纪·神代条》,第11—12页;《日本纪·卷一》,第21页。

农业被描述为火与地联姻的产物,分别由火神轲遇突智和大地女神埴山姬作为象征。

火和地的结合,使人联想到原始的农业形态——刀耕火种的耕作方式(烧畑)。刀耕火种的农业多见于山区,其特征是:投入劳力最少,而土地的利用率极低。农民用斧头清除树木和灌木,然后把余下的植被焚成灰,作肥料用。田里种上豆类、马铃薯、小米或其他旱地作物,几年后,当土地的肥力耗尽时就被撂荒了。德川时代的记录表明,游耕农业在一些地区颇为盛行,农民们尽量不种植水稻,并设法逃税。① 对现代日本的调查表明,在四国和九州地区的丘陵地带,刀耕火种的农业依旧存在。②

日本早期的书面文献也偶尔提及这种农业生产的状况:

> 一旦误燃烽火,烽火的最初点燃地,应立即将误燃烽火情况报告给国司。经调查后,若情况属实,国司应派信使携带急函,向太政官通报。③

9世纪初的法学家清原真人夏野注意到,造成烽火误报的一个原因是士兵误将农民在山腰烧林燃火当成了攻击警报。清原真人夏野所提到的必定是刀耕火种的农业。

另一法律条款也暗示刀耕火种农业的普遍存在。刑法的编制者准许烧田和烧荒(野),不过只许在三月和十一月之间进行。④ 违

---

① J.R.麦克尤恩,《十八世纪对马岛的游耕农业》,载于《亚洲专刊》5:208—229(1956年2月)。
② 罗伯特·霍尔和能登志雄,《烧畑,日本刀耕火种农业:四国地区的特色》,载于《密歇根州科学院艺术和文学》,38:315—322(1953年)。
③ 《新订增补国史大系·令集解·军防令·放烽条》,第203页。
④ 《新订增补国史大系·杂律·"凡补失火及非时烧田野者"》,第162页。

者将被重责五十大板。由于法令将所有的耕地纳入其监管范围内，立法者绝非专门针对刀耕火种的农业。在将旱地改为稻田前，农民也用烧荒方式清理土地。

在《万叶集》里，诗人们喜欢把激情比作火：

> 他烧掉枯草
> 在初春的旷野上——
> 这还不够吗？
> 他还要非得烧掉我这颗心吗？①

在描摹战争的诗歌中，抒情诗人对刀耕火种的耕作方式也有所提及：

> 战争的号角吹响，宛如虎啸，
> 遭遇劲敌，
> 所有战士都恐惧战栗。
> 旗帜在空中高高飘扬
> 宛如风中摇摆的火焰
> 燃烧在荒野的周遭
> 在冬日幽禁后春天临来的时刻。②
> 勇士们勇往直前
> 手持桦木弓
> 腋下悬猎箭——

---

① 《日本古典文学大系·万叶集·卷五》，♯1336，第250—251页；《万叶集》，日本学术振兴会译，第292页。
② 《日本古典文学大系·万叶集·卷四》，♯199，第108—109页；《万叶集》，第39—40页。

在高丹的山坡之上；
火焰怒烧
宛若荒野之火
燃烧在春天里。①

每一位诗人都使用了一个词(野)，意思是昔日未垦荒地；毋庸置疑，它指的是游耕农业。

有时候，地名也能暗示出刀耕火种的农业状况。譬如，有一位手工业者(仕丁)，名叫簀秦绘师道足，他居住在名为飞骅或叫"火地"村落里。② 在越前国，耕地被叫做"烧—荒—种—田"。③ 毫无疑问，这是暗指刀耕火种的农业。刀耕火种的农业为越前国和越中国的游耕农业模式提出了一个合理的解释。

与德川时代官吏的做法类似，奈良时代和平安时代的立法者也力图阻止刀耕火种的农业。这种耕作方式的作物产量比不上水稻栽培，而且由于其短促性的特征，因而很难被控制。676年，天武天皇再次颁布一项对游耕农业的长期禁令：

> 本月[五月]间，天皇禁止在细川山上割草砍柴。帝国境内诸国，一切山地平原，一律禁烧禁割；关于此项事宜，禁令早已颁行。④

---

① 《日本古典文学大系·万叶集·卷四》，♯230，第126—129页；《万叶集》，第104页。
② 《大日本史料·卷四》，第227页。
③ 《大日本史料·卷五》，第622—623页。
④ 《新订增补国史大系·日本书纪》天武5/5"是月"条，第341页；《日本纪·卷四》，第332页。

在将近 200 年后的 867 年,又颁布了另一项禁令:

> 即日起,本府禁止大和国国民在石上圣山上烧荒种植大麦或豆类。①

当时,大和国的农民所种植的作物与现代农民种植的作物基本相同,而且他们或许已经采用了轮作技术来为土壤补充养分。② 日本早期,即使在朝廷的所在地、经济最发达的畿内地区,刀耕火种的农业也依然存在。

若想通过书面文献的记载,来确定有多少农民以刀耕火种的农业为生,希望渺茫。但从比较的观点来看,这是一种普遍存在的谋生方式。全世界致力于游耕农业研究的社会学家已经注意到,这种耕作方式和人口密度较低有关。菲律宾的农业研究专家哈罗德·康克林发现,在游耕农业盛行的地区,人口最大密度为每平方公里 50 人。在印度尼西亚的沙捞越地区,人口最大密度为每平方公里 25 人。③

从地图五上可以看出 900 年前后日本人口的分布状况。这种模式的提出以沢田吾一的研究工作为基础,沢田吾一认为,日本早期的人口总数约为 5 500 000。④ 在所有人口统计学家提出的人口估数中,这是最高的。

在日本的大部分地区,人口密度与刀耕火种的耕作方式相符合。即便采用了较低的印度尼西亚人口密度估算值,也仅有九州中北部、濑户内海东部沿岸与畿内地区以及关东东部地区,可以稳超

---

① 《新订增补国史大系·日本三代实录》贞观 9/3/25,第 214 页。
② 佐佐木高明,《稻作以前》,第 97—102 页。
③ 康克林与弗里曼,引自克利福德·格尔茨,《农业过密化》,第 26 页。
④ 沢田吾一,《奈良朝时代经济与人口的统计研究》,第 143—177 页。

游耕农业的人口密度限值。由于官方注重水稻农业,因而很少留下关于刀耕火种农业的文献记载,然而这种农业生产方式一定曾是许多律令时代农民的重要谋生方式。

早期景观

在日本早期,多种不同的农业生产方式一直普遍存在。那么,为什么人们单单只关注水稻农业呢?一个重要原因是,人们认为从7、8世纪开始,土地区划制度在整个帝国境内得到了执行。由于大多数学者相信每年都在所有方格状的土地上种植了水稻,故此早期全面实施的"条里制"似乎意味着整个日本完全改种了水稻。

在702年制定的《田令》中,第一款便规定了耕地的规模:

> 30步["步距"]长、12步宽的耕地为1段[0.3英亩]。每10段为1町。①

面积为30步长、12步宽的1段耕地,相当于"条里制"规定的半折式(见图六)。《田令》似乎支持了这个结论,即在8世纪初国郡官吏详细规划的方格式土地区划制度。

一些历史学家进行了更深入的研究。他们引证了《大化改新法令》中的第三款规定,该款中也含有要求土地整齐划一的相同内容,并以此来证明7世纪初方格状土地规划的起源。时间上,土地制度的颁行早于在天智天皇和天武天皇统治时期日本全力推行的中

---

① 《新订增补国史大系·田令集解·田长条》,第345—347页。下述讨论只对日本"条里制"做了初步研究。对于该领域研究史的详尽总结,参见渡边久雄,《条里制的研究》。对于近期文献,参见落合重信,《条里制》。在藤冈谦二郎编纂的《日本历史地理总说2·古代篇》中,复原了选定区域的早期耕地分布图。

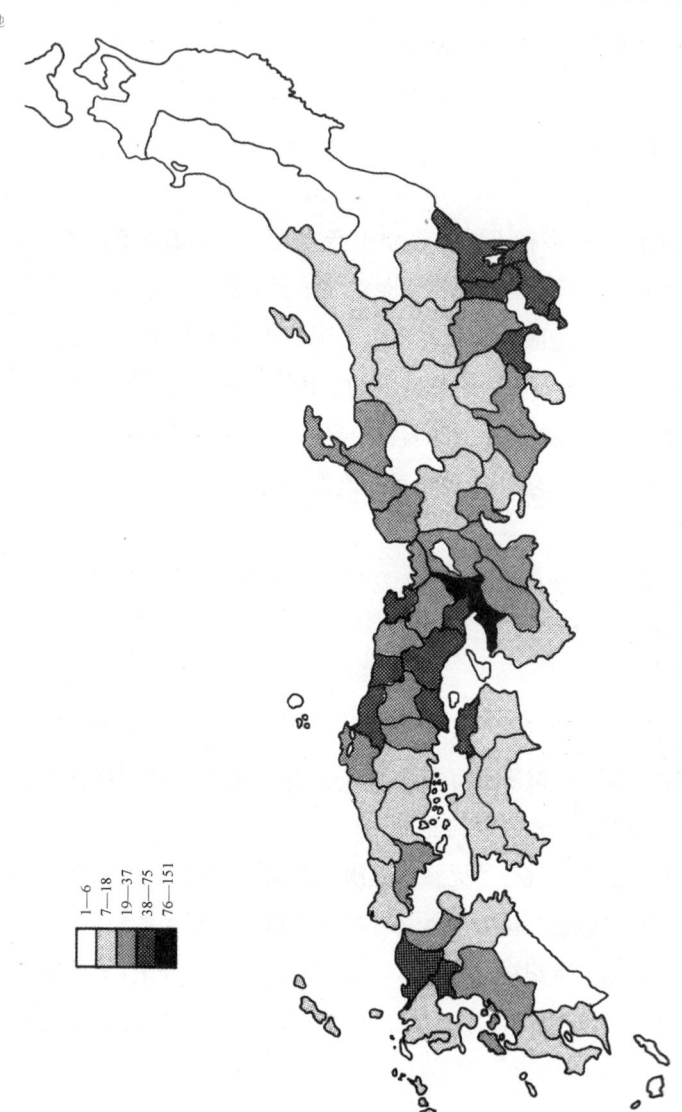

地图五 10世纪初日本的人口密度

来源：青木和夫，《日本历史3·奈良都》，第18页。经中央公论社许可。

央集权政策。① 因此,《大宝律令》里记载有关于土地测量的相同规定,这也只是对现存状况做了清晰的说明而已。

近来,一些日本学者开始对"条里制"进行更具批判性的评价。地理学家和历史学家相互协作,试图搞清"条里制"真正的存续时间及分布范围。尽管若想更全面地回答这些问题,需要做详尽的地理调查,但目前的研究表明,认为到 8 世纪初时日本所有的可耕地已经被划成方格状结构的传统观点仍需重新审视。

岸俊男已经对日本文明的摇篮——飞鸟地区——做了调查。② 在确定了持统天皇统治时期的藤原京(694—710)的准确方位后,岸俊男发现,一些建于京城外的寺庙和石碑,其彼此间的常规距离为 106 米,差不多正好 1 町。基于这些发现,岸俊男认为,到 7 世纪初时日本或许确实已经建立起了土地区划制度。

然而,在下结论时,岸俊男显得很谨慎。他从不用"条里制"一词描述飞鸟地区的方格状结构,也从未把平原上的土地区划和整个农业状况相混淆。岸俊男倾向于认为最初的土地区划制度与日本建立的中国式国都息息相关。

一张绘制于 735 年的地图显示出赞岐国境内弘福寺地产的土地使用状况(见地图四)。这些耕地并没有依照律令规定的土地区划制度来布设。弘福寺辖地的面积仅为 5 町,并未达到《田令》所规定的 6 町标准。土地在排布上存在地区性差异,这种状况一定甚至在 8 世纪中叶——律令时代的巅峰时期——便已普遍存在。

---

① 约翰·霍尔,《500—1700 的日本政府和地方权力》,第 86—88 页。竹内理三,《律令制与贵族政权·卷一》,第 46—84 页。
② 岸俊男,《飞鸟与方格地割》。由于存在大量的巧合因素,岸俊男近来开始对该研究的价值产生怀疑:倘若绘制出足够的线条,似乎一切都可以纳入这个方格状结构内。

另一张地图展现了现今奈良正北部地区的状况。① 该地区的耕地被齐整地划分为方格状，依照律令规定，占地为108英亩；地图上标示出了各种灌溉用的沟渠和池塘。制图者们标称，作为班授稻田进程中的一步，他们的绘图编成于772年与808年。

经过与如今奈良附近的地势相比较，人们发现，当时的官吏不顾地形上的差异，硬性地将耕地划为方格状的结构。在制定土地制度时，高山、河流以及未耕荒地也被包括进去。如今，在当年进行土地划分地区，再也无法找到当初的景观。在位于京城正北的一个地区，"条里制"很可能只是官方的虚构之物而已。②

关于土地制度的最终推断，仍然悬而未决。然而，来自其他学科——特别是考古学——的发现必须引起重视。但到目前为止，学者们已经达成了以下三点共识。其一，"条里制"或许起源于7世纪初的飞鸟地区，然而这种制度最初可能与农业无关。其二，在土地区划上普遍存在着地区性的差异。虽然这方面的证据还不太充分，然而没有理由做出这样的假设——8世纪时日本的耕地已经进行了统一划分。直到平安时代，甚至直到中世纪之时，一些地区才很可能施行了这种土地制度。其三，划分土地并非意味着土地已经被长期耕种，甚至并非意味着土地曾被耕种过。

土地利用与土地所有制

在日本早期，水稻农业始终被一个致命的缺陷所困扰：落后的农业技术。农业技术的瓶颈，尤其阻碍着那些以人工灌溉方式耕种稻田的农民。即使在经济发达的畿内地区，能提供稳定的供水以及

---

① 《日本庄园绘图集成》，第45—47页。
② 弥永贞三谈话录：1978年3月。本人陪同弥永贞三教授考察了奈良正北地区。

能够安全度过旱期的大池塘数量极少。在所有农民中,那种有助于耕种和收割的铁制农具,其持有量仅为15%。水车很可能只是徘徊于规划阶段,从未得到进一步的发展。由于技术和工具在地区上的分布不均,人工灌溉的水稻栽培变得极不可靠。

农民们采用各种方式来弥补农业技术落后的缺陷。其中一种做法是在地势低洼地区种植水稻,因为那里地下水位较高,或者只需少量雨水便能够灌溉稻田。然而,采用这种技术不如使用人工灌溉的水稻产量高,而且每遇水旱灾害,稻株便会毁于一旦。如果选择种植像小麦或大麦等旱地作物,农民则会对供水的担心少些,然而这类作物的产量相对较低。由于刀耕火种的农业所需投入的劳力和技术最少,因此这种农业生产方式或许在山区被普遍采用。

一位律令时代的立法者描述了当时频繁变化的农业生产状况:

> 良田与荒地的位置,年年发生变动;灌溉稻田与旱地的位置,天天在变。①

一项对国家土地所有制的分析,进一步强调了早期农业的常变性质。依照律令规定,朝廷将肥沃稻田班给六岁及六岁以上的全体国民,男性为两段,女性为男性的2/3。② 无论男女,每位农民终生持有班田,然而这些班田禁止永久性的转让,子嗣也没有继承权。每六年,国家将调整土地所有权,将田地班给新的受田人,若有受田人死亡的,朝廷将收回其班田。

---

① 《新订增补国史大系·类聚三代格》延喜2/3/13太政官令,第427页。
② 对于国家土地制度或其实施问题,本小结并未进行全面的探讨。对于该制度的最佳分析,参见虎尾俊哉,《班田收授法的研究》。亦可参见吉田孝的注释(载于井上光贞等编,《日本思想大系4·律令》,第570—572、576—678页)。关于该制度的近期文献著作,参见村山光一,《班田收授》,第317—330页。

日本朝廷借用了中国的国家班田制度,在中国,多种不同的班田制度早已经形成。① 汉朝(前206—220)统治者首先在北部边疆地区施行了这种土地制度,在那里,外族的频繁袭扰不仅使耕种变得艰难,而且让百姓难以定居。汉朝灭亡后,中国进入了一个政权分裂、人口不稳定的时期。这些状况严重地困扰着中国北方的各个王国,因而他们采用汉朝的土地制度,以便加强土地的长期耕种及税收工作。北魏王朝(386—535)提供了一个具有启发性的范例,其法令规定,农民的最低土地持有量为40亩(约5英亩)。

北齐王朝(550—579)对土地制度做出了重大改动。成年男性的班田量增加到80亩,而且国家不再要求农民必须耕种这么大面积的耕地。相反,新规定的班田量代表着一位农民准持土地的最大量。农民的持田上限,依照其社会地位而定;立法者的主旨是阻止富农或贵族大量兼并土地。隋朝(589—617)和唐朝(617—906)沿用了北魏统治阶级的改革措施,同时也加强了对社会等级制度的维护。

7世纪末,日本统治者在效仿中国式的土地制度时,对此做了修改,目的是为了适应本国人口和农业的实际状况。他们并未照搬唐朝的土地制度——唐朝通过规定最高的持田量来维护其社会等级制度,日本的立法者选用了北魏王朝的土地制度作为典范,只规定了最低持田量。对于年满六岁和六岁以上的所有男性,朝廷一律班给两段土地,这是每人准耕田地的最低量。

采用北魏模式意味着,日本立法者觉察到,日本早期状况与5世纪的中国颇为类似。在中国,战乱频发,人口骤减,迫使农民纷纷从

---

① 该观点,参见吉田孝:《公地公民》(载于《续日本古代史论集·卷二》,第411—426页)。对于中国土地制度的阐释参照了池田温:《均田制》(载于《古代史讲座8·古代的土地制度》,第137—174页)。

土地上逃离；在日本，传染病频发以及灌溉技术落后也造成了同样的后果。无论是北魏王朝还是奈良朝廷，都是通过建立起的土地制度(规定在固定区域内进行长期的耕种)来弥补由于农业生产条件的多变所造成的损失。

第5章
农村居民区

关于日本早期水稻农业具有可靠性并且占据主导地位的那些设想,催生出一种对农村居民区普遍认可的观点。① 常见的描述是律令时代的农民居住在人口稠密的聚居村落里,这与近代早期的居民区非常类似。似乎,居民区一旦建立,便成为永久性的,而且极少出现人口迁移的现象。

此前章节中描述的律令时代的人口和农业状况,似乎对这种观点提出了质疑。在日本早期,农业人口迁移的现象有多普遍?居民区的普遍模式是什么?人口迁移和居民区与譬如农业、传染病或者制度化生活等其他因素的关系是怎样的?

律令下的迁移

《大宝律令》和《养老律令》的制定者强烈反对人口迁移。官方的政策体现在下列条款中:

---

① 譬如,参见奥田真启,《庄园前村落的构造》,载于《史学杂志》58:24—48(1949年3月);弥永贞三,《奈良时代的贵族与农民》。对于此观点,由非专业人士做出的简要总结,参见康拉德·托特曼,《佩里抵达前的日本》,第57页。对该领域研究工作的详尽阐述,参见金田章裕,《奈良平安期的村落形态》,载于《史林》54:50—52(1971年5月)。

若某户居于人口稠密地区,并欲迁至非限制区且不离开本国者,需向户籍所在地的郡司递交迁移申请,然后由国司官吏处理该事宜。

若某户欲迁出本国,则须向太政官递交申请并等候答复。依农历,在农闲季节,由国郡官吏负责将他们带离。

由新住所所在地的官吏陪同迁移者到新住所后,无论是新住所所在国的官吏还是旧住所所在国的官吏,均须向太政官上报此事。①

法律唯一认可的是因人口过剩而进行的住所迁移。对于其他迁移理由,譬如经济机会或自然灾害等,均不予考虑。此外,法律只准许整户进行迁移;《养老律令》的官方阐释者清原真人夏野认为,无论何种状况,任何个人均不许变更其居住地。即便是整户获准迁移,也要求国郡官吏密切监督迁移者的动向,全程陪同住户从旧住所迁移到新住所,并向太政官上报迁移事宜。

立法者提出制裁措施,以制止非法迁移行为,而且对那些留在原住所者所须承担的责任也做出了规定:

若某户逃亡,令共同责任单位[五保]中剩下四户搜寻该户。若三年后仍未找到该户,将该户所有家庭成员从税籍[计账]上除名,并没收该户田产。

在没收田产前,令五保中其余成员以及三等以上亲分割并耕种其田。这些农民应代缴逃亡农户的田税[田租]和本地

---

① 《新订增补国史大系·令集解·户令·没落外蕃条》,第278—279页。关于该条款应用的概述,参见吉田孝的注释,载于井上光贞等编《日本思想大系4·律令》,第553—555页。

产品税[调]。(三等以上亲,仅指居住于同一行政村者)。

若某户有成员逃亡,其所在家庭须代其缴税。若其六年后仍未返回,从税籍中除名。如前所述,分割其田。①

该法令体现出官方非常重视将农民终生维系于同一座行政村内。根据法律规定,非法迁移者的亲属和邻居须搜寻逃亡者,须替其缴税,须耕其田地。

律令制定者还出台了一项法规来处置那些非法迁移者:

若无法登记那些游民和逃亡者,佣人[家人]或奴隶[奴婢]可释放为自由民,或者,若家人或奴婢提出自由民身份申请并获自由者,无论任何情况,可于发现地登记这些人。若其愿意返回其原登记住址的,应予批准。②

使用"游民"和"逃亡者"的措辞,表明朝廷对农村人口迁移持有反对立场。

然而,这项法规似乎还暗含着一个准许迁移的例外条款。农民们离开自己居住地,一经发现,当地官吏便有权将这些农民的姓名登记在其现居村落的户籍上。很显然,法规准许迁移者返回原居住

---

① 《令集解·户令·户逃走条》,第268—270页。在唐朝律令中,也有一条类似法令;见《唐令拾遗》,第230页。关于该条款的应用,参见本书第156页注释①。

② 《新订增补国史大系·令集解·户令·绝贯条》,第280—281页。唐朝律令的条款,参见《唐令拾遗》,第238页。《大宝律令》使用两个术语"逃亡"和"浮浪",用以描述那些未经官方准许的迁移者。前者适用于未缴税的迁移者,而适值缴税年龄的迁移者被称为"浮浪人"(《新订增补国史大系·捕亡令·捉逃亡条》,第169—170页,以及《新订增补国史大系·令集解·户令·绝贯条·古记一》,第281页)。这两个术语可被分别解释为"逃亡者"和"游民",在实践中可交替使用。关于该条款的应用,参见本书第156页注释①。

地,但并不作强制要求。长山泰孝指出,立法者的目的并非在于限制人口流动,而只是要求登记农民的迁移去向。① 按照长山泰孝的观点,朝廷关注的重点落在了征税上,而不在于禁止农民们迁移。

按照长山泰孝的观点,这样便于官方与迁移者保持联系,但这一说法多少有些幼稚。第 1 章中对户籍和税籍的分析表明,对于在某一行政村已经定居二三十年的农民来说,官吏误录其年龄或性别的现象较为常见。美浓国和九州地区的登记簿上所显示出的年龄结构进一步表明,可能某些终生居住在该地区的成年人口从来没有被登记上。假如准许农民自由迁移,那么至少到下一次人口普查时他们才可能被重新登记上,而下一次人口普查时间差不多要在六年之后。对于官吏们来说,若想获取已迁至新住所的迁移者的准确信息,可谓难上加难。只有农民终生居留于同一个村庄的情况下,登记和征税制度才能发挥出最佳的效能;因此,律令并不允许人口自由迁移。

根据镰田元一的观点,准许在发现地登记非法移民的那项条款也只是适用于某些特殊情况。② 一种情况是:某位农民长期不在原住所居住,其邻里间的纽带关系已不复存在,并且他再也无法在那里谋生。720 年,《续日本纪》描述了这些迁移者的惨状:"……他们(先前的)家业已经丧失殆尽,而且毫无任何谋生手段。"期望这些人在他们先前的居住村里缴税,简直是天方夜谭,因此,朝廷更倾向于在其发现地将他们登记在册。然而,一旦有机会能把这些非法移民遣返回乡并从事农业生产,律令便会强迫这些移民返乡,这是取缔非法移民的总原则。

---

① 长山泰孝,《律令负担体系的研究》,第 178—184 页。
② 镰田元一,《律令国家的浮逃对策》,载于《赤松俊秀教授退官记念国史论集》,第 179—183 页。

官方执行律令的举措

702年,在编纂《大宝律令》之前,朝廷便试图限制人口迁移。670年,朝廷实施了首次全国性人口普查,其部分目的在于终止农业人口的自由迁移。① 689年,持统天皇发布进行第二次全国人口普查命令:

> 本年冬,须施行人口登记。搜捕游民[浮浪者]工作的不得迟于九月。②

使用"浮浪者"的措辞来描述迁移者的做法表明,朝廷着重强调了对于农村人口迁移的反对立场。

在《大宝律令》刚刚颁布后,"浮浪"问题再次突现。709年,在畿内地区和近江国,朝廷采取行动,搜寻逃亡劳工[仕丁]:

> 本府发布禁令:畿内地区及近江国国民,为雇私工,无视国法,藏匿浮浪者及逃亡劳工[仕丁]。基于此因,两国雇工数量庞大,且诸类雇工不再返回原村原家。该问题之产生,不只因为国民们无视国法。因未给予其严肃查处,国司官吏们亦难辞其咎。于国于私,害莫大焉。
>
> 即日起,禁绝此类事件发生。告知上述提及之诸国国司,须于11月30日前展开搜寻工作,并上报太政官。本令下达之五日内,须搜出逃亡者及藏匿逃亡者之人。若在限

---

① 《新订增补国史大系·日本书纪·卷二》天智9/2,第297页。
② 《新订增补国史大系·日本书纪·卷二》持统3/闰8/10,第402—403页。《日本纪·卷二》,第394页。

期内搜寻无果,依律论处。若有明知本法且藏匿劳工者,其罚与逃亡者同。严禁犯律者辞官或以罚代罪。若国司官吏拒罚违法者,依律处罚。①

709年法令里提及的劳工很可能被用于建造奈良新宫的大型工程,在该法令出台后的仅四个月,帝国皇室便搬进了这座新宫里居住。为了建造某些未指明具体用途的工程,某些姓氏不详的个人鼓动劳工们逃离建造奈良新宫的工作;于是,逃亡农民常常无法返回家乡。该法令意味着畿内地区的劳工需求量巨大,超过了劳工的供给量,同时也表明,为了维持足额的税收以及徭役劳工的资源,出台人口迁移限令是必要的。

709年法令的目的在于对特定的地区以及特定的农民群体进行限制。715年,针对农村人口的自由迁移问题,朝廷首次做出了一般性的政策声明:

> 本府向集于朝廷的诸国信使[朝集使]宣布一项法令:为了逃税,许多帝国国民离开原籍,逃往他地。若有居留于某地达三个月及三个月以上之流浪者,须令其缴纳本地产品税[调]与助役[庸]税。登记其姓名,注明其原先所居之国郡,将该文书委托给递送当地产品税的信使[调使]保管,并将该记录送至本府。②

立法者向那些为逃税而逃亡的游民征税。就当时的情况而言,

---

① 《新订增补国史大系·续日本纪》道一 2/10/14,第40页。
② 在《续日本纪》中,该法令文本已腐烂。与镰田元一的做法相仿,我使用的是替代文本,见《新订增补国史大系·类聚三代格》,弘仁 2/8/11 太政官令,第519页。

朝廷对游民们潜逃动机的分析是准确的：农民的非法迁移造成了地方税收的流失。然而，逃税只是农民流浪的原因之一。造成非法迁移现象可能还有其他原因，譬如，当地暴发了饥荒或疾病，也许农民为了寻找更为肥沃的土地。

715年法令与《大宝律令》的宗旨非常吻合。居留于某地三个月及三个月以上的逃亡者，被迫在其居留地缴税，由此朝廷便可以实现正常的征税目标。迁移者也有义务将原居住地的信息提供给官方，这些住址信息随后由官府送交至京城。早川庄八认为，本项条款的宗旨在于向流浪农民征税，他们既缴纳原籍税，又缴纳新籍税。① 这项政策旨在鼓励迁移者返回家乡，因为他们在家乡只需缴税一次。对于早川庄八的解释，我们可以在677年法令的具体措辞中找到支持证据，该项法令也持有类似的立场。②

五年后的720年，立法者再次重申了反对农村人口迁移的立场：

> 太政官进谏：……无知者们无法适应本法律，逃避徭役。逃亡农民，比比皆是。他们逃往他地[乡]，不过几年，便忘却了故乡。即便知错且愿返回原籍者，其先前家业亦已丧失殆尽，因而无法谋生。
>
> 本府恳请天皇恩准：从原籍出逃达六年及六年以上并有悔意且愿返乡者，准其免税一年，以利其恢复生计。③

720年的措施是朝廷先前政策的延续。它所设想的动机乃是针对逃税的行为，这与715年的法令宗旨相同。朝廷对逃税行为的应对措

---

① 早川庄八，《日本历史4·律令国家》，第286—287页。
② 《新订增补国史大系·日本书纪》天武6/9/27，第345页。
③ 《新订增补国史大系·续日本纪》养老4/3/17，第80页。

施仍然是极力使流浪者返回其原籍。

第二年,即721年,朝廷完全改变了立场。该项法令并没有保持原貌,而是增加了如下这些条款:

> ……若捕获游民并发现其原籍,且该人有悔意并愿返乡者,以轮替交接方式,护送其返回原籍……
>
> ……相反,若无法找到原籍,则在现居地登记其姓名……①

721年的法令记录下了朝廷对待人口迁移政策所发生的重大转变。立法者不再要求地方官吏担负着不惜代价护送迁移者们返乡的责任,尽管在律令与先前的法令中立法者曾规定地方官吏担负遣返责任。在费尽艰辛找到这些农民的原籍后,国司官吏或郡司官吏可以在其辖区内登记游民。通过重新阐释这些律令的宗旨,这种办事程序减轻了国守们的责任,而以前的律令曾经明确规定,所有迁移者必须被遣返回乡。②

政治因素也是促成对人口流动采取更加宽容态度的一个原因。720年法令规定,对于那些返乡的逃亡者采取减免税收的措施,就在该项法令颁布后的仅仅五个月,该政策支持者藤原不比等便过世了。作为《养老律令》的编纂者,藤原不比等曾极力推行所制定的这些律令。他的继任者长屋王,并不像藤原不比等那样循规蹈矩。在721年1月,长屋王出任右大臣,藤原不比等生前曾经担任过此职。长屋王采取的首要行动之一便是颁布一项新法令,废除了他的政敌藤原不比等的政治主张。

---

① 《新订增补国史大系·类聚三代格》养老5/4/27法令,引自天平8/2/25法令,第385页。

② 721年法令的这种解释来自于811年的一项法令。参见《新订增补国史大系·类聚三代格》弘仁2/8/11太政官令,第519页。

721年的法令是妥协政策的产物。它并没有像先前法令那样恪守这些律令条款，相反，其目的在于让尽可能多的农民返回原籍，并且还将其余的迁移者在现居地登记，以便他们可以获取班田并可以缴税。该法令在严格执行律令所阐明的原则与放弃这些原则之间达成了妥协，这极大地体现了长屋王的政策特色。在本书第3章里曾经探讨过723年的土地开垦法令，它是长屋王做出的另一项妥协政策。

造成朝廷政策转变的另一个原因是初期努力的彻底失败。721年法令表明，当官吏设法护送迁移者返回原籍时，问题便出现了。若想找到逃亡者的原始登记地，并非总是轻而易举的事。不愿返乡的农民谎报了原始居所的住址，而且在某些情况下，他们甚至可能早已忘记了原居村落的官方地名。即便是地方官吏最终发现了某人的真实原籍，也很难迫使这些游民返乡。721年，立法者制定了轮替交接式的强制遣返制度，然而，该项制度一定给地方官吏造成了沉重负担。通过准许在新的居住地登记迁移者的措施，不止使朝廷简化了办事程序，而且也使国郡官吏增加了地方税收以及劳力的供给。

736年，长屋王遏制非法移民潮的尝试被另一项法令所取代：

> 本府颁布一项法令：《养老律令》(5/4/27［721］)规定："若有捕获游民并找到其原籍，且该人有悔意并愿返乡者，以轮替交接方式护送其返回原籍。"然而，返乡路上，游民饱受折磨。若其愿返乡，须开具相应文书，遣送其返乡。
>
> 《养老律令》另有规定："相反，若无法找到其原籍，则在其现居地登记姓名。"取消此做法，用专用登记册直接登记姓名即可。令其缴税并在逃入地谋生。
>
> 天平8/2/25［736］①

---

① 《新订增补国史大系·类聚三代格》天平8/2/25法令，第385页。

第5章
农村居民区

　　本次在圣武天皇和藤原氏家族的监督下，朝廷再次修正了他们的想法。736年法令彻底废除了721年决策中强制陪护的法定条款，准许游民在其所定居地区缴税。然而，在736年法令中提到的专用登记册上登记姓名的农民却沦为贱民。这种专用登记簿可能成为9世纪初的游民名册［浮浪人帐］前身，并且逼迫在那里登记姓名的不幸农民缴税，事实上这些农民并不持有国家班授的田地。① 在建立抑制人口流动方式方面，736年法令与715年法令非常相似。圣武天皇和他的朝廷，又重新恢复了这些律令的最初宗旨。②

　　736年，一场严重的天花传染病横扫日本全境，这场传染病是促成新政策出台的一个要素，并且在两个方面表现出来。其一，在废除对返乡农民的强制陪护条款中发挥了决定性作用。在返乡的途中，迁移者与陪护官吏所遭遇的一个问题是，他们与染病者相互接触。立法者们决定让农民们自带证明文书返乡。一定有许多人对地方官吏的返乡命令置若罔闻，转而另觅他乡。

　　其二，这场疾病对实施不向逃亡者发放国家班田的政策产生了重大影响。依照《田令》的规定，惟有肥沃的耕地才适合于田地班授。随着传染病的暴发，大片耕地处于撂荒状态。由于稻田被撂荒，地方官吏遭遇耕地短缺的窘境。若想解决难题，一种办法便是鼓励农民开垦荒地；本书第3章提到，在743年的土地开垦法令中，该项政策得到了采用。解决肥沃耕地短缺的另一种办法是，拒绝向某些人班田。如此一来，受害者无疑是那些迁移者。

　　736年法令经常被认为是朝廷处理迁移政策转折点的例证，一部分原因是它为游民设立了一个单独的身份；另一部分原因在于它被平安时代初期的立法者所采用。然而，它绝非是旨在限制人口迁

---

① 直木孝次郎，《奈良时代史的诸问题》，第15页。
②《新订增补国史大系·类聚三代格》弘仁2/8/11太政官令，第519页。

移的最后一项措施。780年,朝廷废止了圣武天皇颁布的法令;浮浪人帐被取消了,加入村落的新成员与长期居住在当地的居民享有同等权益。① 781年,朝廷对上一年颁布的法令做出了补充,然而仅仅四年后,立法者又重新恢复了736年的法令。②

朝廷对农村人口的迁移政策总是频繁变动。当官吏们按照律令宗旨极力遣送迁移者返回原居住地时,他们发现,不光很难找到迁移者们的原籍,重新安置这些人同样很难。当立法者准许农民在迁入地登记时,国守们非常愿意将他们用作私人劳动力资源,可是当地的土地资源常常无法满足这些农民的需求。这些体现日本早期朝廷政策的法令和命令,与欧洲在黑死病过后所颁布的法令相类似:

> 富于冒险精神的农民……发觉规避法令并不难,因为权贵们为自身的直接利益而帮助他们违法……尽管竭力阻止,然而逃离土地现象比比皆是;法令频出并一再重申,然而收效甚微。1406年,在首次大瘟疫过后差不多60年,阻止农民逃离土地法令仍在实施。这些法令主要作用是记载了早期法令在防灾方面的失败。③

迁移者与迁移动机

战前的历史学家粗略地描述了律令下的迁移者们的状况:

---

① 《新订增补国史大系·类聚三代格》宝龟11/10/26太政官令,第384页;弘仁2/8/11太政官令,第519页。
② 《新订增补国史大系·类聚三代格》延历4/6/24太政官令,第384—385页。
③ 米斯基明,《文艺复兴早期的欧洲经济,1300—1460》,第46页。

由于无法负担繁重徭役，这些农民徒步在乡间游荡，甚至连亲属关系也断绝了。他们消失在陌生者的豪宅里，沦为劳工。①

来自畿内地区的四份税籍表明，大多数迁移者并非是为了摆脱贪官污吏控制的贫穷而孤独的难民。② 在这些记录里，被列为"逃亡者"的大多是女人而非男人，她们并不缴税（见表二十一）。在表二十一中，由于还未满17周岁，许多男性也不用缴税，这正是缴税的最低年龄。

在迁移过程中，移民并不孤单。在离开畿内地区的83人中，有88%的人，两人或多人一组，进行迁移；有71%的人（59人），三人或多人一组，离开原居住地进行迁移。在某些情况下，整户离乡。譬如，在726年山城国云下村的户籍记录中，34岁的出云臣霸还壳仍旧被列为有5位家庭成员的户主，尽管他与家人很久以前就离开了此地。③

---

① 北山茂夫，《奈良朝的政治与民众》，第89页。亦可参见原岛礼二，《日本古代社会的基础构造》（第473—524页），此书基本已被长山泰孝的《律令负担体系的研究》（第158—193页）所取代。

② 该分析取自直木孝次郎，《奈良时代史的诸问题》，第19—20页。人口统计学家设计出测量人口迁移的几种方法，最常用的是人口流动率，它被定义为：迁移者的数量除以一段固定时期内的人口数量。不幸的是，律令时代的记录并未提供出用以计算人口流动率的足够材料，这种状况需要一个地区和/或整个国家的两次人口普查之间数字，或者出生和死亡的登记数字。参见施洛克和西格尔，《人口统计学的方法和材料》，第616—640页。

③ 《大日本古文书·卷一》，第360—361页。在律令做出"逃亡者"须从税籍上除名规定后的很长时间内，山城国的税籍里还一直记录着这些人名字，对于其中缘由，历史学家也无法弄清。非常可能的原因是，当时该令条款完全沦为一纸空文。这些籍册记录着逃亡者们逃入国郡的名称，至于其中原因，仍无法确定。倘若官吏掌握了农民的逃向，那么他们为什么不将逃亡者遣返回原籍呢？对于这些记录的近期探讨，参见长山泰孝，《律令负担体系的研究》，第166—178页。

709年,出云臣霸还壳的母亲意美麻吕和一位名为出云臣刀自壳的年轻女人,动身迁往越后国的蒲原郡(新鸿县东部)。三年之后,即712年,意美麻吕所在家庭的其他两个成员,出云臣真足和他的女儿春日部主村麻夜壳,迁到近江国的栗太郡(滋贺县枇杷湖东南部)。意美麻吕一家迁往了不同地区,其中原因尚未可知。然而,在750年以后,越后国的大片土地被开垦出来;意美麻吕或许已经迁往新边疆,参加新边疆的开发去了。

表二十一 四份税籍中的男性与女性游民

地区	男性(A)	女性(B)	女性占比(B/A+B)
云上	7	12	63
云下	4	27	87
右京,3—3	1	5	83
爱宕	16	11	41
总数	28	55	66

样本中列出的所有人员都是任意抽取的。
来源:《大日本古文书·卷一》,第333—380、481—490、493—494、501、505—549页。

锦部直弥麻吕一家搬到了越前国,这个边疆国也可能为锦部直弥麻吕和他的家庭提供了大量的经济机会。① 在锦部直弥麻吕一家当中,有六口人迁到了越前国,然而全家并没有同时移居。712年,锦部直弥麻吕的儿子和两个女儿首先迁离。当他家的年轻一点的成员在越前国站稳脚跟之后,年长的锦部直弥麻吕和妻子才迁到此地。

出云臣真足是一位户主,他曾经夸口说,在云上村,他家的人口

---

① 《大日本古文书·卷一》,第517页。

有32人之多。① 出云臣真足的十位亲戚，包括母亲、大儿子、独生女儿以及七个侄女侄子，都离开了山城国，去了九州地区。许多亲戚因为年纪小而没法单独迁移，而且即便最终到达那里，也没有办法在九州地区生活下去。出云臣真足拥有朝廷官位，在大宰府上任之后，或许他的家眷们也跟随他一同迁居了。

正如传统观点指出的那样，登记在畿内地区户籍上许多"游民"其实并不贫穷。云上村的出云臣真足便是一位拥有从八位下荣官官位的朝廷官吏，然而他的家庭成员们却被列为"游民"。在拥有六位官位的出云臣大岛一家中，也有许多的家庭成员被列入逃亡者的名单之中。②

或许，低级官吏和其他中等富裕的人，要比贫苦农民迁移得更加频繁。从721到750年，户籍审查者［勘籍］追踪了9位官吏的迁移状况。③ 这些记录在册的低级官吏是东大寺佛经抄写处［写经所］的官吏，他们居住在纪伊国（现和歌山县）与河内国（现大阪）。30年间，九位官吏中有四位变更了居住地，从一个村落迁移到了另一个村落。那时候，其中三位官吏拥有三到四处住所。由于住址迁移的地域跨度很大，因此，几乎不大可能将这种住址的变更归结为是修订边界的结果。

人口迁移不仅是一种抗税行为的表现，而且也是日本早期社会不可或缺的一部分。至少有四种因素促成了人口流动：水稻农业技术水平低下、劳动力需求、谋生方式多样化以及婚姻习俗。农业技术低下造成了耕种模式的改变。在8世纪20年代和30年代的税籍中，记

---

① 《大日本古文书·卷一》，第334—335页。该论点取自长山泰孝，《律令负担体系的研究》，第172—173页。
② 《大日本古文书·卷一》，第343页。
③ 《宁乐遗文·卷二》，第535—537页以及《大日本古文书·卷二十五》，第137页。这些文书分析参照了吉田晶的《日本古代社会构成史论》（第165—191页）。

载了几个人口迁移的例子——从畿内地区迁移到越前国和越中国的边疆地区,在这些边疆地区,农民正在开垦新田地。这些税籍中记录了 21 位移民迁到了越前国、越中国和越后国,这个数字略高于逃亡者总数的 25%。8 世纪 60 年代,在这些国家境内建立起来的东大寺领庄园,一定也吸引了其他地区的移民。然而,当东大寺领庄园在 10 世纪走向衰败时,耕种者随后也被迫迁往其他地区。相同的模式重复着:农民先开垦出新稻田,而一旦地力耗尽,他们便弃地而去。

其二,劳动力的短缺也加剧了人口迁移。前面分析过的几项法令都反映出劳力短缺的问题;790 年出台的这项命令也暗示出了一个类似状况:

> 太政官命令:禁止向农场雇工分发鱼和玉米酒。
>
> 关于上述情况,本府接到右大臣奏报:
>
> "敝人接到诏书。'我们禁止像过去那样向劳工不断分发鱼和玉米酒。但据闻:近来,畿内地区诸国官吏仍未遵照诸法规之主旨,未发布禁令。因诸国官吏之纵容行为,富人们囤积了大量玉米酒和鱼;因其轻易实施了囤积行为,故喜不自胜。贫者惟有蔬菜可食,在作物种植中尝尽艰辛。为供养农场雇工,富者与贫者不惜倾家荡产你争我夺。害莫大焉。
>
> "'我们认为诸类状况有失公允。令诸国有关长官拘捕违法之徒,责令一官吏专项负责此事宜办理,令其立即深入乡村,详查此事。若有违反,依罪轻重,惩治罪犯,即便朝臣,一视同仁。此为永久警例。宁严勿宽。'"
>
> 延历 9/4/16[790]①

---

① 《新订增补国史大系·类聚三代格》延历 9/4/16 太政官令,第 625 页。

790年,京城地区突发恶性天花;这一年,很难找到能够种收庄稼的充足的劳动力。身体健康的劳工抓住契机,与雇主讨价还价,以便获得最高额度的佣金。

近期发现的一片木简表明,人们离开家乡,到其他诸国去寻找季节性工作:

兹恳请防人司:

　　农民们,经大初位上阿伎胜足石许可,来自于近江国、蒲生郡阿伎行政村[滋贺县境内琵琶湖东岸]。

　　同样还有伊刀古麻吕和大宅女。上述两人是大初位上笠阿曾弥安的家庭成员,来自于藤原东半部小治田地区[奈良县南部]。

　　上述两人,正被遣回京城。

　　[他们骑着]一匹七岁褐色公马。

　　里长:尾治都留伎①

这片木简是在山城国与大和国交界处的一条官道遗址附近被发掘出来的。

建造帝国京城和寺庙,也需要大量输入熟练的和非熟练的劳工。8世纪60年代,近江国石山寺(位于琵琶湖正南)的修建,是一个大型工程建设中劳动力短缺问题的显著范例。石山寺的修建工作由东大寺建造司监管。文献记载表明,维持足额的劳动力供应是一个令人头痛的难题。764年3月,劳动力短缺的问题到达了一个关键阶段:

---

① 《平城宫木简:解说·卷二》,第59—62页。亦可参见馆野和已,《律令制下的交通与人民支配》,载于《日本史研究》211:61—62,67(1980年3月)。

本处敬请传达最新消息……

……第三点：本处雇佣的建寺劳工，始终在建筑工地和山里劳作。每日，本处须雇佣60至100名劳工。然而，本处已耗尽东大寺建造司所发放的所有资金、稻米和蔬菜。敬请贵司提供给本处更多上述款项，经秦足人至奈良贵司（东大寺建造司）告援。若贵司无法拨给上述款项，劳工便会停工。此外，本处还存在为劳工买菜难之问题。本处买不到盐与海带。若贵司仅提供少量之上述款项，本处将难以维系。若贵司无法提供上述款项，且若此处劳工离去，恐本处再难雇到人手。

敬告，

天平宝字6/3/13[764]秘书[主典]

安都雄足①

那些入不敷出的劳工迁往其他地区，以便寻找报酬更高的中意工作。

其三，谋生方式的多样化致使人口频繁迁移。对于大多数农民来讲，刀耕火种农业是他们重要的生活方式，同时也要求他们频繁迁徙。许多农民以采集为生，这又是一条流动性很强的谋生之道。专业从事捕鱼的群体是总人口的重要组成部分，其重要性体现在，当752年圣武天皇驾崩并且依照他的佛教信仰宣布为期一年的动物禁捕令时，那些专业从事捕鱼的人们（海人）却可以排除在禁令之外。② 这些渔民并非在一处定居，而是不断迁徙。③

---

① 《大日本古文书·卷十五》，第165—166页。
② 《新订增补国史大系·续日本纪》天平胜宝4/1/3，第213页。
③ 羽原又吉，《日本古代渔业经济史》，第151—190页。

其四,亲属关系和婚姻模式也推动了人口迁移。如今,大多数历史学家认为,在日本早期,亲属关系是双边的,而且婚姻类型是望门居。① 后代可以从母系,也可以从父系;新婚夫妇可以选择单独居住,也可以与夫妻一方的父母居住。灵活的亲属关系,使住地的变更变得相对容易。根据著名人类学家罗宾·福克斯的观点,双边性的亲属关系"造成了人口迁移以及农户人口的自由分布"②。

当然,制度因素和阶层因素有时也成为人口迁移的另一个现实性动因:

秦弟君	100 铜钱
调乙万吕	100 铜钱
仓古万吕	80 铜钱
日下部厷人	60 铜钱
秦立人	100 铜钱
大友诸人	40 铜钱
神人広万吕	100 铜钱
调玉足	100 铜钱

上述提及人员于761年12月27日收到了月度借款现金(从东大寺的写经所),而他们未还借款便已出逃。

这些人采用了化名;当本处了解到他们正在石山寺工作时,本处向吉成勋爵提出请求。若这些人在贵地附近,

---

① 关于日本早期婚姻制度,做出开创性的研究分别是高群逸枝(《日本婚姻史》)与威廉·麦卡洛[《日本平安时代的婚姻制度》,载于《哈佛亚洲研究杂志》27:103—167 (1967年)]。对于近期概述,参见关口裕子,《日本古代家族的规定血缘》,载于《古代史论丛·卷二》,第417—491页;吉田孝,《律令制与村落》,载于《岩波讲座日本历史3·古代3》,第156—161页。亦可参见第1章第56页注释①。
② 罗宾·福克斯,《亲属关系与婚姻》,第83页。

须从其所得收入中扣除本记录所列数额,并将款项退还本处。恭告。

岛取国万吕的信函。

天平宝字6/3/21[761]①

朝廷官吏所施加的压力直接导致了逃亡,然而,如果在石山寺找不到工作机会,这八位劳工也会用另一种不同的方式与官府作对。

日本早期,人口的流动率居高不下。水稻农业的流动性、劳动力的短缺、多元的谋生方式以及亲属关系的模式等都是人口迁移的推动要素。事实上,农业人口的频繁流动与居民区的布局息息相关,在这种居民区布局中,地域景观和居民都在发生着不断的变化。

农村居民区布局

761年,在越前守和东大寺建造司的寺官之间,发生了一场争端。这场争端焦点是:在东大寺辖区内,一些东大寺地产包括了国家班田的受田者,这些受田者早在749年以前便定居于越前国;同年,东大寺获得了建设东大寺庄园的土地开垦权。东大寺建造司的寺官要求迁走在其庄园内耕种土地的农民;越前守却希望维护其对农民和耕地的管辖权,依照法律的规定,这些耕地作为公田已经被分配完了。

最终,在766年,奈良朝廷平息了这场争端,维护了东大寺的权利要求。朝廷下令规定,农民用于出卖与交换的所有土地,必须在东大寺地产的辖区内进行;749年以前所占的耕归属东大寺领管辖。东大寺庄园辖区以外的班田,被分配给背井离乡的农民。

---

① 《大日本古文书·卷十五》,第441页。

为将这种复杂的地权调整过程记录在案,越前国的国守向奈良朝廷提交了一份报告。记录中标明了每位农民的持田规模、其官方住址以及耕地重新调整前后的位置。这些庄园文书记载着48位农民的信息。

在东大寺最终建立的子见庄园和田官庄园里,持有土地的农民来自整个福井平原的全境(见地图六)①。农民官方住址经常离耕地很远;在48位农民当中,有18位住在距离所耕种稻田8公里或更远的地方。一位农民不大可能每天来回步行16公里去侍弄稻田。那么,这些国家班田的受田者是如何设法耕种的呢?

对于受田者而言,一个解决办法是把耕地出租给当地农民耕种,这样他便可以避免在住所和耕地间频繁往来所带来的不便。在日本奈良时代和中国唐朝时期,在农民住所距离耕地远的情况下,出租耕地是一种常见的做法。② 对于官方住址距离班授耕地远的不幸农民来说,还有另一种选择:在耕地附近修建住房。《万叶集》里,有几首抒情诗曾经提到了这种做法:

可是,我还得推倒
收割时住过的临时小屋[借庐],
此刻,鹅鸣声凄冷
恰如那一场初霜。③

田野间春雾缭绕之时

---

① 我的论证采用了岸俊男观点,参见岸俊男,《日本古代籍帐的研究》,第379页。应当注意的是,虽然岸俊男的观点似乎暗示子见庄园和田官庄园是分散的居民区,然而他并未得出任何结论;这些居民区布局也可能更加紧凑。
② 西岛定生,《中国经济史研究》,第657—672页。
③ 《日本古典文学大系・万叶集・卷五》,#1556,第322—323页。

我搭起一座小屋[庐]。
直到秋收时节，
惟有对她眷恋满怀！①

在9世纪初，一项法规也提到了农民"离开村庄去耕种的田边暂住的情景"②。

《万叶集》里收录的诗歌暗示出，农民在耕地附近修建住所虽然是临时的，然而将其变成固定住所的诱惑力却是巨大的。维持两处住所，不光意味着家人们要分开居住，而且维护费用也会增加。如果有一处住所闲置不用，那么盗贼会肆无忌惮地将废弃的住所洗劫一空。毫无疑问，在子见庄园和田官庄园里，有许多农民在田地附近长期居住着，对他们官方住所不管不顾。假如这种解释是正确的，那么越前国的农民居住区将不会是聚集的而是分散的。福井平原上的景观，便一定是由散布于稻田和荒地各处的几所民房组成。

其他的庄园档案也表明居民区布局的分散性特征。两位历史地理学家对福井平原上道守村的早期图景进行了重建，结果发现，人们的住房彼此分开，散布于稻田和荒地之间。一张来自越中国鹿田村的东大寺工程地图表明，农民更喜欢在单独的住宅里居住。第4章中提到的赞岐国境内的弘福寺辖地包括了很大一片居住区，这片居住区与耕地的数量相互匹配；赞岐国的农民也很可能居住在分散的居民区里。③

---

① 《日本古典文学大系·万叶集·卷六》，#2550，第132—133页。
② 《新订增补国史大系·类聚三代格》大同4/9/16太政官令，第428页。
③ 金田章裕，《奈良平安期的村落形态》，第83—85页。对于小村落、独立田宅、分散村落以及聚居村落的定义，参见同上，第53页。

第 5 章
农村居民区

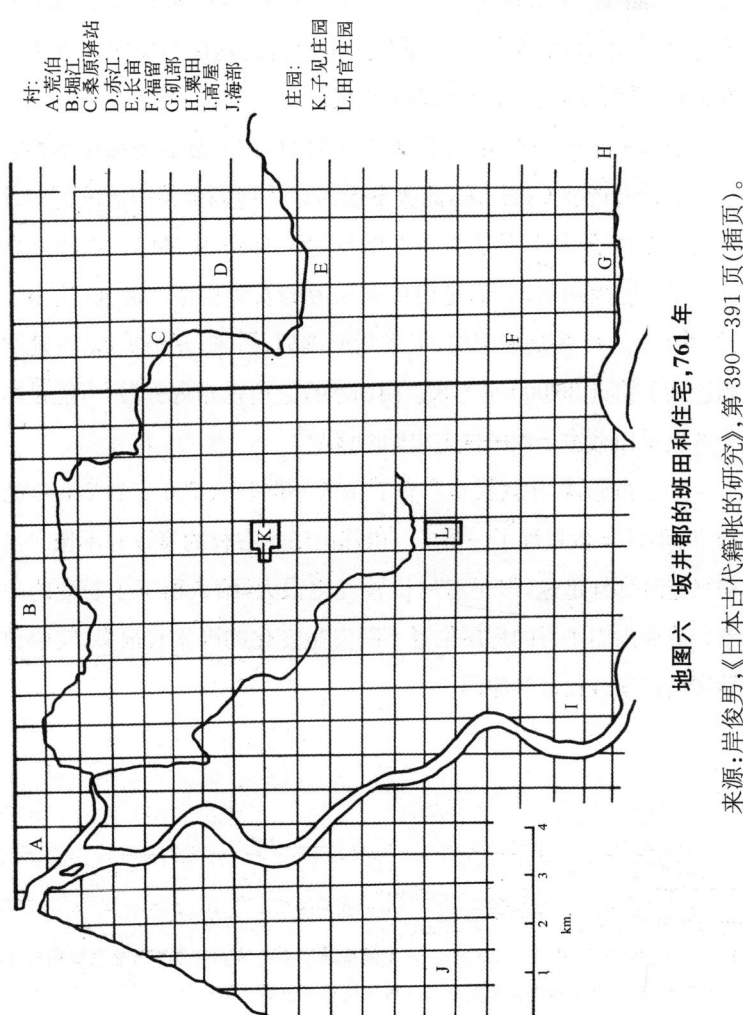

村：
A.荒伯
B.堀江
C.桑原驿站
D.赤江
E.长苗
F.福留
G.矶部
H.粟田
I.高屋
J.海部

庄园：
K.子见庄园
L.田宫庄园

地图六　坂井郡的班田和住宅，761 年

来源：岸俊男，《日本古代籍帐的研究》，第 390—391 页（插页）。

总体说来，庄园式的村庄或许并非是典型的乡村布局。但考古学的证据支持这种结论，即日本早期的居民区布局是分散的。长野县中部的平出村包括了 16 处农民住宅，散布在方圆大约 27 000 平方米的范围内（见地图七）。① 平出村地势平坦，在那里，山脉或者河流并没有对该村的布局产生影响。平出村的这座居民区由散布于农田和荒地之间的几处单独农舍组成。

位于千叶县（千叶市东部 20 公里处）境内一处名为山田水吞的村庄遗址最近被发掘出来，此次发掘为详尽地调查某一居民区的发展过程提供了可能（见表二十二以及附图 F,G 及 H）②。山田水吞并不是一座聚居村落，而是由排布松散的农舍组成。起初，这座小村庄内只有 11 座房屋组成，呈半圆形排列；后来，逐渐扩展，占地面积达到了将近 36 000 平方米。山田水吞之所以布局分散，可能是由于各块旱田散布于农民住宅中间的缘故。

除了布局，村庄规模也存在着很大不同。从 700 年到 725 年的 25 年间，住宅数量翻了一番多。虽然山田水吞村的衰败并不像它当初兴起时那样迅速，但是房屋位置变化很大，给人留下了易变的印象。造成山田水吞的房屋位置不断发生变化的因素有很多，其中包括居民迁出或亡故等原因。

---

① 关于平出村的发掘，参见《平出》。许多地理学家在将其方法用于考古遗址的研究时犹豫不决，因为若想精确复原当时的地貌相当困难。
② 我的论证取自于《山田水吞的遗迹考察篇：别册》，亦可参见石井则孝在《古代的集落》（第 181—194 页）中对于山田水吞的论证。石井则孝认为，山田水吞是一座"开发村落"或者"土地开发村落"。这种解释似乎对本章以及之前章节做出的结论提供了支持，即居民区具有易变性，以及律令时代的农业具有游动性特征。

第 5 章
农村居民区

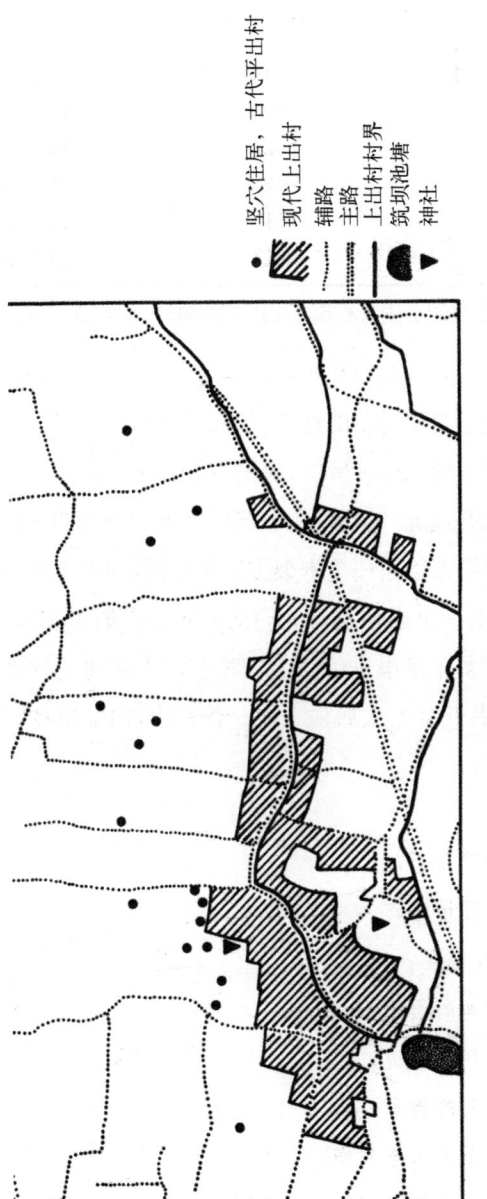

地图七 八世纪的平出村

坚穴住居，古代平出村
现代上出村
辅路
主路
上出村村界
筑坝池塘
神社

来源：金田章裕，《奈良平安期的村落形态》，第 85 页。经《史林》许可。

表二十二　千叶县的山田水吞村居民区

年代	住宅数量	住宅平均面积
700	10	16.3 m²
725	23	16.6 m²
750	24	18.7 m²
775	26	14.8 m²
800—850	19	14.4 m²
850—900	17	13.2 m²

来源：《山田水吞的遗迹考察篇：别册》，第886页。经光文社许可。

造成山田水吞村的规模和布局发生变化的另一重要原因，是在房屋建造中使用了易碎易腐的建筑材料。当时，最常见住所是窨屋（坚穴住居）。为了建造这种房屋，农民首先在地上挖出一个几公分深、约16米见方的浅坑。然后，在土坑里竖上四个或四个以上的木柱，最后，再把茅草覆盖在一个木架上。在里面，用泥土塑成一个炉子，在屋顶上留出一个通烟孔。他们把坚穴住居的中央地面夯实，因为日常活动大多在这里进行。人们睡在屋内四边的软地上。一座坚穴住居，可供五至七人居住。在一首诗中，山上忆良曾经提到过这类坚穴住居：

低陷的棚顶下，
倾斜的围墙里，
此时，我躺在
摊于裸地的稻草上。
爹娘在我的枕边，
妻儿在我的脚旁，
尽蜷缩于泪水与悲伤。
不见炉火燃起炊烟
起于灶旁，

锅里，

蜘蛛织网忙。①

还有一种并不常见的建筑样式，大多见于畿内及其附近地区。②居民们并不是挖出一个坚穴住居用于居住，而是在地面上建房，有时还会铺上木地板。他们竖起柱子，用以支撑屋顶和墙壁，因此这种房屋便被称为"柱坑住宅"（掘立柱住居）。这种住所常常比坚穴住居要宽敞一些。许多日本历史学家认为，巨大而结实的掘立柱住居是富人偏爱的住宅。

这两种房屋都是临时的。生火做饭时蹦出的一颗火星就能够引燃屋顶，整座房子很快就会烧起来。山田水吞内的几处房屋，就是被火灾烧毁的。即便居民足够幸运，住宅不发生火灾，他们还得面对茅草、木料等建房材料慢慢腐烂所带来的危险。据估计，在山田水吞村，房屋的平均使用寿命仅为15年。这使人们联想到，伊势神宫按常规每20年就要重建一次。

能够被重建的律令时代村庄，并非只有平出村、山田水吞村以及东大寺领庄园等这几处地方。金田章裕详细研究了居民区布局，分析了20多个村庄布局的实例，这些实例取自地契、庄园文书以及考古学的记录。尽管在研究过程中他发现这些村庄在规模和布局上存在着巨大差异，然而金田章裕却连一例人口密集的聚居居民区都找不到，即便大多数历史学家认为人口密集的村落是律令时代乡村所具有的特征。③ 由于文件资料的匮乏、可靠性低，金田章裕的研究结果招致了反对；在日本，对于居民区布局的研究尚处在起步阶

---

① 《日本古典文学大系·万叶集·卷二》，♯892，第100—101页。《万叶集》，《日本学术振兴会》译，第206页。
② 楢崎彰一、横山浩一编，《古代史发掘10·都城与村落的生活》，第45—49页。
③ 金田章裕，《奈良平安期的村落形态》，第86页。

段。但在找到一个人口密集村落的明显实例之前,金田章裕的观点就应该被判定为最有说服力的。

此外,书面资料证据也支持了金田章裕的观点。① 来自出云国、肥前国、播磨国、丰后国以及常陆国等五国的地方风物志(《风土记》),成为分析村庄布局的基本来源。这些《风土记》常常把村落景观描述为四周环绕着荒地、山脉和河流。在播磨国的《风土记》中,伊势荒野和麻打山地区(兵库县西部)被描述为这样地区——人们居住在分散的住所之中。②

有三个关键因素决定着居民区的布局。其一,农业技术水平低是一个重要因素。③ 在日本早期,许多地区的灌溉技术很原始;耕地出现周期性的撂荒。耕作方法的不可靠性反映在居民区的流动性和分散性上。

其二,地形也是决定居民区类型的重要因素。日本境内多山;就这个方面来讲,日本与中世纪的苏格兰相似,在苏格兰,居民区也具有小型化和分散化的倾向,这与英格兰中部地区的典型聚居村庄不同。④

其三,在居民区布局中起到一定作用的是,日本大部分地区受

---

① 武藤直,《日本古代的村落形态》,载于《史林》52:112—124(1969年6月)。
② 《日本古典文学大系·播磨风土记》,第290—293页。
③ 历史地理学家做出假定:在农耕方式与农村居民区之间存在着关联。譬如,参见艾伦·梅休,《德国的农村居民区与农业》。务必要注意的是,对于欧洲旱作农业来讲,这种关联已经极其牢固地建立起来。其他生产方式譬如水稻栽培或者刀耕火种,也许并没有与特定的居民区模式完全保持一致。又如,对于全球范围内的刀耕火种农业的考察表明,它有可能与密集或分散的居民区都相关。然而,我的观点建立在日本早期的历史证据基础上,这些证据表明,游耕农业模式和分散居民区之间确实存在关联性。
④ 贝雷斯福德·莫里斯、约翰·赫斯特编,《废弃的中世纪村落》,第169—181、229—244页。

到的外部威胁少。除了本州岛北部和九州岛南部以外,日本的大部分地区免于陷入中世纪时战乱所造成的灾难性影响。居于日本大部分地区的农民几乎不需要联合起来防范外部威胁。只有在日本东北部地区(本州岛北部),土著居民对朝廷派到此处的移民构成了威胁,而这种敌对状态为形成建有城墙的官方居民区提供了动力。

居民区布局与地方行政机构

以下是对早期村庄状况的描述:

> 除几户邻居外,这些村社在地理位置上可谓与世隔绝。自史前以来,这些村社始终是聚居居民区,其中各家各户……完全挤在一起。①

虽然将来也许会发现新的证据以便使这种描述更加切合实际,但就历史学家、地理学家和考古学家目前的研究来看,这种解释或许需要重新思考。更确切地说,律令时代的居民区一向很小;农民居于单独的住宅或者小村庄里;他们的一座座小屋向四周延展,散布于群山、山谷和田野之间。这些分散的小型居民区之所以占主导地位,是由山区地势、少受外部威胁以及游耕农业模式所造成的。

律令时代的农民经常迁移,就这一状况而言,查看一下那些有关流浪和税收文书的法令便可以得到验证。虽然逃税无疑是刺激人口迁移的一个重要因素,然而日本早期的社会性质也是促进人口流动的一个因素。人们之所以迁移,目的是希望在劳动力短缺的经济中抓住机会。婚姻模式、农业技术以及多元的谋生方式也是引发

---

① 托马斯·史密斯,《现代日本的农业起源》,第60页。

人口流动的原因之一。甚至,建筑材料质量低下也对人口迁移趋势起到推波助澜的作用。面对散居各地的流动人口,无论在向国民征税或征召国民入伍的方面,立法者都面临着诸多困难。

对于朝廷建立地方控制的机制,必须以日本早期居民区布局的分散性与流动性的特征为背景来看。① 正如在绪论中指出的那样,《大宝律令》建立起一个简单的农村管理制度,其中,每一个行政村(里,里以及后来的"乡")由50个农户组成。与共同责任单位[五保]制度一道,行政村的设置发挥着它的作用,从而使朝廷把权力拓展到日本全境。

可以将日本采用的制度与唐朝的相应制度做一下对比(见表二十三)。从中国的法典中,日本统治者仅仅借用了人为划分的地方控制单位。朝廷没有采纳唐朝法典中关于自然村落的划分方式,因为日本不存在类似于中国唐朝那样巨大的聚居村落。② 日本立法者更倾向于关注人口的流动以及因人口流动所产生的分散定居的趋势。

表二十三　中国唐朝和日本早期的地方行政机构

A. 中国唐朝		
人为划分单位	自然单位	
农村和城市 大型村庄(乡)	农村 村庄(村)	城市 街区(坊)

---

① 下列解释已由吉田孝[《公地公民》,载于《续日本古代史论集・卷二》,第436—451页]讨论过了。吉田孝对中国制度的分析建基于宫崎市定的著作《亚洲史研究・卷四》(第486—487页)之上。对于农村居民区及其行政管理的简明论述,亦可参见约翰・霍尔的《500—1700年的日本政府和地方权力》(第83页),其观点与吉田孝的基本一致。

② 吉田孝,《律令制与村落》,第175—176页。

| 小型村庄(里) | 邻居(邻) | 邻居(邻) |
| 共同责任单位(保) | | |

B. 日本奈良时代

人为划分单位		自然单位
农村	京城	无
村庄(里)	街区(坊)	
共同责任单位(五保)	共同责任单位(五保)	

来源:吉田隆,《公地公民》,第440—442页。经青山定雄与吉田孝许可。

日本律令时代的地方行政制度也许的确有与之相当的中国制度:北魏制度。在土地所有制的安排上,日本与北魏的制度更为类似,超过了与中国其他朝代的相似度;日本律令时代的地方政府的结构安排遵循着这种相同的模式。北魏的地方政府结构安排,有利于征召保卫帝国安全的士兵。北魏的村级行政的起源和目标,或许与日本早期的状况相似。① 村级的行政机构和军事组织之间的一致性,着重表明了朝廷认为8世纪初期国家所面临的外来威胁的严重程度。

到中世纪时,村庄布局似乎已经发生了变化。地理学家们声称,一座13世纪庄园——乙木(奈良县南部)——乃是首例聚居居民区。② 乙木的住宅紧密地聚集在一起,被一条护城河所环绕。居民区布局的变化,或许与人口的增加、社会关系的变迁以及伴随着中世纪农业革命到来的农业生产力的提高息息相关。

---

① 浦田明子,《编户制的意义》。
② 金田章裕,《庄园村落的景观》,第91页。

结　语

对于日本效法中国文明的时期,以往的历史学家做了以下两个方面的评述。第一种解释(可称作"不适用理论")认为,在日本这块土地上,中国式的中央集权国家制度根本行不通。这一有待证实的理论认为:律令制只是中国隋唐制度的翻版,隋唐制度是在中国特定的环境下发展起来的,因此,在某种程度上讲,只适合于中国人的特性和生活方式。惟有通过大刀阔斧的改造,才能使这些中国制度适用于日本,然而,这些改造则恰恰会从根本上破坏律令制的性质。这种"不适用理论"在战前的日本学界和西方学界中最为盛行,而在近期的英文著述中,这种理论观点仍然不时出现。

另一种更新的观点则指出,中国式的中央集权制度之所以失败,其原因就在于,这种制度无法应对经济增长所带来的挑战。根据这种解释,在律令制度下,经济增长为自身的衰败埋下了祸端。随着新制度的实施,经济状况得到了改善,人口的数量开始增加。为满足不断增长的人口需求,新政府发布命令,要求开垦新田;然而,实际上,惟有通过赐予开发者们长期持有土地的许诺,新政府才能激发他们的积极性。

长期土地所有权的确立意味着:这些开发者们(贪得无厌的贵族、贪官污吏和富有的寺院)不再认为自身与律令制度的正常实施息息相关。人口普查、土地分配以及人头税的收缴,越来越难以施行。权力也从危害中央集权国家的那些集团的掌中落入地方豪族的手里，这些地方豪族在平安时代末期已经成为一股重要的政治力量。这种解释可以被称为"内部扩张理论"，它建立在畿内地区的人口迁入和过度增长的史实记录基础之上，在1945年以来的研究著作中表现最为显著。

与这些观点相反，我提出了一种"经济落后说"的观点。我的观点由四个部分构成。在日本律令时代落后的经济表现中，最首要、最关键的因素便是传染病所导致的破坏性影响。在《瘟疫与人》中，威廉·麦克尼尔强调指出，瘟疫对中世纪的欧洲产生了巨大影响，这种影响构成了西方学界坚实的研究基础。我认为，对于阐释日本的状况，麦克尼尔提出的模式同样有效。差不多每过一代，造成人口大量死亡的致命传染病便会由大陆传入日本，这大大延缓了人口的增长。天花瘟疫、麻疹以及其他疾病，险些造成了青壮年人口的灭绝，这些人口对传染病毫无抵抗能力，而他们恰恰也是劳动力的主要来源。在这类传染病当中，记载最为完整的一例便是从735年一直持续到737年的那场天花瘟疫。这场瘟疫从朝鲜半岛传入日本，使日本损失了25%至35%的人口，对日本的经济和政治造成了灾难性影响。

在两场传染病暴发的间隔期，日本的人口数量猛增。人口普查数据表明，在702年，日本人口呈现出稳定而快速的增长。对于8世纪20年代农村人口出现的短期过多现象，有一份诏书做出了描述。然而，基于这一证据做出的推断——在250年间，人口持续增长——忽略了人口平衡方程中的一个变量，而且还是最重要的一个变量。8世纪初相当高的人口增长率只是加深了8世纪30年代末期人口萧条的程度而已。

在"经济落后说"的论点中，另一个关键因素是对土地开垦的新观点。在1967年，研究平安时期社会与经济的历史学家户田芳实注意到，在10世纪和11世纪时，经常出现的状况是：开垦出来的新田经过几年的耕种,随后便被撂荒了。认真研究律令时代遗存下来的大量资料中的朝廷法令和土地记录,可以证实户田芳实的观点。耕地的规模并非不断扩大,恰恰相反,新田开垦取得的成果被旧田撂荒所造成的损失抵消了。耕地的收成——假如有的话——也会很低,有时候,一些地块甚至颗粒无收。在农业发展进程中,这种循环模式与人口变化的趋势非常一致。

对于645年到900年间长期耕种的土地面积,历史学家给出的估数往往过高。在某些情况下,甚至都没有尝试把荒地改为稻田;朝廷常常谴责那些只圈地而不开垦的人。在另一些情况下,昔日的良田被撂荒,全部规划都流产。譬如,在8世纪,官办寺院东大寺所辖的稻田遍布日本全境。而到10世纪时,许多良田又变成了撂荒地。

产生农业发展一片大好印象的一个主要原因,便是对早期农业持有一个错误观念。现代读者通常将稻作农业视为集约型的农业,这不仅需投入大量的劳动力,还需要拥有成熟的灌溉技术。如果我们假定律令时代的农民采用了后来德川时代的集约化耕作技术,那么,大片土地的开垦将意味着农村经济的大幅度提高。然而,这些设想却越来越多地适用于后来时代的状况,早期的水稻农业通常采用粗放性的经营方式——在广袤的土地上,劳动力和技术的投入非常之少。[①]

第三个阻碍因素,是农业技术在地区上的分布不均。在律令时代,虽然农业技术经历了无数次的改进,然而,在耕种土地过程中,农民们几乎没有采用这些经过改进的农业技术。迈克尔·波斯坦指出,在中世纪欧洲,类似现象也同样发生过:

---

① 竹内理三,《国土的开发》,载于竹内理三编,《古代日本1·要说》,第188页。

> 正如我应再三强调的那样,中世纪农业技术的真正问题并不是为什么新技术知识没有立即生效,而是为什么这些为中世纪人们所知的方法甚至是工具,没有被应用,或者是说为什么这些方法和技术没有被更早地且被更广泛地应用。①

至少,跟人口问题一样,技术问题也同样受到人为因素的制约。

在本书中,关于农业技术普及面不广的例证可谓比比皆是。即便是在经济发达的地区,譬如在京城所在地的畿内,可为水稻农业提供充足用水的灌溉池塘也少得可怜。采用水车灌溉的计划,没有取得任何进展,它们只是立法者的愿望而已。农业技术的不足问题也同样困扰着关东地区的农民,在那里,若想在更为粘重、更为肥沃的土壤上种植水稻,铁制农具是必不可少的。考古学的证据表明,甚至在900年,装有铁尖的锄、锹和铁镰的持有率,只约占人口的5%至15%。面对这些难题,农民经常借助旱作农业和刀耕火种的农业方式,种植大麦、小米或大豆等作物。

第四种要素,即农村居民区的性质,这得到了来自疾病、土地开垦以及农业技术方面证据的证实。过去,人们一度认为,律令时代的农民居住在密集的聚居村落里,就像德川时代以及后来时代遍布乡间的村庄一样。然而,通过对庄园地图、地方风物志以及考古遗址的分析,人们发现:大多数人并非居住在聚居村落里,相反,却是居住于分散的居民区、小村落以及单独的宅地中。在一个传染病肆虐、饱受游耕农业模式之苦的社会中,人口的迁移可谓司空见惯。为了逃税,农民们也经常迁移。

综合上述四种要素,我们可以描绘出一幅律令时代经济落后的

---

① 迈克尔·波斯坦,《中世纪的经济与社会》,第42页。

图景。或许,图七可以展示出这些可变因素之间的相互作用状况。当然,对于日本律令时代的经济实况,图解只能给出一个抽象的说明。然而,我提出的证据却可以展示从645年至900年的整个历史时期内农民的困境,即"稀疏的人口分布与原始的农业技术之间的恶性循环",对于理解这一循环,图解确实可以作为一种直观的辅助手段。①

同样,这种恶性循环模式也制约着律令时代的立法者;若要长期维系一个中国式的中央集权制度国家,则必需有一个经济基础,这个基础建立在一直从事土地长期耕种的稳定人口之上,然而,这种基础却并不存在。尽管制度上的进步和新的精英文化改善了朝廷贵族的生活,然而对于大多数日本人来讲,这种共同的繁荣却是遥不可及的。人口的危机以及农业状况的差强人意,造成了劳动分工的滞后,也使商业阶层无法形成。除却京城以外,直到平安时代将近结束,日本的大都市中心才发展起来。

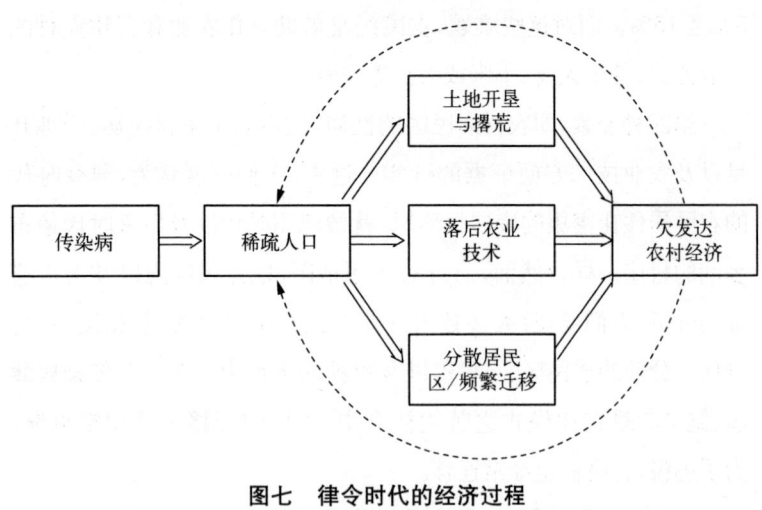

图七　律令时代的经济过程

---

① 埃斯特尔·波塞鲁普,《农业成长的条件》,第70—76页。

在早期的人口和农业研究中,新的观点没有必要贬低那些以往的阐释所做出的贡献。在阐释中央集权国家的衰败原因时,"不适用理论"与"内部扩张假说"提出的要点,会继续发挥重要的作用。这些关键点应该包括:贵族阶层的私欲膨胀以及行政制度的不够完善,尤其是在地方行政制度层面。然而,耕地撂荒、农民迁移以及疾病造成的影响,也使这种制度实行起来更加举步维艰。农业技术和瘟疫等可变因素与制度、政治因素一道发挥着作用。

在日本早期,人口和农业状况与制度状况之间的确切关系究竟是怎样的,这是一个复杂的主题。关于庄园和国衙领的演变历程、京都政治的走向,或者根据我的发现提出的国司官吏日益增强的权力等这类主题,若要分析这些,则很容易占去本书的大部分篇幅。在此,我只想粗略谈论一下三方面的问题,这三方面的相互关系比较明确;同时,我还提出了几个问题,以待今后研究。

其一,我的解释将有助于理解律令时代的课税制度分类。根据《大宝律令》规定,上缴中央政府的两种主要课税是人头税。凡身体健康的成年男性均须缴纳地方产品税,通常是以上缴布匹、铁器、粮食等形式完成,同时,也应以缴纳布匹或稻米形式完成徭役免除税。缴税者须将这些上缴物品运送至民部省或者大藏省,然后,民部省或大藏省会将这些物品以薪金的方式支付给劳工或官吏。①

在8世纪末和9世纪时,《大宝律令》中对个人进行课税的规定经历了根本性的转变。在关于九州地区的823年法令中,改变人头

---

① 关于700年至925年政府财政的详细讨论,参见早川庄八,《律令财政的构造与演变》,载于弥永贞三编,《日本经济史大系1·古代》,第221—280页;特别参见259页图表。

税的做法首先被提出来。① 这项法令规定,在一个单独机构的管理下,九州地区的土地由服徭役的劳动力耕种。收成的一部分用于支付农民在诸如食物和农具上的花销,余下的部分则用于缴纳那些以前亏欠的人头税项目。农民们个人不再上缴人头税,但需上缴稻米税,由此诸国官府能够用收缴上来的稻米税购买布匹、铁器和粮食,并上缴给中央政府。如此,课税权的大部分便集中于地方政府,这种状况为建立在诸国配额基础上的平安时代的包税制发展铺平了道路。

823年的法令制定者制定出方案,其目的是在严酷情况下维持朝廷收入。九州地区的人口连续数年遭受传染病的蹂躏;与此同时,农作物歉收。就在法令颁布的同一个月,朝廷史书记载道:"整个帝国饱受传染病之折磨;丧命者众多。西海道[九州地区]灾情最为严重。"②立法者认识到,在形势动荡的情况下,按照土地面积而非人口数量的课税制度更为合理。九州地区的试行政策,为在税收政策与人口状况间建立起联系提供了一个著名范例,然而,毋庸置疑的是,与此相似的范例还有待更有远见的历史学家们做出进一步研究。

其二,对于日本律令时代的人口和农业现实状况的评价,为一个旧问题,即地方豪族势力崛起的解决提供了新的视角。根据《大宝律令》规定,地方豪族被任命为郡司,他们充当中央政府和农民之间重要的纽带。从8世纪末开始,郡级官职的竞争似乎愈演愈烈;《大宝律令》中提及地方豪族的例子非常多。户田芳实解释说,地方

---

① 本法令出现在《新订增补国史大系·类聚三代格》弘仁14/2/21太政官谏书(第434—437页)中。该法令的研究包括,赤松俊秀,《公营田中所见的初期庄园制的构造》;村井康彦,《古代国家解体过程的研究》,第61—118页;长山泰孝,《律令负担体系的研究》,第246—284页。
② 《新订增补国史大系·日本纪略》弘仁14/2/"是月"条,第314页。

豪族势力日益彰显，代表着一个新的阶层——他称之为"富人阶层"——的崛起。户田芳实把富人阶层的崛起看作是9世纪时期律令制国家衰落的最主要的原因。①

那么，扶持新阶层崛起的财富究竟来自何处？事实上，地方豪族聚敛财富手段有很多，其中之一便是私人稻米出借。在春季，将稻米预付给贫苦的农民，等到了秋季，当预付稻米到期时，收取50%或100%的利息。这类借贷的需求量在困难时期非常巨大，尤其是在饥荒和瘟疫暴发期间。在737年天花大瘟疫暴发之时，为了保护贫苦农民免受牟取暴利者们的盘剥，中央政府曾严令禁止这种私人借贷行为。② 在瘟疫频发的9世纪初期和中叶，控制私人稻米出借的其他法令也纷纷出台。③ 在人口和农业状况不稳定的情况下（如前所述），地方豪族对绝望农民的盘剥机会一定非常多。事实上，社会结构与传染病之间存在着确切的关系，这也为进一步调查提供了足够的研究空间。

其三，本人的分析也对后来各个时代的经济发展状况提出了质疑。日本近代经济的发展过程是一个复杂的主题；本书中并未探讨的许多可变因素也发挥着一定的作用。仅仅针对900年之后的时期做一个详尽调查，便可得到一个完整的图景，但这也超出了本书的论述范围。然而，在对律令时代的研究过程中，本人发现，在平安时代末期以及镰仓时代，日本经济开始出现根本性转变的迹象。本人创造出"中世纪的农业革命"这个新词，以此来描述此时已经开始的变化。

在本书中，对于中世纪农业革命的特点，论及之处可谓比比

---

① 户田芳实，《日本领主制成立史的研究》，第13—44页。
②《新订增补国史大系·类聚三代格》天平9/9/21令，第403页。
③《新订增补国史大系·类聚三代格》承和7/2/11太政官令，第399页。同时要注意"弘仁10/2/20太政官令"中包含的内容。

是。恰恰就在当时,麻疹和天花演变为地方病的迹象首次显现出来。更为持久的人口增长,使得需要供养的人口数量成倍增加,同时也为土地的耕种提供了更多的成年劳力。耕地撂荒的进程变得极其缓慢,更为深入的精耕细作技术,譬如建造水车和"碟池",开始投入使用。双作方式开始在畿内地区出现,旱作农业变得有利可图。律令时代分散孤立的居民区,也变得紧凑了。

正如我目前认为的那样,对于促进经济发展的各种力量,新的排列如图八所示:

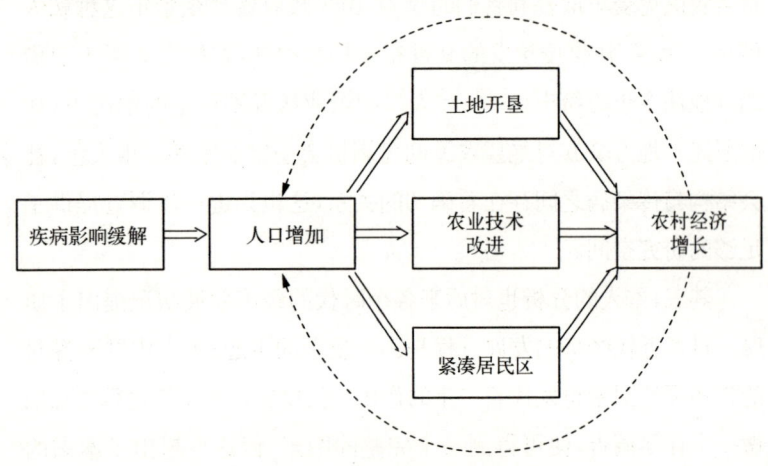

图八 中世纪的农业革命

对于中世纪的农业革命,本人只是做了简要的描述,还有许多要点有待进一步的澄清。然而,有三个方面的问题值得特别关注。其一,对于平安时代中叶(900—1050)的状况,人们持有怎样的观点?那是一个向地方性疾病与更为先进技术逐渐过渡的时期吗,抑或当时的人口和农业继续奉行着律令时代的模式?其二,为了摆脱那种恶性循环模式,日本采取了怎样的解决方法?技术改进发生在人口增长之前,还是人口增长发生在技术改进之前?其三,经济转变与制度之间的关系是怎样的?尤其是,渐渐崛起的武士阶层发挥着怎样的作用？

在中世纪农业革命发生之前，律令时代的那些束缚力量无疑需要被克服。直到传染病演变为地方病之时，人口才开始了持续的增长，居民区才趋于集中。只有在确保获得灌溉用水、铁制农具和成熟的耕作技术之后，农民们才能够在更稳固的基础上开垦土地。律令时代的历史，不仅是日本为摆脱人口增长缓慢和经济发展落后的恶性循环的斗争史，也是在新时代到来之前的必然前奏。

附录

表 A(第 1 章):奈良时代和平安时代的现存人口资料[a]

序号	年代	(统治时期)	出处[b]	出版
1	702	(大宝二年)	美浓国,味蜂间郡,春部里	《大日本古文书》I/1—24;《宁乐遗文》I/31—44
2	〃	〃	美浓国,本巢郡,栗栖太里	《大日本古文书》I/24—40;《宁乐遗文》I/45—54
3	〃	〃	美浓国,肩县郡,肩肩里	《大日本古文书》I/40—44;《宁乐遗文》I/54—56
4	〃	〃	美浓国,各务郡,中里	《大日本古文书》I/44—46
5	〃	〃	美浓国,山方郡,山井田里	《大日本古文书》I/48—56;《宁乐遗文》I/57—60
6	〃	〃	美浓国,加毛郡,半布里	《大日本古文书》I/56—96;《宁乐遗文》I/61—84
7	〃	〃	美浓国,不详,不详	《大日本古文书》I/46—47
8	〃	〃	美浓国,不详,不详	《大日本古文书》I/47—48
9	〃	〃	美浓国,不详,不详	《大日本古文书》I/96
10	〃	〃	筑前国,志摩郡,川边里	《大日本古文书》I/97—142;《宁乐遗文》I/86—104
11	〃	〃	丰前国,上毛郡,塔里	《大日本古文书》I/142—154;《宁乐遗文》I/104—109

续 表

序号	年代	(统治时期)	出处b	出版
12	〃	〃	丰前国,上毛郡,加自久地里	《大日本古文书》I/155—162;《宁乐遗文》I/110—113,127
13	〃	〃	丰前国,仲津郡,丁里	《大日本古文书》I/162—214;《宁乐遗文》I/113—134
14	〃	〃	丰前国,不详,不详	《大日本古文书》I/202,203—204;《宁乐遗文》I/129,129—130
15	〃	〃	丰后国,不详,不详	《大日本古文书》I/214—218
16	708	(和铜一年)	陆奥国,不详,不详	《大日本古文书》I/305—308;《宁乐遗文》I/84—85
17	721	(养老五年)	下总国,葛饰郡,大岛乡	《大日本古文书》I/219—291;《宁乐遗文》I/1—30
18	〃	〃	下总国,相马郡,大府村	《大日本古文书》I/292—301
19	〃	〃	下总国,香取郡,大须贺町	《大日本古文书》I/301—303
20	724	(神龟一年)	近江国,滋贺郡,古市村	《大日本古文书》I/329—330
21	725	(神龟二年)	〃	《大日本古文书》I/331—332
22	729	(天平一年)	〃	《大日本古文书》I/387—389
23	730	(天平二年)	〃	《大日本古文书》I/391—392
24	731	(天平三年)	近江国,滋贺郡,古市村	《大日本古文书》I/440—441
25	732	(天平四年)	〃	《大日本古文书》I/450
26	733	(天平五年)	〃	《大日本古文书》I/504—505
27	734	(天平六年)	〃	《大日本古文书》I/621—622

续 表

序号	年代	(统治时期)	出处[b]	出版
28	742	(天平十四年)		《大日本古文书》I/326—329
29	726	(神龟三年)	山城国,爱宕郡,云上村	《大日本古文书》I/333—352,380;《宁乐遗文》I/144—153,166
30	〃	〃	山城国,爱宕郡,云下村	《大日本古文书》I/352—380;《宁乐遗文》I/154—166
31	732	(天平四年)	山城国,爱宕郡,不详	《大日本古文书》I/505—549;《宁乐遗文》I/167—186
32	733	(天平五年)	右京,3—3	《大日本古文书》I/481—490,493—494,501;《宁乐遗文》I/135—139,140,144
33	〃	〃	右京,8—1	《大日本古文书》I/490—493,494—501;《宁乐遗文》I/139—140,140—144
34	〃	〃	右京,不详	《大日本古文书》I/503—504
35	735	(天平七年)	山城国,缀喜郡,大隅村	《大日本古文书》I/641—651;《宁乐遗文》I/187—191
36	740	(天平十二年)	越前国,江沼郡,山代村	《大日本古文书》II/273—280;《宁乐遗文》I/191—194
37	740前	(天平十二年)	阿波国,不详,不详	《大日本古文书》I/549—550
38	757—765	(天平宝字一年至天平神护一年)	不详	《大日本古文书》I/323—325
39	757—772	(天平宝字一年至宝龟三年)	因幡国,不详,不详	《大日本古文书》I/318—323

续　表

序号	年代	(统治时期)	出处[b]	出版
40	757—773	(天平宝字一年至宝龟四年)	赞岐国,不详,不详	《大日本古文书》I/317—318
41	785年后	(延历四年)	常陆国,不详,不详	《大日本古文书》I/308—317
42	863年前	(贞观五年)	不详	《平安遗文》I/116
43	902	(延喜二年)	阿波国,板野郡,田上村	《平安遗文》I/225—241;《大日本史料》1/III/123—153
44	不详		阿波国,不详,不详	《平安遗文》I/224—225;《大日本史料》1/III/121—123
45	908	(延喜八年)	周防国,玖珂郡,玖珂村	《平安遗文》I/289—305;《大日本史料》1/II/984—1020
46	998	(长德四年)	不详	《平安遗文》IX/3489—3492;《大日本史料》2/III/338—344
47	不详		不详	《平安遗文》IX/3492—3495;《大日本史料》2/III/344—351
48	1004	(宽弘一年)	赞岐国,大内郡,入野乡	《平安遗文》II/563—568;《大日本史料》2/V/237—289

来源:岸俊男,《日本古代帐籍的研究》(载于《塙书房》,1973年),第489—496页。竹内理三,《正仓院户籍调查概报》(载于《史学杂志》68:34—65(1959年的3月);69:77—98(1960年的2月);69:85—93(1960年3月)。

注释:a. 本列表只包括发现于譬如《大日本古文书》等标准文书汇编中的籍册。近来,考古学家偶然发掘出保存于漆桶中的几部文书。譬如,可参见《多贺城漆纸文书》,第48页;《鹿子C遗迹漆纸文书:本文编》,第32,57,62,67页。这些残篇的年代无法确定。

b. 这些籍册的出处出列出了国,郡及村落中的行政村,或列出了国都内的分区,大街及辖区。

表 B(第 2 章):日本的传染病,698—898 年
(星号表示饥荒或旱灾)

年/月	地区	官方措施	备注
698/3	越后国	药物	
4	近江国,纪伊国	〃	
699/3	信浓国,上野国	〃	
5	相模国	〃	
700/春	信浓国		
12	大和国	药物	
702/2	越后国	〃	
6	上野国	〃	
703/3	信浓国,上野国	〃	
5	相模国	〃	
704/3	信浓国	〃	
夏	伊贺国,伊豆国		
705*	20 国	药物,赈恤[a]	
706/闰正月	京城,纪伊国,因幡国三河国,骏河国	药物,祈祷	
	河内国,安芸国,淡路国		
706/4*	备前国,安芸国,淡路国	赈恤	
	赞岐国,伊予国		

续 表

年/月	地区	官方措施	备注
12	若干国	净洗仪式	
707/正月	若干国	〃	中国传染病（707年）
4*	全境，尤其是丹波国，出云国以及石见国	赈恤，祈祷诵经	
12	伊子国	药物	
708/2	赞岐国	〃	
3	山城国，丰前国	〃	
7	伹马国，伯耆国	〃	
709/正月	下总国	〃	
6	上总国，越中国，纪伊国	〃	
710/2	相模国	〃	
711/5	尾张国	〃	
712/5	骏河国	〃	
713/2	志摩国	〃	朝鲜传染病（714年）

续 表

年/月	地区	官方措施	备注
4	大隅国,大和国	〃	
723/4*	日向国,大隅国 萨摩国	免税	
726/6	许多国家	药物,赈恤	
733*	京城以及	稻米出借	
	许多国家		
735/8*	大宰府	祈祷, 诵经,药物, 救济粮(赈给)	天花
闰11		免税	
736/7	不详	大赦	
10	九州地区	救济粮,药物	
737/4*	九州地区	减税	
6	京城	赈恤,药物 朝廷事务延期	
7	大和国,伊豆国	救济粮	

续 表

年/月	地区	官方措施	备注
747/4*	若狭国,伊贺国		
	骏河国		
749/2	纪伊国	救济粮	朝鲜传染病(747年)
756/4	石见国	〃	朝鲜传染病(755年)
760/3	畿内地区	派遣医生	
	伊势国,近江国,美浓国	救济粮	
	若狭国,伯耆国		
	石见国,周防国,纪伊国		
	备中国,备后国		
	安芸国,周防国,纪伊国,伊予国		
	淡路国,赞岐国,伊予国		
4	志摩国	〃	
5	不详	赈恤	
762/8	陆奥国	救济粮	中国传染病(762年)
763/4	壹岐国		
5	伊贺国	救济粮	

续 表

年/月	地区	官方措施	备注
6	摄津国,山城国	" "	《日本纪略》的记录中也包括尾张国、越前国、能登国、大和国以及美浓国。
8*	不详	" "	
764/3	志摩国	免税	
4	淡路国	救济粮	
8*	山阳道和南海道各国	" "	《日本纪略》的记录中也包括右见国。
770/6*	畿内地区	宗教节日,救济粮	
7	畿内地区	诵经	
7	但马国	救济粮	
772/6	赞岐国	" "	
773/5	伊贺国	药物	
7	若干国	宗教节日	
774/2	若干国	诵经	
4	若干国	药物无效,诵经	
780/3*	骏河国	救济粮	
5	伊豆国	" "	
782/7	不详	大赦	

续 表

年/月	地区	官方措施	备注
785/5*	周防国	救济粮	朝鲜传染病(785年)
790/9*	畿内地区	救济粮	中国传染病(790年) 天花
791/5*	若干国	取消宫廷典仪	
794/8	阿波国		
807/12	大宰府	佛像移位	中国传染病(806年)
12	京城	救济粮	
808/正月	京城	救济粮,药物,埋葬尸体,诵经,发放救济粮、豆酱(豉)、布匹	
2*	若干国	埋葬尸体,祈祷	
3	若干国	诵经	
3	京城	〃 〃	
5	不详	取消赛事	
5*	全境	派遣医生	
6	东山道		

续 表

年/月	地区	官方措施	备注
809/9*	许多国家	免税	
812/7*	不详	祈祷	天花
813/6	京城	禁止遗弃病人	
822/7	甲斐国	救济粮	
823/2	全国,尤其是海路		
3	佛教仪式		
5	伊贺国	救济粮	
5	京城	取消相扑比赛	
5	畿内地区	救济粮	
7*	长门国	免税	
7	美浓国,阿波国	救济粮	
7	三河国,远江国	免税	
8	远江国	救济粮	
12*			
824/3*	美浓国	救济粮	
4*	不详	诵经	
5	不详	祈祷	
826/8*	京城	救济粮	

续 表

年/月	地区	官方措施	备注
829/4	若干国	授予100位和尚圣职	
830/3	九州地区,陆奥国	诵经	
3	出羽国	禁屠	
5	不详	诵经	
832/5*	若干国	" "	黑死病? 中国(832年) 与朝鲜(833年)传染病
833/3*	不详	诵经	
3*	远江国	救济粮	
5*	全境		
834/4	京城	诵经	
835/8*	佐渡国	赈恤	
12*	能登国	救济粮	
836/5	京城	" "	
7	不详	诵经	
8*	大宰府		

续表

年/月	地区	官方措施	备注
8	京城	诵经	
837/6	不详	诵经	
10*	京城	登记病人	
840/6*	若干国		中国(840年)以及朝鲜(841年)传染病
843/正月	京城	诵经	
849/2	不详	祈祷	
853/2	全境		天花
860/8	长门国	救济粮	
861/8	京城		天花
862/正月	全境		流感
7*	常陆国	免税	
863/正月	京城	净洗仪式 救济粮	流感
2*	大和国,和泉国		
4*	不详		
864/7	加贺国,出云国	救济粮	
12*	骏河国		

续 表

年/月	地区	官方措施	备注
865/2*	出云国		
866/闰3	美作国	救济粮	
5*	伊势国	取消典仪	
5*	备前国	稻米出借	
6*	伊势国,因幡国,志摩国	救济粮	
10*	备中国	免税	
867/5	京城	净洗仪式	朝鲜传染病(867年)
870/10*	伯耆国		中国(869年)以及朝鲜(870,873年)传染病流感
872/正月	京城	救济粮	
876/7*	丹波国,美作国	诵经	
898/3	京城	祈祷	
4	京城	宗教仪式	
6	全境	取消相扑比赛	
7	京城		
12*	若干国		

来源:富川土游,《日本疾病史》,松田道雄修订,第12—25页,作者做了相应修改和补充。关于中国和朝鲜传染病的证据来自丹尼斯·杜希德,《中国唐朝的人口与瘟疫》,载于弗朗茨·斯坦纳编,《汉学—蒙学研究:赫伯特·弗兰克纪念文集》,第43—44页。

注释:a."赈恤"是一般术语,意即"施与怜悯"。或许,它包括向寡妇、孤儿或老年人发放救济粮或药品。

表 C(第 3 章):越中国的农业发展,759 和 767 年

年代		射水郡,宝田村	射水郡,须加村	射水郡,鸣户村	射水郡,鹿田村
天平宝字 3/11/14(759年)	面积[a]	130.8.192	35.1.224	58.3.010	29.3.100
	耕地	34.0.192	28.5.314	33.3.010	22.4.220
天平神护[b] 3/5/7(767年)	面积	130.8.192	85.1.224	58.3.010	29.3.100
	耕地	44.0.192	30.8.074	51.6.210	29.3.100
	撂荒地	17.3.322	16.3.092	4.3.320	—
神护景云 1/11/16(767年)	面积	157.2.160	56.7.294	58.3.260	30.3.020
	耕地	53.6.220	37.4.186	51.4.040	22.8.200
	撂荒地	24.0.270	22.7.066	0.8.260	—

年代		射水郡,艾部村	新川郡,大薮村	砺波郡,伊加留岐村	砺波郡,杵名蛭村
天平宝字 3/11/14(759年)	面积	84.0.122	150.0.000	100.0.000	37.7.098
	耕地	36.4.090	—	—	37.7.098
天平神护 3/5/7(767年)	面积	84.0.232	150.0.000	—	37.7.098
	耕地	84.0.232	18.0.000	—	37.7.098
	撂荒地	—	—	—	12.5.266
神护景云 1/11/16(767年)	面积	84.0.212	150.0.000	100.0.000	58.5.056
	耕地	76.3.290	19.1.060	0.8.340	42.1.234
	撂荒地	—	—	—	19.6.060

续 表

年代		砺波郡 井山村	砺波郡 石粟村	总量
天平宝字 3/11/14(759年)	面积 耕地	— —	— —	587.7.018 154.6.046
天平神护 3/5/7(767年)	面积 耕地 摞荒	120.0.000 47.0.085 —	112.0.000 97.2.336 32.2.314	807.4.136 439.9.077 82.9.234
神护景云 1/11/16(767年)	面积 耕地 摞荒地	120.0.000 47.0.085 —	119.5.196 95.2.012 38.2.250	934.8.118 446.1.227 105.5.186

来源：竹内理三,《奈良朝时代的寺院经济的研究》,第 222—225 页。经《大冈山书店》许可。

注释：a. 面积以町、段、步为计。
b. 该报告列举出的越中国东大寺领的辖地总面积为 757.4.116, 其良田总面积为 427.3.127; 两种数字都是不正确的。

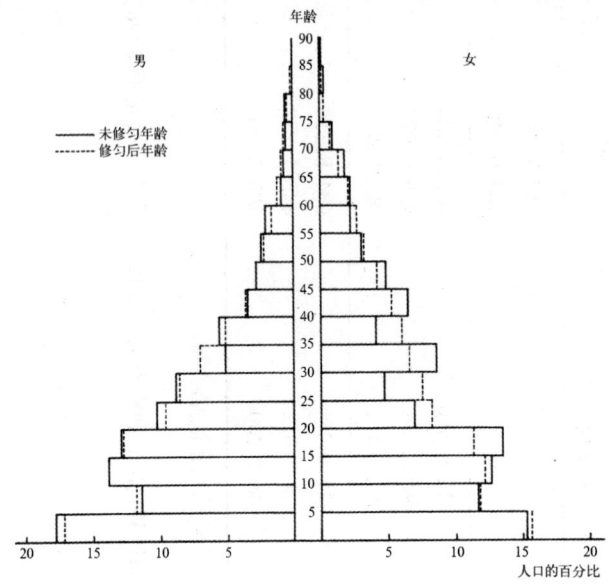

附图 A（第 1 章） 美浓国人口金字塔图

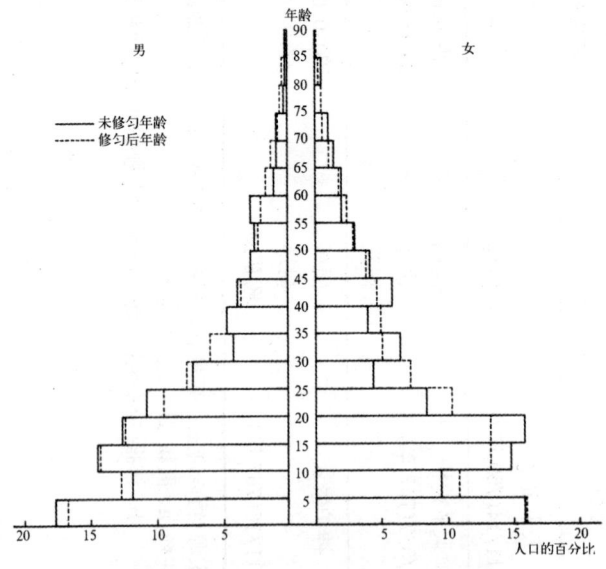

附图 B（第 1 章） 半布里人口金字塔图

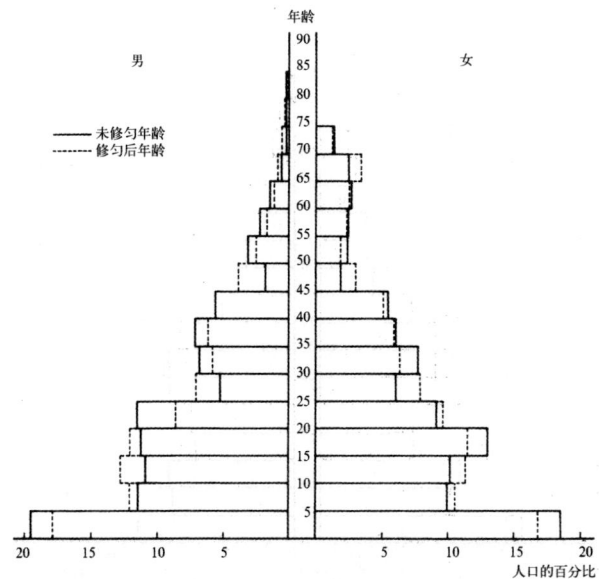

附图 C（第 1 章） 九州地区人口金字塔图

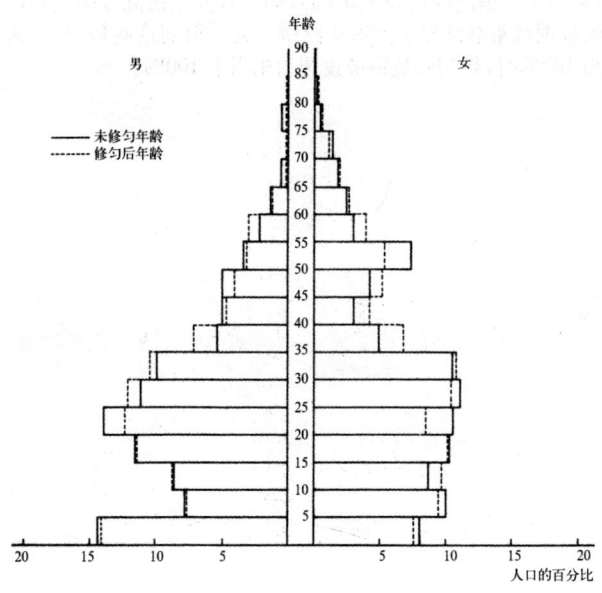

附图 D（第 1 章） 下总国人口金字塔图

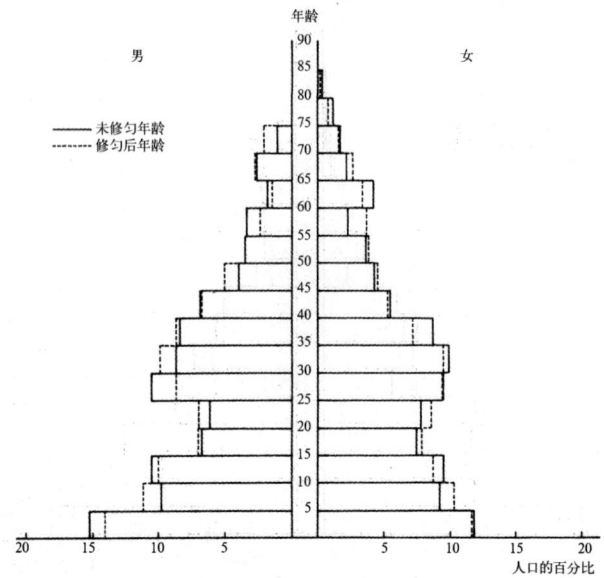

附图 E（第 1 章） 山城国人口金字塔图

注释：当未修匀数据已经达到 100% 后（即当计算出最高年龄人口成员后），修匀后的数据经常继续显示为很小比例。为了得到这些数字，当未修匀数据总量为 100% 时，修匀后数据被设想为相当于 100%。

附录

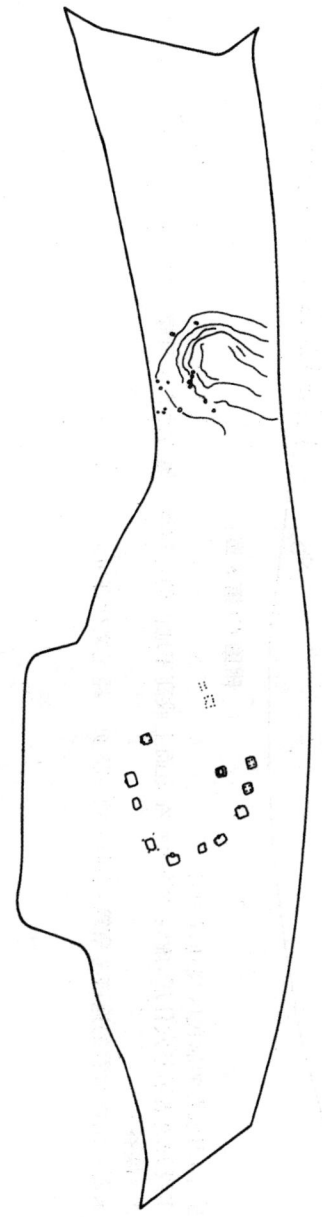

附图 F（第 5 章）

a. 山田水吞的居民区规划，700 年。
实线方块表示坚穴住居，而虚线方块表示在地面上或高于地面的建筑物。
A＝峡谷。
来源：《山田水吞的遗迹考察篇：别册》，第 872 页。经光文社许可。

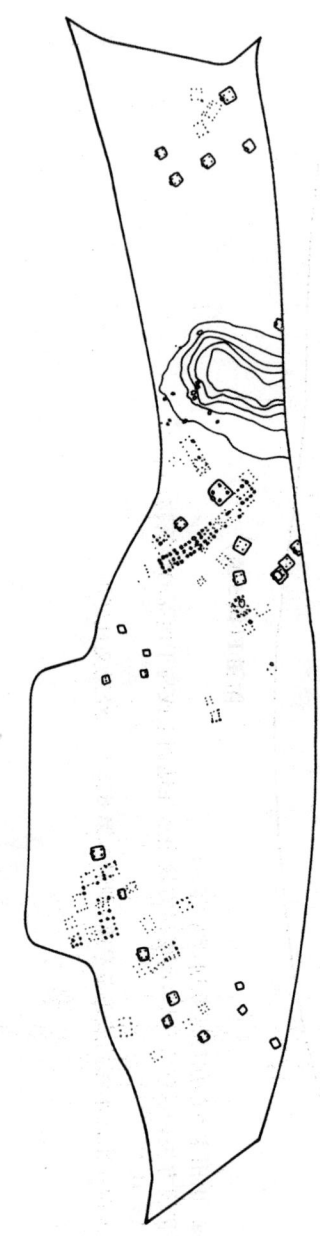

附图 G（第 5 章）

b. 山田水吞的居民区规划，750 年。
实线方块表示坚穴住居，虚线方块表示在地面上或高于地面的建筑物。黑方块表示重建于 725 年至 750 年间的坚穴住居。
A＝峡谷。
来源：《山田水吞的遗迹考察篇：别册》，第 875 页。经光文社许可。

附图 H(第 5 章)

c. 山田水吞的居民区规划,850—900 年。
来源:《山田水吞的遗迹考察篇:别册》,第 880 页。经光文社许可。

注释中的缩略词

DNK 《大日本古文书》,二十五卷。东京大学出版会,1901年。

DNS 《大日本史料》,第1辑,卷三;第2辑,卷三、卷五。史料编纂所,1925—1934年。

HI 《平安遗文》,竹内理三编,十三卷。东京堂,1965年。

NI 《宁乐遗文》,竹内理三编,三卷。东京堂,1962年。

NKBT 《日本古典文学大系》,卷一、卷四至卷七。岩波书店,1958年—1967年。

SZKT 《新订增补国史大系》,卷一至卷六、卷十、卷十一、卷二十二、卷二十四、卷二十九。吉川弘文馆,1929—1966年。

TM 《东南院文书》,载于《大日本古文书:家文书18》,四卷。东京大学出版会,1944—1954年。

参考文献

一手资料

Ainōshō 塵嚢抄 (A bag of remnants), in *Nihon koten zenshū* 日本古典全集 (A collection of Japanese classics), Vol. XV. Nihon koten zenshū kankō kai, 1936.

Chōya gunsai 朝野群載 (Collected documents from court and country), in *Shintei zōho kokushi taikei* 新訂増補国史大系 (A library of Japanese history, revised edition), Vol. XXIX. Yoshikawa kōbunkan, 1938.

Dai Nihon komonjo 大日本古文書 (Documents of Japan). 25 vols. Tokyo daigaku shuppan kai, 1901.

Dai Nihon shiryō 大日本史料 (Historical materials of Japan) Series 1, Vol. III; Series 2, Vols. III, V. Shiryō hensan kakari, 1925-1934.

Engi shiki 延喜式 (The ordinances of Engi), in *Shintei zōho kokushi taikei,* Vol. XXVI. Yoshikawa kōbunkan, 1973.

Fudoki 風土記 (Gazetteers), in *Nihon koten bungaku taikei* 日本古典文学大系 (A library of classical Japanese literature). Ed. Akimoto Kichirō 秋本吉郎, Vol. II. Iwanami shoten, 1958.

Han shu 漢書 (History of the Former Han), Vol. IV. Peking, Zhong-hua shu-ju.

Heian ibun 平安遺文 (Documents from the Heian period). Ed. Takeuchi Rizō 竹内理三, 13 vols. Tokyodō, 1965.

Heijō-kyū mokkan 平城宮木簡 (Wooden tablets from Heijō Palace), Vol. II. Kyoto, Shin'yō sha, 1975.

Hiraide 平出. Asahi shimbun kan, 1955.

Hyakuren shō 百錬抄 (Manuscript of one hundred smeltings), in *Shintei zōho kokushi taikei*, Vol. XI. Yoshikawa kōbunkan, 1929.

Iryō uta haisai 医療歌配剤 (Medical prescriptions). Comp. Furuhayashi Kenchō 古林見桃. 2 vols. Archives of Dr. Fujikawa Yū 富士川游 at Kyoto University, 1772.

Kanoko C iseki urushigami monjo: hombun hen 鹿子 C 遺跡 漆紙文書 本文編 (Lacquer documents from Kanoko C Site: Text) Ibaraki ken kyōiku zaidan, 1983.

Kōnin shiki 弘仁式 (The ordinances of Kōnin), in *Shintei zōho kokushi taikei*, Vol. XXVI. Yoshikawa kōbunkan, 1937.

Man'yōshū 万葉集 (Collection of a myriad leaves), in *Nihon koten bungaku taikei*. Ed. Gomi Tomohide 五味智英 et al., Vols. VII-X. Iwanami shoten, 1959.

Nara ibun 寧楽遺文 (Documents from the Nara period). Ed. Takeuchi Rizō. 3 vols. Tokyodō, 1962.

Nihon kiryaku 日本紀略 (Abbreviated Japanese annals), in *Shintei zōho kokushi taikei*, Vols. X-XI. Yoshikawa kōbunkan, 1929.

Nihon kōki 日本後紀 (Latter chronicles of Japan), in *Shintei zōho kokushi taikei*, Vol. III. Yoshikawa kōbunkan, 1934.

Nihon Montoku tennō jitsuroku 日本文徳天皇実録 (The veritable records of the Emperor Montoku), in *Shintei zōho kokushi taikei*, Vol. III. Yoshikawa kōbunkan, 1934.

Nihon sandai jitsuroku 日本三代実録 (The veritable records of Three Reigns), in *Shintei zōho kokushi taikei*, Vol. IV. Yoshikawa kōbunkan, 1934.

Nihon shōen ezu shūsei 日本莊園絵図集成 (A collection of maps from Japanese estates). Ed. Nishioka Toranosuke 西岡虎之介. 2 vols. Tokyodō, 1976.

Nihon shoki 日本書紀 (Chronicles of Japan), in *Shintei zōho kokushi taikei*, Vol. I. Yoshikawa kōbunkan, 1951.

Rissho zampen 律書残篇 (Fragments from commentaries on the penal codes), in *Shintei zōho shiseki shūran* 新訂増補 史籍集覧 (A collection of historical materials). Ed. Tsunoda Bun'ei 角田文衞, Vol. IV. Kyoto, Rinsen shoten, 1967.

Ritsu 律 (The penal codes), in *Shintei zōho kokushi taikei*, Vol. XXII. Yoshikawa kōbunkan, 1939.

Ritsuryō 律令 (The law codes). Ed. Inoue Mitsusada 井上光貞 et al., in *Nihon shisō taikei* 日本思想大系 (A library of Japanese thought), Vol. IV. Iwanami shoten, 1976.

Ruijū fusen shō 類聚符宣抄 (Assorted orders), in *Shintei zōho kokushi taikei*, Vol. XXVII. Yoshikawa kōbunkan, 1933.

Ruijū kokushi 類聚国史 (Assorted national histories), in *Shintei zōho kokushi taikei*, Vols. V-VI. Yoshikawa kōbunkan, 1933-1934.

Ruijū sandai kyaku 類聚三代格 (Assorted regulations from Three Reigns), in *Shintei zōho kokushi taikei*, Vol. XXV. Yoshikawa kōbunkan, 1936.

Ryō no gige 令義解 (Interpretations of the administrative codes), in *Shintei zōho kokushi taikei*, Vol. XXII. Yoshikawa kōbunkan, 1939.

Ryō no shūge 令集解 (Collected commentaries on the administrative codes), in *Shintei zōho kokushi taikei*, Vol. XXIV. Yoshikawa kōbunkan, 1966.

Samguk sagi 三國史記 (History of the Three Kingdoms), in *Chōsen shi* 朝鮮史 (The history of Korea), Vol. IV. Seoul, Chōsen insatsu kabushiki kaisha, 1932.

Seiji Yōryaku 政事要略 (A handbook of government), in *Shintei zōho kokushi taikei*, Vol. XXVIII. Yoshikawa kōbunkan, 1935.

Sejŏng sillok 世宗實錄 (The veritable records of King Sejŏng), in *Chosŏn wangjo sillok* 朝鮮王朝實錄 (The veritable records of Korea), Vol. II. Seoul, Tongguk munhwa sa, 1955.

Shiki kaichū kōshō 史記会註考証 (Commentaries on the *Records of the Grand Historian* (*Shih Chi*)). Ed. Takigawa Kitarō 瀧川亀太郎 Vol. II. Tokyo daigaku tōyō bunka kenkyūjo, 1956.

Shimpen Ichinomiya shi shi: Shiryō hen 新編一宮市史資料編 (History of Ichinomiya City, revised: Historical materials). Ed. Iyanaga Teizō 彌永貞三. Vol. V. Osaka, Dai Nihon insatsu kabushiki kaisha, 1963.

Shoku Nihongi 続日本紀 (Chronicles of Japan, continued), in *Shintei zōho kokushi taikei*, Vol. II. Yoshikawa kōbunkan, 1935.

Shoku Nihon kōki 続日本後紀 (The latter chronicles of Japan, continued), in *Shintei zōho kokushi taikei*, Vol. III. Yoshikawa kōbunkan, 1934.

Sui shu 隋書 (History of the Sui dynasty), Vol. VI. Peking, Zhonghua shuju, 1973.

Taga-jō urushigami monjo 多賀城漆紙文書 (Lacquer documents from Ft. Taga). Miyagi ken bunka zai hogo kyōkai, 1979.

Tōdaiji yōroku 東大寺要録 (Essential records of Tōdaiji). Ed. Tsutsui Hidetoshi 筒井英俊. Tosho kankō kai, 1971.

Tōnan'in monjo 東南院文書 (Records from the Tōnan'in), in *Dai Nihon komonjo, Iewake* 大日本古文書家わけ (Documents of Japan) 18. 4 vols. Tokyo daigaku shuppan kai, 1944-1954.

Tōrei shūi 唐令拾遺 (Remnants of the Tang codes). Comp. Niida Noboru 仁井田陞. Tōhō bunka gakuin kenkyūjo, 1933.

Tsurezuregusa 徒然草 (Essays in idleness), in *Nihon koten bungaku zenshū* 日本古典文学全集 (A collection of Japanese literature), Vol. XXVII. Shōgakkan, 1971.

Yamada Mizunomi no iseki: Kōsatsu hen bessatsu 山田水呑の遺跡考察篇別冊 (The Yamada Mizunomi site: Considerations). Kōbun sha, 1977.

Zoku kojidan 続古事談 (A discussion of ancient matters—continued), in *Kokushi sōsho* 国史叢書 (Historical texts), Vol. X. Kokushi kenkyū kai, 1915.

二手资料

Abe Takeshi 阿部猛. *Nihon shōen seiritsu shi no kenkyū* 日本荘園成立史の研究 (The establishment of the estate). Yūsankaku, 1960.

Akamatsu Toshihide 赤松俊秀. "Kueiden o tsūjite mitaru shoki shōen sei no kōzō ni tsuite" 公営田を通じて見たる初期庄園制の構造について (The structure of the early estate as seen in state farms), *Rekishi gaku kenkyū* 7:1-28 (May 1937).

Aoki Kazuo 青木和夫. "Kiyomihara ryō to kodai kanryō sei" 浄御原令と古代官僚制 (The Kiyomihara administra-

参考文献

tive codes and the ancient bureaucratic system), *Kodai gaku* 3:115-133 (June 1954).

―――. *Nihon no rekishi 3 Nara no miyako* 日本の歴史 3 奈良の都 (A history of Japan: Nara). Chūō kōron sha, 1965.

Appleby, Andrew. "Nutrition and Disease: The Case of London, 1550-1750," *The Journal of Interdisciplinary History* 6:1-22 (Summer 1975).

Arai Kikuo 新井喜久夫, Iyanaga Teizō 彌永貞三, and Kameda Takashi 亀田隆之. "Etchū no kuni Tōdaiji ryō shōen ezu ni tsuite" 越中国東大寺領庄園絵図について (The maps of Tōdaiji's Etchū estates), *Shoku Nihongi kenkyū* 5:2-22 (February 1958).

Asakawa, Kan'ichi. *Land and Society in Medieval Japan.* Tokyo, Society for the Promotion of Science, 1965.

Beresford, Maurice. *The Lost Villages of England.* New York, Philosophical Library, 1954.

―――, and John Hurst, eds. *Deserted Medieval Villages.* London, Lutterworth, 1971.

Boserup, Ester. *The Conditions of Agricultural Growth.* Chicago, Allen & Unwin, 1965.

Brenner, Robert. "Agrarian Class Structure and Economic Development," *Past and Present* 70:30-75 (February 1976).

Burnet, MacFarlane, and David White. *The Natural History of Infectious Disease,* 4th ed. Cambridge, Cambridge University Press, 1972.

Coale, Ansley, and Paul Demeny. *Regional Model Life Tables and Stable Populations.* Princeton, Princeton University Press, 1966.

Duby, Georges. *The Early Growth of the European Economy.* Tr. Howard Clarke. Ithaca, Cornell University Press, 1974.

Fox, Robin. *Kinship and Marriage.* Harmondsworth, Penguin Books, 1967.

Fujikawa Yū 富士川游. *Nihon shippei shi* 日本疾病史 (A history of disease in Japan). New Edition by Matsuda Michio 松田道雄. Heibon sha, 1969.

Fujioka Kenjirō 藤岡謙二郎, ed. *Nihon rekishi chiri sōsetsu* 2

Kodai hen 日本歴史地理総説古代篇 (Japanese historical geography: Ancient). Yoshikawa kōbunkan, 1975.

Fukuoka Takeshi 福岡猛志. "Kūkan chi no eishuken o meguru shomondai" 空閑地の営種権をめぐる諸問題 (Problems concerning the cultivation of wilderness), *Rekishi gaku kenkyū* 285:1-10 (February 1962).

Funao Yoshimasa 舟尾好正. "Suiko no jittai ni kansuru ichi kōsatsu" 出挙の実態に関する一考察 (The reality of rice loans), *Shirin* 56:74-102 (September 1973).

Furushima Toshio 古島敏雄. *Furushima Toshio chosaku zenshū 6 Nihon nōgyō gijutsu shi* 古島敏雄著作全集6 日本農業技術史 (The complete works of Furushima Toshio: The history of Japanese agricultural technology). Tokyo daigaku shuppan kai, 1975.

Geertz, Clifford. *Agricultural Involution.* Berkeley, University of California Press, 1963.

Greville, Thomas. "The General Theory of Osculatory Interpolation," *Transactions of the Actuarial Society of America* 45:202-265 (1944).

Habara Yūkichi 羽原又吉. *Nihon kodai gyogyō keizai shi* 日本古代漁業経済史 (An economic history of ancient Japanese fishing). Kaizō sha, 1951.

Hachiga Susumu 八賀晋. "Kodai ni okeru suiden kaihatsu" 古代における水田開発 (The development of rice paddies in the ancient period), *Nihon shi kenkyū* 96:1-24 (March 1968).

Hall, John. *Government and Local Power in Japan, 500 to 1700.* Princeton, Princeton University Press, 1966.

Hall, Robert, and Toshio Noh. "Yakihata, Burned-field Agriculture in Japan, with its Special Characteristics in Shikoku," *Papers, Michigan Academy of Sciences, Arts, and Letters* 38:315-322 (1953).

Haneda Minoru 羽田稔. "Sanze isshin hō ni tsuite" 三世一身法について (On the 723 law), *Hisutoria* 30:38-51 (June 1961).

Hanley, Susan, and Kozo Yamamura. *Economic and Demographic Change in Preindustrial Japan, 1600-1868.* Princeton, Princeton University Press, 1977.

Hara Hidesaburō 原秀三郎 "Hasseiki ni okeru kaihatsu ni

tsuite" 八世紀における開発について (Land clearance in the eighth century), *Nihon shi kenkyū* 61:1-27 (July 1962).

―――. "Taika no kaishin ron hihan josetsu" 大化改新論批判序説 (A critical introduction to the debate over the Taika Reforms), *Nihon shi kenkyū* 86:25-45 (September 1966); 88:23-48 (January 1967).

Harashima Reiji 原島礼二. *Nihon kodai shakai no kiso kōzō* 日本古代社会の基礎構造 (The basic structure of ancient Japanese society). Mirai sha, 1968.

Hattori Toshirō 服部敏良. "Jōko shi iji kō" 上古史医事考 (Thoughts on medicine in high antiquity), *Nihon ishi gaku zasshi* 1312:64-76 (February 1943).

―――. *Nara jidai igaku no kenkyū* 奈良時代医学の研究 (Medicine in the Nara period). Tokyodō, 1945.

Hayakawa Shōhachi 早川庄八. "Kugai tō seido no seiritsu" 公廨稻制度の成立 (Establishment of the system of provincial tax-farming), *Shigaku zasshi* 69:1-53 (March 1960).

―――. *Nihon no rekishi 4 Ritsuryō kokka* 日本の歴史4 律令国家 (A history of Japan: The *ritsuryō* state). Shōgakkan, 1974.

―――. "Ritsuryō dajōkan sei no seiritsu" 律令太政官制の成立 (Establishment of the Council of State), in *Zoku Nihon kodai shi ronshū* 続日本古代史論集 (Essays in ancient Japanese history, continued), Vol. I. Yoshikawa kōbunkan, 1972.

―――. "Ritsuryō sei no keisei" 律令制の形成 (The formation of the *ritsuryō* system), in *Iwanami kōza Nihon rekishi 2 Kodai 2.* 岩波講座日本歴史 2 古代 2 (Iwanami lectures in Japanese history: The ancient period). Iwanami shoten, 1975.

―――. "Ritsuryō zaisei no kōzō to sono henshitsu" 律令財政の構造とその変質 (The structure and evolution of *ritsuryō* finance), in Iyanaga Teizō 彌永貞三 ed., *Nihon keizai shi taikei 1 Kodai* 日本経済史大系 1 古代 (A library of Japanese economic history: Ancient). Tokyo daigaku shuppan kai, 1965.

―――. "Tempyō rokunen Izumo no kuni keikai chō no kenkyū" 天平六年出雲国計会帳の研究 (Research on the official log of Izumo province from Tempyō 6 [734]), in *Nihon kodai shi ronshū* 日本古代史論集 (Essays in ancient Japanese history), Vol. II. Yoshikawa kōbunkan, 1962.

Hayashi Rokurō 林陸朗. *Jōdai seiji shakai no kenkyū* 上代

政治社会の研究 (Ancient politics and society). Yoshikawa kōbunkan, 1969.

Hayashiya Tatsusaburō 林屋辰三郎. *Kodai kokka no kaitai* 古代国家の解体 (The decline of the ancient state). Tokyo daigaku shuppan kai, 1955.

Herlihy, David. "Ecological Conditions and Demographic Change," in Richard De Molen, ed., *One Thousand Years: Western Europe in the Middle Ages.* Boston, Houghton Mifflin, 1973.

Hirano Kunio 平野邦雄. *Taika zendai shakai soshiki no kenkyū* 大化前代社会組織の研究 (Research on pre-Taika social organization). Yoshikawa kōbunkan, 1969.

Hirata Kōji 平田耿二. "Heian jidai no koseki ni tsuite" 平安時代の戸籍について(Household registers of the Heian period), in *Nihon kodai chūsei shi no chihōteki tenkai* 日本古代中世史の地方的展開 (Regional development in ancient and medieval Japanese history). Yoshikawa kōbunkan, 1973.

Honjō Eijirō 本庄栄治郎 and Kokushō Iwao 黒正巌. *Nihon keizai shi* 日本経済史 (An economic history of Japan). Nihon hyōron sha, 1929.

Horio Hisashi 堀尾尚 and Iinuma Jirō 飯沼二郎. *Nōgu* 農具 (Agricultural implements). Hōsei daigaku shuppan kyoku, 1976.

Hoshino Ryōsaku 星野良作. *Jinshin no ran* 壬申の乱 (The Civil War of 672). Yoshikawa kōbunkan, 1973.

Ikeda On 池田温. *Chūgoku kodai sekichō kenkyū* 中国古代籍帳研究 (Research on ancient Chinese tax and household registers). Tokyo daigaku tōyō bunka kenkyūjo, 1979.

―――. "Kindensei" 均田制 (The equal-field system), in *Kodai shi kōza 8 Kodai no tochi seido* 古代史講座 8 古代の土地制度 (Lectures in ancient history: The land system). Gakusei sha, 1963.

Inagaki Yasuhiko 稲垣泰彦. "Chūsei no nōgyō keiei to shūshu keitai" 中世の農業経営と収取形態 (Medieval agriculture and the system of exploitation), in *Iwanami kōza Nihon rekishi 6 Chūsei 2* 岩波講座日本歴史 6 中世(Iwanami lectures in Japanese history: The medieval period). Iwanami shoten, 1975.

Inoue Hideo 井上秀雄 *Kodai no Chōsen* 古代の朝鮮 (Ancient Korea). NHK bukkusu, 1972.

Inoue Mitsusada 井上光貞. *Nihon kodai shi no shomondai* 日本古代史の諸問題 (Problems in ancient Japanese history). Shisaku sha, 1949.

———. "Taika no kaishin to higashi Ajia" 大化の改新と東アジア (The Taika Reforms and East Asia), in *Iwanami kōza Nihon rekishi 2 Kodai 2*. Iwanami shoten, 1975.

Ishii Noritaka 石井則孝. *Kodai no shūraku* 古代の集落 (The ancient village). Kyōiku sha, 1982.

Ishii, Ryoichi. *Population Pressure and Economic Life in Japan*. Chicago, University of Chicago Press, 1937.

Iyanaga Teizō 彌永貞三. "Hasseiki no Nihon" 八世紀の日本 (Eighth-century Japan), in *Nihon to sekai no rekishi* 日本と世界の歴史 (Japan and world history), Vol. V. Gakushū kenkyū sha, 1970.

———. "Mino no kuni, Kamo no kōri, Hanyū no sato no koseki no kochi ni tsuite" 御野国加毛郡半布里戸籍の故地について (The ancient landscape at Hanyū administrative village, Kamo district, Mino province), *Chihō shi kenkyū* 56.57:1–24 (April, June 1962).

———. *Nara jidai no kizoku to nōmin* 奈良時代の貴族と農民 (Peasant and aristocrat in the Nara period). Jibundō, 1956.

———. "Ritsuryōseiteki tochi shoyū" 律令制的土地所有 (Land tenure under the *ritsuryō* system), in *Iwanami kōza Nihon rekishi 3 Kodai 3*. Iwanami shoten, 1962.

———. "*Shūgai shō* oyobi *Kaitō shokoku ki* ni arawareta shokoku no denseki shiryō ni kansuru oboegaki" 拾芥抄及び海東諸国記に現れた諸国の田積史料に関する覚え書き (A memo on the historical sources for provincial arable land figures as seen in the *Shūgai shō* and *Kaitō shokoku ki*), *Nagoya daigaku bungaku bu kenkyū ronshū* 名古屋大学文学部研究論集 (Research Papers of the Faculty Letters at Nagoya University) 41:11–28 (1966).

The Izumo fudoki. Tr. Michiko Aoki. Tokyo, Sophia University, 1971.

Jawetz, Ernest, et al., eds. *Review of Medical Microbiology*. Los Altos, Lange Medical Publications, 1978.

Kadowaki Teiji 門脇禎二. "Taika no kaishin" ron 大化改新論 (The debate over the "Taika Reforms"). Tokuma shoten, 1967.

Kagami Kanji 鏡味完二. "Owari no kuni Tan'yō mura no tochi jiwari" 尾張国丹陽村の土地地割り (Land division in Tan'yō village, Owari province), *Jimbun chiri* 4:2-29 (January 1952).

Kamata Motokazu 鎌田元一. "Keichō seido shiron" 計帳制度試論 (An essay on the tax register), *Shirin* 55:1-43 (September 1972).

———. "Ritsuryō kokka no futō taisaku" 律令国家の浮逃対策 (Policy toward vagrants and runaways), in *Akamatsu Toshihide kyōju taikan kinen kokushi ronshū* 赤松俊秀教授退官記念国史論集 (Essays in Japanese history commemorating the retirement of Professor Akamatsu Toshihide). Kyoto, Bunkō sha, 1972.

Kameda Takashi 亀田隆之. *Nihon kodai yōsui shi no kenkyū* 日本古代用水史の研究 (The history of ancient Japanese irrigation). Yoshikawa kōbunkan, 1973.

Kanaseki, Hiroshi, and Makoto Sahara. "The Yayoi Period," *Asian Perspectives* 19:15-26 (1976).

Kanaseki Hiroshi 金関恕 and Sahara Makoto 佐原誠, eds. *Kodai shi hakkutsu 4 Inasaku no hajimari* 古代史発掘4稲作の始まり (Excavations in ancient history: The origins of rice cultivation). Kōdan sha, 1975.

Kawasaki Tsuneyuki 川崎庸之. *Temmu tennō* 天武天皇 (The Emperor Temmu). Iwanami shoten, 1952.

Kidder, J. E. *Early Buddhist Japan*. New York, Praeger, 1972.

Kikuchi Yasuaki 菊地康明. *Nihon kodai tochi shoyū no kenkyū* 日本古代土地所有の研究 (Land tenure in ancient Japan). Tokyo daigaku shuppan kai, 1969.

Kinda Akihiro 金田章裕. "Heian ki no Yamato bonchi ni okeru jōri jiwari naibu no tochi riyō" 平安期の大和盆地における条里地割内部の土地利用 (Land use in the Yamato Basin during the Heian period), *Shirin* 61:75-112 (May 1978).

———. "Nara Heian ki no sonraku keitai ni tsuite" 奈良平安期の村落形態について (Settlement patterns in the Nara and Heian periods), *Shirin* 54:49-117 (May 1971).

———. "Shōen sonraku no keikan" 荘園村落の景観 (The

参考文献

landscape of estate villages), in Toda Yoshimi 戸田芳実, ed., *Nihon shi 2 Chūsei 1* 日本史２中世１ (Medieval Japanese history). Yūhikaku, 1978.

———. "Tōdaiji ryō shōen no keikan to kaihatsu" 東大寺領庄園の景観と開発 (The landscape and clearance of Tōdaiji's estates), in Asaka Toshiki 浅香年木, ed., *Kodai no chihō shi* 古代の地方史 (Local history of ancient Japan), Vol. IV. Asakura shoten, 1978.

Kishi Toshio 岸俊男. "Asuka to hōkaku jiwari" 飛鳥と方格地割り (Asuka and the regular division of land), *Shirin* 53:1-41 (July 1970).

———. "Kodai kōki no shakai kikō" 古代後期の社会機構 (Social structure in the late ancient period), in *Shin Nihon shi kōza: Kodai kōki* 新日本史講座 古代後期 (New lectures in Japanese history: The latter part of the ancient period). Chūō kōron sha, 1952.

———. *Nihon kodai seiji shi kenkyū* 日本古代政治史研究 (Ancient Japanese politics). Hanawa shobō, 1966.

———. *Nihon kodai sekichō no kenkyū* 日本古代籍帳の研究 (Ancient Japanese registers). Hanawa shobō, 1973.

Kitayama Shigeo 北山茂夫. *Nara chō no seiji to minshū* 奈良朝の政治と民衆 (Politics and the people in the Nara period). Kyoto, Takagiri shoin, 1948.

———. *Temmu chō* 天武朝 (The Temmu Court). Chūō kōron sha, 1978.

Kitō Hiroshi 鬼頭宏. *Nihon nisen nen no jinkō shi* 日本二千年の人口史 (Two thousand years of Japanese population). PHP Paperbacks, 1983.

Kitō Kiyoaki 鬼頭清明. "Hasseiki no shakai kōsei shiteki tokushitsu" 八世紀の社会構成史的特質 (The historical characteristics of eighth-century social structure), *Nihon shi kenkyū* 172:3-28 (December 1976).

Kōchi Shōsuke 河内祥輔. "Taihō ryō handen shūju seido kō" 太宝令班田収授制度考 (The system of state land allocation in the Taihō Codes), *Shigaku zasshi* 86:1-39 (March 1977).

LeRoy Ladurie, Emmanuel. "Un Concept: l'Unification Microbienne du Monde (XIVe–XVIIIe Siècles)," *Schweizerische Zeitschrift für Geschichte* 23:627-696 (1973).

227

Les Mémoires Historiques de Se Ma Ts'ien. Tr. Edouard Chavannes. Paris, E. Leroux, 1897.

Lewis, Henry. *Ilocano Rice Farmers.* Honolulu, University of Hawaii Press. 1971.

McCullough, William. "Japanese Marriage Institutions in the Heian Period," *Harvard Journal of Asiatic Studies* 27:103-167 (1967).

McEwan, J. R. "Shifting Cultivation in Tsushima in the Eighteenth Century," *Asia Major* 5:208-229 (February 1956).

McNeill, William. *Plagues and Peoples.* Garden City, Doubleday, 1976.

Manual II: Methods of Appraisal of Quality of Basic Data for Population Estimates. New York, United Nations, 1955.

The Man'yōshū. Tr. Nippon gakujutsu shinkō kai. New York, Columbia University Press, 1965.

Maruyama Tadatsuna 丸山忠綱. "Konden eisei shizai hō ni tsuite" 墾田永世私財法について (The 743 law permitting the permanent private possession of newly opened lands), *Hōsei shigaku* 13:28-48 (1960).

Maruyama Yoshihiko 丸山幸彦. "Tōdaiji ryō shōen no hensen" 東大寺領庄園の変遷 (The vicissitudes of Tōdaiji's estates), in Yagi Atsuru 八木充, ed., *Kodai no chihō shi,* II. Asakura shoten, 1977.

Mayhew, Alan. *Rural Settlement and Farming in Germany.* London, Batsford, 1973.

Mayuzumi Hiromichi 黛弘道. "Kokushi sei no seiritsu" 国司制の成立 (The establishment of the provincial office), in *Ritsuryō kokka no kiso kōzō* 律令国家の基礎構造 (The basic structure of the *ritsuryō* state). Yoshikawa kōbunkan, 1960.

Menken, Jane, James Trussell, and Susan Watkins. "The Nutrition Fertility Link: An Evaluation of the Evidence," *The Journal of Interdisciplinary History* 11:425-441 (Winter 1981).

Miskimin, Harry. *The Economy of Early Renaissance Europe, 1300-1460.* Cambridge, Cambridge University Press, 1975.

Miyahara Takeo 宮原武夫. *Nihon kodai no kokka to nōmin* 日本古代の国家と農民 (Peasants and state in ancient Japan). Hōsei daigaku shuppan kai, 1973.

Miyamoto Tasuku 宮本救. "Ritsuryōteki tochi seido" 律令的土地制度 (The land system of the *ritsuryō* period), in

Takeuchi Rizō, ed., *Taikei Nihon shi sōsho 6 Tochi seido* 1. Yamakawa shuppan sha, 1973.

Miyazaki Ichisada 宮崎市定. *Ajia shi kenkyū* アジア史研究 (History of Asia), Vol. IV. Kyoto, Tōyō shi kenkyū kai, 1964.

Mori Kōichi 森浩一. "Gunshū fun to kofun no shūmatsu," 群集墳と古墳の終末 (Groups of tombs at the end of the tomb period), in *Iwanami kōza Nihon rekishi 2 Kodai 2*. Iwanami shoten, 1975.

Morita Tei 森田悌. "Kodai chihō gyōsei kikō ni tsuite no ichi kōsatsu," 古代地方行政機構についての一考察 (The structure of ancient local government), *Rekishi gaku kenkyū* 401:15-27 (October 1973).

Murai Yasuhiko 村井康彦. *Kodai kokka kaitai katei no kenkyū* 古代国家解体過程の研究 (The decline of the ancient state). Iwanami shoten, 1965.

Murao Jirō 村尾次郎. *Ritsuryō zaisei shi no kenkyū* 律令財政史の研究 (Finances in the *ritsuryō* period). Yoshikawa kōbunkan, 1961.

Murayama Kōichi 村山光一. *Handen shūju* 班田収授 (The state land allocation system). Yoshikawa kōbunkan, 1978.

Mutō Tadashi 武藤直. "Nihon kodai no sonraku keitai ni kansuru ichi kōsatsu" 日本古代の村落形態に関する一考察 (Ancient Japanese settlement patterns), *Shirin* 52:112-124 (June 1969).

Nagahara Keiji 長原慶二. *Nihon keizai shi* 日本経済史 (An economic history of Japan). Iwanami shoten, 1980.

Nagayama Yasutaka 長山泰孝. *Ritsuryō futan taikei no kenkyū* 律令負担体係の研究 (The *ritsuryō* tax system). Hanawa shobō, 1976.

Nakano Hideo 中野栄夫. "Tōtōmi no kuni Hamana no kōri yuso chō no kisoteki kōsatsu" 遠江国浜名郡輸租帳の基礎的考察 (The land tax report from Hamana district, Tōtōmi province), *Nihon rekishi* 291:67-86 (August 1972).

Nambu Noboru 南部昇. "Kōgo nenjaku to Saikaidō koseki museisha" 甲午年籍と西海道戸籍無姓者 (The registers of 670 and people without surnames in the Kyushu household registers), in *Nihon kodai shi ronsō* 日本古代史論叢 (Essays in ancient Japanese history), Vol. I. Yoshikawa kōbunkan, 1978.

Naoki Kōjirō 直木孝次郎. *Nara jidai shi no shomondai* 奈良時代史の諸問題 (Problems in Nara history). Hanawa shobō, 1968.

———. *Nihon no rekishi 2 Kodai kokka no seiritsu* 日本の歴史2 古代国家の成立 (A history of Japan: The establishment of the ancient state). Chūō kōron sha, 1965.

Narasaki Shōichi 楢崎彰一 and Yokoyama Kōichi 横山浩一, eds. *Kodai shi hakkutsu 10 Miyako to mura no kurashi* 古代史発掘10 都と村の暮し (Excavations in ancient history: Life in the capital and village). Kōdan sha, 1974.

Nihongi, Chronicles of Japan from the Earliest Times to A.D. 697. Tr. William Aston. 2 vols. London, Kegan, Paul, Trench, Trubner, 1896.

Nishijima Sadao 西島定生. *Chūgoku keizai shi kenkyū* 中国経済史研究 (An economic history of China). Tokyo daigaku bungakubu, 1965.

Nishioka Toranosuke 西岡虎之介. "Chikō jidai yori teibō jidai e no tenkai" 池溝時代より堤防時代への展開 (From ponds and ditches to dams), *Shien* 3:23-58 (October 1929).

Nomura Tadao 野村忠夫. *Kodai kanryō no sekai* 古代官僚の世界 (The world of the ancient bureaucrat). Hanawa shobō, 1969.

———. "Shiryō shōkai: Shōsōin yori hakken sareta Shiragi no minsei monjo ni tsuite" 史料紹介 正倉院より発見された新羅の民政文書について (Introducing new historical materials: The administrative record from Silla discovered in the Shōsōin), *Shigaku zasshi* 62:58-68 (April 1953).

Nunomura Kazuo 布村一夫. "Sekichō ni okeru fukeiteki kyōdaiteki kazoku kyōdōtai" 籍帳における父系的兄弟的家族共同体 (Paternal fraternal family communities as seen in the registers), *Rekishi gaku kenkyū* 429:23-34 (1976).

Ochiai Shigenobu 落合重信. *Jōri sei* 条里制 (The *jōri sei*). Yoshikawa kōbunkan, 1967.

Okuda Shinkei 奥田真啓. "Shōen zen sonraku no kōzō ni tsuite" 庄園前村落の構造について (The structure of the village before the appearance of estates), *Shigaku zasshi* 58:24-48 (March 1949).

Onoyama Setsu 小野山節, ed. *Kodai shi hakkutsu 6 Kofun to kokka no naritachi* 古代史発掘6 古墳と国家の成り立ち

参考文献

(Excavations in ancient Japanese history: Tombs and the establishment of the state). Kōdan sha, 1975.

Ōyama Seiichi 大山誠一. "Tempyō jūninen Tōtōmi no kuni Hamana no kōri yuso chō no shiryō sei ni kansuru ichi kōsatsu" 天平十二年遠江国浜名郡輸租帳の史料性に関する一考察 (The historical value of the land tax report of Hamana district, Tōtōmi province from Tempyō 12 [740], *Nihon rekishi* 306:111-120 (November 1973).

Postan, Michael. "Medieval Agrarian Society in its Prime: England," in Michael Postan, ed. *The Cambridge Economic History of Europe* I, *The Agrarian Life of the Middle Ages,* 2nd. ed. Cambridge, Cambridge University Press, 1966.

―――. *The Medieval Economy and Society.* Berkeley, University of California Press, 1972.

―――, and Emmanuel LeRoy Ladurie. "Symposium: Agrarian Class Structure and Economic Development in Pre-Industrial Europe," *Past and Present* 78:55-59 (February 1978).

Russell, J.C. *British Medieval Population.* Albuquerque, University of New Mexico Press, 1948.

Sakamoto Shōzō 坂本賞三. *Nihon ōchō kokka taisei ron* 日本王朝国家体制論 (A discourse on the Japanese dynastic state system). Tokyo daigaku shuppan kai, 1972.

Sakamoto Tarō 坂本太郎. *Taika kaishin no kenkyū* 大化改新の研究 (The Taika Reforms). Jibundō, 1938.

Sansom, George. "Early Japanese Law and Administration," *Transactions of the Asiatic Society of Japan* (Series 2), 9:67-109 (1932); 11:117-149 (1934).

―――. *A History of Japan to 1334.* Stanford, Stanford University Press, 1958.

Sasaki Kōmei 佐々木高明. *Inasaku izen* 稲作以前 (Before wet-rice cultivation). NHK bukkusu, 1971.

Sato, Elizabeth. "The Early Development of the Shōen," in John Hall and Jeffrey Mass, eds., *Medieval Japan: Essays in Institutional History.* New Haven, Yale University Press, 1974.

Sawada Goichi 沢田吾一. *Nara chō jidai minsei keizai no sūteki kenkyū* 奈良朝時代民政経済の数的研究 (Statistical research on the Nara economy and population). Fusanbō, 1927.

Sekiguchi Yūko 関口裕子. "Nihon kodai kazoku no kiteiteki ketsuen chūtai ni tsuite" 日本古代家族の規定的血縁紐帯について (Restrictive blood ties within the ancient Japanese family), in *Kodai shi ronsō*, Vol. II. Yoshikawa kōbunkan, 1978.

Serizawa Chōsuke 芹沢長介. *Sekki jidai no Nihon* 石器時代の日本 (Japan in the stone age). Tsukiji shokan, 1960.

Shryock, Henry, and Jacob Siegel. *The Methods and Materials of Demography*, 3rd printing. 2 vols. Washington, D.C., U.S. Bureau of the Census, 1975.

Smith, Thomas. *The Agrarian Origins of Modern Japan*. Stanford, Stanford University Press, 1959.

Takamure Itsue 高群逸枝. *Nihon kon'in shi* 日本婚姻史 (A history of marriage in Japan). Jibundō, 1963.

Takashige Susumu 高重進. *Kodai chūsei no kōchi to sonraku* 古代中世の耕地と村落 (Ancient and medieval farmland and villages). Daimei dō, 1975.

Takeuchi Rizō 竹内理三. "Kokudo no kaihatsu" 国土の開発 (The opening of the nation's lands), in Takeuchi Rizō, ed., *Kodai no Nihon 1 Yōsetsu* 古代の日本 1 要説 (Ancient Japan: Essays). Kadokawa shoten, 1971.

———. *Nara chō jidai ni okeru jiin keizai no kenkyū* 奈良朝時代における寺院経済の研究 (Temple finances in the Nara period). Ōokayama shoten, 1932.

———. *Ritsuryō sei to kizoku seiken* 律令制と貴族政権 (The *ritsuryō* system and aristocratic power), Vol. I. Ochanomizu shobō, 1957.

———. "Shōsōin koseki chōsa gaihō" 正倉院戸籍調査概報 (Report on the investigation of household registers of the Shōsōin), *Shigaku zasshi* 68:34-65 (March 1959); 69:77-98 (February 1960); 69:85-93 (March 1960).

Takigawa Masajirō 滝川政次郎. *Ritsuryō jidai no nōmin seikatsu* 律令時代の農民生活 (Peasant life in the *ritsuryō* period). Kangen sha, 1953.

Tateno Kazushi 館野和巳. "Ritsuryōseika no kōtsū to jimmin shihai," 律令制下の交通と人民支配 (The *ritsuryō* transportation system and control of the people), *Nihon shi kenkyū* 211:54-82 (March 1980).

Toda Yoshimi 戸田芳実. *Nihon ryōshu sei seiritsu shi no kenkyū* 日本領主制成立史の研究 (The establishment of the Japanese domain system). Iwanami shoten, 1967.

Tokinoya Shigeru 時野谷滋. "Den-ryō to konden hō" 田令と墾田法 (The law codes and legislation on land clearance), *Rekishi kyōiku* 4:28-35 (May 1956); 5:50-55 (June 1956).

Torao Toshiya 虎尾俊哉. *Handen shūju hō no kenkyū* 班田収授法の研究 (The system of state land allocation). Yoshikawa kōbunkan, 1961.

―――. "Kōden o meguru futatsu no mondai" 公田をめぐる二つの問題 (Two problems regarding state lands), in *Ritsuryō kokka to kizoku shakai* 律令国家と貴族社会 (The *ritsuryō* state and the aristocracy). Yoshikawa kōbunkan, 1969.

―――. "Mitabi Kiyomihara ryō no handen hō ni tsuite" 三たび淨御原令の班田法について (The land system of the Kiyomihara Codes—a third essay), in *Zoku Nihon kodai shi ronshū*, Vol. III. Yoshikawa kōbunkan, 1972.

―――. "Ritsuryō jidai no konden hō ni kansuru ni san no mondai" 律令時代の墾田法に関する二、三の問題 (Two or three problems regarding laws on land clearance in the *ritsuryō* period), *Hirosaki daigaku jimbun shakai* 15:61-88 (1958).

Totman, Conrad. *Japan before Perry*. Berkeley, University of California Press, 1981.

Tsude Hiroshi 都出比呂志. "Nōgu tekkika no futatsu no kakki" 農具鉄器化の二つの画期 (Two epochs in the spread of iron technology), *Kōkogaku kenkyū* 51:36-51 (1967).

―――. "Shohyō to shōkai: Harashima Reiji cho *Nihon kodai shakai no kiso kōzō*" 書評と紹介 原島礼二著 日本古代社会の基礎構造 (Reviews and introductions: Harashima Reiji's *Basic Structure of Ancient Japanese Society*), *Nihon shi kenkyū* 107:66-71 (August 1969).

Tuchman, Barbara. *A Distant Mirror*. New York, Ballantine Books, 1978.

Twitchett, Denis. *Financial Administration under the T'ang Dynasty*, rev. ed. Cambridge, Cambridge University Press, 1970.

―――. "Population and Pestilence in T'ang China," in *Studia Sino-Mongolica: Festschrift für Herbert Franke*. Ed. Wolfgang Bauer. Wiesbaden, Franz Steiner, 1979.

Urata Akiko 浦田明子. "Henko sei no igi" 編戸制の意義 (The significance of the household system), *Shigaku zasshi* 81:28-76 (February 1972).

Wajima Seiichi 和島誠一. "Kofun bunka no henshitsu" 古墳文化の変質 (The transformation of tomb culture), in *Iwanami kōza Nihon rekishi 2 Kodai 2*. Iwanami shoten, 1962.

———, ed. *Nihon no kōkogaku 3 Yayoi jidai* 日本の考古学 3 弥生時代 (Japanese archaeology: The Yayoi period). Kawade shobō, 1966.

Watanabe Hisao 渡辺久雄. *Jōri sei no kenkyū* 条里制の研究 (The *jōri sei*). Osaka, Shōgen sha, 1968.

Weis, Kenneth. "On the Systematic Bias in Skeletal Sexing," *American Journal of Physical Anthropology* 37:239-249 (September 1972).

Wolfenden, Hugh. *Population Statistics and Their Compilation*, rev. ed. Chicago, University of Chicago Press, 1954.

Yamamoto Takeo 山本武夫. "Rekishi no nagare ni sou Nihon to sono shūhen no kikō hensen" 歴史の流れに沿う日本とその周辺の気候変遷 (Historical climatic changes in Japan and vicinity), *Chigaku zasshi* 75:119-141 (March 1967).

Yamamura, Kozo. "The Decline of the *Ritsuryō* System: Hypotheses on Economic and Institutional Change," *Journal of Japanese Studies* 1:3-37 (Autumn 1974).

Yamanouchi Sugao 山内清男. "Jōmon bunka no shakai" 縄文文化の社会 (Society in the Jōmon period), in *Nihon to sekai no rekishi*, Vol. I. Gakushū kenkyū sha, 1969.

Yasuda Motohisa 安田元久. *Nihon shōen shi gaisetsu* 日本荘園史概説 (An outline of the history of Japanese estates). Yoshikawa kōbunkan, 1957.

Yasuda, Yoshinori. "Early Historical Forest Clearance around the Ancient Castle Site of Tagajo, Miyagi Prefecture, Japan," *Asian Perspectives* 19:42-58 (1976).

Yates, Robin. "The City Under Siege: Technology and Organization as seen in the Reconstructed Text of the Military Chapters of *Mo-tzu*." PhD dissertation, Harvard University, 1980.

Yonezawa Yasushi 米沢康. *Etchū kodai shi no kenkyū*

越中古代史の研究 (The ancient history of Etchū). Toyama Prefecture, Etsuhi bunka kenkyū kai, 1965.

Yoshida Akira 吉田晶. *Nihon kodai shakai kōsei shi ron* 日本古代社会構成史論 (The structure of ancient Japanese society). Hanawa shobō, 1968.

Yoshida Takashi 吉田孝. "Kōchi kōmin ni tsuite" 公地公民について (State control of the people and land), in *Zoku Nihon kodai shi ronshū*, Vol. II. Yoshikawa kōbunkan, 1972.

———. "Konden eisei shizai hō no henshitsu" 墾田永世私財法の変質 (The transformation of the law permitting private possession of newly cleared lands), in *Nihon shakai keizai shi kenkyū: Kodai chūsei hen* 日本社会経済史研究 古代中世編 (Social and economic history of Japan: The ancient and medieval periods). Yoshikawa kōbunkan, 1967.

———. "Ritsuryōsei to sonraku" 律令制と村落 (The village and the *ritsuryō* system), in *Iwanami kōza Nihon rekishi 3 Kodai 3*. Iwanami shoten, 1975.

术语表

Abe no Ason Tsugumaro
阿倍朝臣継麻呂
Abiko 我孫子
Ahachima, Kasuga 味蜂間,春部
Akae 赤江
Aki 阿伎
Aki no Suguri Tariiwa
　阿伎勝足石
ama 海人
Amabe 海部
Arahaka 荒伯
Asauchi 麻打
Asuka 飛鳥
Asuwa 足羽
Atago, Upper Izumo
　愛宕、雲上
Atago, Lower Izumo
　愛宕、雲下
Ato 跡
Ato no Sō 阿刀僧
Ato no Sukune Otari
　安都宿禰雄足
　阿刀男足
　阿刀小足
Awa 阿波

Awata 粟田
Awata no Hitomaro
粟田人麻呂

bao 保
Bian Zhuo 扁鵲
Bitchū 備中
bō 坊
bu 歩
Bungo 豊後
Bungo, Kuzu 豊後,球珠
Bungo, Nahori 豊後,直入
Buzen, Kamutsumike, Kashi-
　guya 豊前，上三毛，
　加自久也
Buzen, Kamutsumike, Tō
　豊前，上三毛，塔
Buzen, Nakatsu, Takebe 豊前，
　仲津，丁

Chikuzen, Shima, Kawabe
　筑前，嶋，川辺
Chimori 道守
chō (area) 町
chō (report) 牒

chō (tax) 調
chō shi 調使
Ch'ŏngae Somun 泉蓋蘇文
chōshū shi 朝集使
Chuyu 州柔
cun 村

daichō shi 大帳使
dainagon 大納言
Dazaifu 大宰府
Den-ryō 田令
denso 田租
Dōkyō 道鏡
dōyō goku 動用穀

Echi no Takutsu 朴市田来津
Echigo 越後
Echizen 越前
Eizanji 永山寺
eki 疫
ekishitsu 疫疾
Engi 延喜
Enryaku 延暦
entōsō 豌痘瘡
Enuma 江沼
Etchū 越中

fang 坊
Fuchi 敷智
fudō goku 不動穀
fudoki 風土記
Fujiwara 藤原
Fujiwara no Fubito
 藤原不比等
 藤原史
Fujiwara no Ason Fujitsugu
 藤原朝臣藤嗣
Fujiwara no Ason Tsunanushi
 藤原朝臣縄主
fukanden den 不堪佃田

Fukuro 福留
furō 浮浪
furōnin chō 浮浪人帳
Furuchi 古市
[Fujiwara no] Fusasaki 房前

Gakuanji 額安寺
gegeko 下下戸
Genshō 元正
geseiko 下政戸
gisei setsu 擬制説
gō 郷
goho 五保
gōri 郷里
Gufukuji 弘福寺
gunji 郡司

Hamana 浜名
Han 韓
handen sei 班田制
Hani-yama-hime 埴山姫
Hanyū 半布
haori 半折
Harima 播磨
Hata no Otogimi
 秦弟君 秦弟公
 秦乙君 秦乙公
Hata no Tachihito 秦立人
Hata no Tarihito 秦足人
Hatabito no Hiromoto
 秦人広本
Heiei 平栄
Hida 斐陀 飛驒
Hiraide 平出
Hirose 広瀬
Hitachi 常陸
Hizen 肥前
hokubi gari 穂首刈り
Hokurikudō 北陸道
Horie 堀江

hōsō 疱瘡
Hosokawa 細川
hottate bashira jūkyo 堀立柱住居

Ichinomiya 一宮
Iga 伊賀
iho 廬
Ikue no Omi Azumabito 生江臣東人
Ikue no Omi Yasumaro 生江臣安麻呂
Inaba, Takakusa 因幡, 高草
Ise 伊勢
Ishiyamadera 石山寺
Isobe 磯部
Isogami 石上
Itokomaro 伊刀古麻呂
Iyo 伊予
Izanagi no Mikoto 伊弉諾尊
Izanami no Mikoto 伊弉冉尊
Izu 伊豆
Izumi, Hine 和泉, 日根
Izumo 出雲
Izumo no Omi Hanime 出雲臣霸通売
Izumo no Omi Matari 出雲臣真足
Izumo no Omi Omimaro 出雲臣意美麻呂
Izumo no Omi Ōshima 出雲臣大島

jikimaki 直播き
Jitō 持統
jittai setsu 実態説
jō 丈
jōden 乗田
jōkōden 常荒田

Jōmon 縄文
jōri sei 条里制
Junna 淳和

Kaga 加賀
Kagu-tsuchi 軻遇突智
kaihatsu sonraku 開発村落
Kamitsukenu no Ason Hirohito 上毛野朝臣広人
Kamo, Hanyū 加毛, 半布
kanjaku 勘籍
kari ho 借廬
Karu 軽
Kasa no Ason Yasu 笠阿曽弥安
Kasugabe no Suguri Mayame 春日部主村麻夜売
Katagata, Katagata 肩縣, 肩々
Katsushika, Ōshima 葛飾, 大島

Kawachi 河内
Kawaradera 川原寺
keichō 計帳
keichō shi 計帳使
kenin 家人
Ki no Ason 紀朝臣
Kii 紀伊
Kim Sang-jŏng 金相貞
Kinabiru 析名蛭
Kinai 畿内
Kiyomihara 浄御原
Kiyowara no Mabito Natsuno 清原真人夏野
ko 戸
Kodera 古照
Kōgo nenjaku 甲午年籍
Koguryŏ 高句麗
Kōgyoku 皇極
kōhaiden 荒廃田
Koki 古記

koku 石
kokubunji 国分寺
kokugaryō 国衙領
Komi 子見
Kōmyō 光明
Kōnin 弘仁
Koryŏ 高麗
Ko-ryō 戸令
koseki 戸籍
Kōtoku 孝徳
kubunden 口分田
Kuga 玖珂
kūkanchi 空閑地
Kumoku-ryō 厩牧令
kuni 国
kuni no miyatsuko 国造
Kuni no Miyatsuko Katsuiwa
　国造難磐
Kura no Komaro 倉古万呂
Kurita 栗太
Kusakabe no Hirohito
　日下部広人
Kushiki-ryō 公式令
Kuwabara 桑原
Kuze 久世
Kwisil Poksin 鬼室福信
kyūkyū tō 救急稲

li 里
Li Yuan 李淵
Liaodong 遼東
lin 隣

Makimuku 纒向
makishi 蒔
makeru 蒔有
Mamuta 茨田
[Fujiwara no] Maro 麻呂
Matsuyama 松山

Mibu Tsukai no Nushi
　壬生使主
migi ōdoneri 右大舎人
Mimana 任那
Mino 御野 or 美濃
miso 鼓
Miwahito no Hiromaro
　神人広万呂
miyake 屯倉 官家
　御屯 三宅
Mizu-ha-no-me 罔象女
mogasa 裳瘡
Mommu 文武
Motosu, Kurisuta 本簀,
　栗栖太
mou 畝
[Fujiwara no] Muchimaro
　武智麻呂
Mutobe no Azumabito
　六人部東人
Mutsu 陸奥

nagachi 長地
Nagata (Prince) 長田
Nagato 長門
Nagato, Toyoura 長門,
　豊浦
Nagaya (Prince) 長屋
Naka (Prince) 中
Nakatomi no Kamatari
　中臣鎌足
Nankaidō 南海道
Nara 奈良 寧楽 平城
nawashiro 苗代
negari 根刈り
Nishikibe no Atai Nemaro
　錦部直禰麻呂
no 野
Nōne 長畝

nuhi 奴婢
Nukata 額田

Ōama 大海人
ōdoneri 大舎人
Oharida 小治田
Ōmi 近江
Otogi 乙木
Ōtomo 大友
Ōtomo no Morohito 大友諸人
Ōtomo no Sukune Maro 大伴宿禰麻呂
Ōtomo no Sukune Minaka 大伴宿禰三中 御中
Ōtomo no Sukune Yakamochi 大伴宿禰家持
Ōtomo Tamba no Fubito no Miyatsuko Kibimaro 大友但波史族吉備麻呂
Ōtsu 大津
Owari no Tsurugi 尾治都留伎
Ōyakeme 大宅女

Paekche 百済
Paekch'ŏn 白村

ri (block of the jōri sei) 里
ri (mile) 里
ri (administrative village) 里
ritsuryō 律令
ryō (bureau) 寮
ryō (ounce) 両
ryōko 陵戸

Saikaidō 西海道
Saimei 済明
Sakai 坂井

sakan 主典
sangi 参議
San'indō 山陰道
sanji 散事
Sanuki 讃岐
San'yōdō 山陽道
sara ike 皿池
sato 里
Satsuma, Takagi 薩摩, 高城
sekihansō 赤班瘡
semmyō 宣命
Settsu 摂津
shaku 尺
shakyō sho 写経所
shi 司
shichō 仕丁
Shigaraki 紫香楽
Shikada 鹿田
shiki 職
shimahata 島畑
Shimōsa 下総
Shimotsukenu no Ason Iwashiro 下毛野朝臣石代
shingō 賑給
shinjutsu 賑恤
shiro 代
shishō 史生
shiwabuki 志泥夫伎
shō 升
shōen 左園 荘園
shoki shōen 初期庄園
Shōmu 聖武
shōryō 少領
Shōsōin 正倉院
Shōtoku 称徳
shōzei chō 正税帳
shōzei chō shi 正税帳使
Silla 新羅
Soenokami 添上

Soga no Iruka 蘇我入鹿
shuchō 主帳
Shūgai shō 拾芥抄
shujitsu 手実
shukei-ryō 主計寮
shusei 主政
shuzei-ryō 主税寮
Sōma, Obu 倉麻, 意布
Suhata no Eji Michitari
  賽秦絵師道足
suiko 出挙
Suka 須加
Suminoe 住吉
Suō 周防
Suruga 駿河

Tachibana no Moroe 橘諸兄
Taihō 大宝
Taika 大化
tairyō 大領
Taizong 太宗
Takaba 高庭
takabata 高畑
Takamado 高円
Takaya 高屋
Takeda 竹田
Takechi no Sukune
  武内宿禰
tamahi 多麻比
Tamiya 田宮
tan 段
Tang Changan 唐長安
tani ike 谷池
tate ana jūkyo 堅穴住居
taue 田植之
Temmu 天武
Tempyō 天平
Tempyō Hōji 天平宝字
Tenchō 天長
Tenji 天智

ten'yaku-ryō 典薬寮
tōbō 逃亡
Tōdaiji 東大寺
[Izumo no Omi] Tojime
  出雲臣刀自売
Tōkaidō 東海道
Tonami 礪波
Tonami no Omi Shirushi
  利浪臣志留志
Toro 登呂
Tōsandō 東山道
Tōtōmi 遠江
Totori no Kunimaro
  鳥取国万呂
tsubo 坪
Tsuki no Otomaro 調乙万呂
Tsuki no Tamatari 調玉足
Tsukimoto no Oyu 槻本老
Tsukushi 筑紫
Tsuruga 敦賀

Uchi 宇智
udaiben 右大弁
udaijin 右大臣
udaishi 右大使
Udemi 宇豆美
Ŭija 義慈
Uji 宇治
[Fujiwara no] Umakai 宇合
Urahara 蒲原
Urao 蒲生

Wa 倭
Waka-musubi 稚産霊
Wakasa 若狭
Wamyō shō 和名抄

Xiang 郷
Xian 献

yakibata 燒畑
Yamada Mizunomi 山田水呑
Yamagata, Miita 山方，三井田
Yamanoue no Okura 山上憶良
Yamashiro 山城 山背
Yamato 大和 大倭 大養德
Yayoi 弥生
yō 庸
Yŏ P'ung-jang 余豐璋
yontō kan 四等官

Yōrō 養老
Yoshimine no Ason Yasuyo 良峯朝臣安世
Yoshinari 吉成
Yoshino 吉野
Yu Fu 俞附
Yuki no Muraji Yakamaro 雪連宅満
yuso chō 輸租帳

zakko 雜戶
zō Tōdaiji shi 造東大寺司

"西方日本研究丛书"书目

日本劳资关系的演变:重工业篇 1853—1955 年
[美]安德鲁·戈登 著;张锐,刘俊池 译
在垂死皇帝的王国:世纪末的日本
[美]诺玛·菲尔德 著;曾霞 译
美国的艺伎盟友:重新想象敌国日本
[美]涩泽尚子 著;油小丽,牟学苑 译
汽笛的声音:日本明治时代的铁路与国家
[美]斯蒂文·J.埃里克森 著;陈维,乐艳娜 译
中世纪的日本大名:大内家族对周防国和长门国的统治
[美]彼得·裘得·安奈森 著;王金旋 译
消逝的话语:现代性、幻象与日本
[美]玛里琳·艾维 著;牟学苑,油小丽 译
秀吉
[美]玛丽·伊丽莎白·贝里 著;赵坚,张珠江 译
寡头政治:帝国日本的制度选择
[美]J.马克·拉姆塞耶,弗朗西丝.M.罗森布鲁斯 著;邱静 译
当代日本政治的思想基础
[美]特索·纳吉塔 著;贺雷 译
明治维新(修订版)
[英]威廉·G.比斯利 著;张光 汤金旭 译
危机年代:日本、大萧条与农村振兴
[美]克里·史密斯 著;刘静 译
日本发现欧洲,1720—1830
[日]唐纳德·金 著;孙建军 译
日本早期的人口、疾病与土地,645—900
[美]威廉·韦恩·法里斯 著;刘俊池 译